우리말 문법에 대한 궁금증 115가지

고영근 편

우리말 문법에 대한 궁금증 115가지

도서출판 박이정

고영근(高永根)

서울대학교 명예교수, 어학전문 국제학술지 『형태론』 편집고문.

우리말 문법에 대한
궁금증 115가지

초판 발행 2010년 6월 30일
3쇄 발행 2013년 7월 15일

편 저 자 고영근
펴 낸 이 박찬익
책임편집 오유정

펴 낸 곳 도서출판 **박이정**
주 소 서울시 동대문구 용두동 129-162
전 화 02) 922-1192~3
팩 스 02) 928-4683
홈페이지 www.pjbook.com
이 메 일 pijbook@naver.com
온 라 인 국민 729-21-0137-159
등 록 1991년 3월 12일 제1-1182호

ISBN 978-89-6292-108-3(93710)

* 책값은 뒤표지에 있습니다.

머리말

어학전문 국제학술지 『형태론』 편집위원회는 1999년 3월에 『형태론』을 창간하여 현재까지 23권(연 2회)을 간행하였다. 『형태론』은 창의적인 논문을 비롯하여 지상 토론과 서평을 실어 한국의 문법 연구의 수준을 높이는 데 기여하여 왔다. 그러는 한편 우리는 '질의응답란'을 따로 두어 우리말 문법에 대한 궁금증을 풀어 주는 광장도 마련하였다. 티끌 모아 태산이라고 10년의 세월이 흐르는 동안 주고 받은 질의와 응답이 상당한 양에 이르렀다. 이에 우리 편집 위원회에서는 이를 그대로 두기보다는 어떤 형태로든지 정리하는 것이 좋겠다는 생각이 들어 한 권의 책으로 묶어 내기로 하였다. 본인은 그 사이 본인의 홈페이지를 통하여 독자들의 질의에 응한 바 적지 않다. 이것도 이번 기회에 앞의 『형태론』질의응답란의 것과 한데 묶어 내기로 하였다.

국어문법에 대한 사회적 요구는 어느 때보다 높다. 맞춤법 하나라도 제대로 활용하려면 국어문법에 대한 소양이 뒷받침되어 있지 않으면 안 된다. 그리고 우리말 문장을 올바로 구사하고 외래어로부터 우리말을 지켜 내는 데 있어서도 국어문법에 대한 지식이 필수적으로 요구된다. 최근에는 중등학교 국어 교사를 선발하는 임용시험, 국어국문학과나 국어교육과 등 문법 관련 학과의 대학원 시험뿐만 아니라 치의학, 약학 법학 전문 대학원 시험에도 문법 지식을 묻는 문항이 출제되고 있다. 또한 각종 공무원 시험에 국어 과목이 출제되고 있으며 한국방송공사(KBS)를 비롯한 공기업과 대기업 등의 입사 시험에서도 국어 시험이 채택되거나 가산점 형태로 주어지고 있다. 이에 따라 우리나라 사람과 외국인을 대상으로 한 각종 국어 능력 시험이 시행되어 연간 응시자만도 수만에 이르고 있다. 이와 같은 국어 능력의 중요성에 대한 인식은 몇 년 전에 발효된 국어 기본법에 의해 뒷받침되고 있어 우리말 문법에 대한 지식의 활용도는 날이 갈수록 높아만 가고 있다. 독자들이 이 책을 이용하기에 앞서 끝에 붙인 이필영 교수와 남가영 박사의 질의 표준안과 질의 평가에 관한 글을 읽으면 책을 이용하는 데 편리한 점이 많으리라 생각한다.

이 책을 내는 데 『형태론』 편집위원들의 노고가 적지 않았다. 초창기의 편집위원을 맡았던 구본관, 김영욱, 시정곤, 최동주 등 여러 교수들은 독자들의 질의에 응답하는 데 있어 적지 않은 노력을 기울였다. 특히 구본관 교수는 책의 이름을 짓는 데서부터 시작하여 편집에 이르기까지 적지 않은 힘을 덜어 주었다. 그밖에 편집자문 위원들의 협조도 큰 힘이 되었다. 우리의 '질의응답란'이 한 권의 책자로 얼굴을 내 밀게 되기까지는 장원철 님(서울 시립대학교 박사과정 이수)과 남가영 박사(한국교육과정 평가원)의 노고가 크게 뒷받침되어 있다. 장원철 님은 『형태론』편집 파일과 본인의 홈페이지에 올라 있는 자료를 정리하는 데 온갖 정성을 기울였다. 남가영 박사는 교정지를 통독하면서 잘못된 곳을 많이 찾아 내었다. 이들 모든 분들에게 고마운 인사를 드린다.

2010년 4월 27일

편자를 대표하여 고영근 적음

목차

1. 총 론 _15

2. 형태소 분석 _63

3. 품 사 _79

4. 조 사 _91

5. 활용과 어미 _117

5.1. 활용 _118

목 차

5.2. 종결어미 _121

5.3. 연결어미 _131

5.4. 선어말어미 _147

6. 문법 범주 _155

6.1. 피동과 사동 _156

6.2. 보조용언 _172

6.3. 시제, 동작상 _179

6.4. 부정법 _191

7. 단어 형성과 어휘 _197

7.1. 어근과 접사 _198

목차

9. 옛 말 _251

10. 문법과 맞춤법 _281

목 차

11. 문법학사, 북한문법, 기타 _289

[참고논저] _307

[붙임] _311

[찾아보기] _343

1 총론

01 | 총론

질의 1
"단어성"(wordhood)은 무슨 뜻인가요?(4권 2호)

언어학의 제분야에서 "단어"란 용어를 흔히 사용하면서도 "단어"의 개념을 명확히 정의 내리기는 쉽지 않은 것 같습니다. 일찍이 블룸필드(1933: 178)에서는 단어를 "최소 자립 형식"이라 정의하였고 호켓(1958: 166-68)에서 단어 내부에 휴지를 둘 수 없고 그 앞이나 뒤에만 잠재적 휴지를 둘 수 있다고 하여 단어 정립의 기준을 제시하였습니다. 한편, 박진호(1995: 4-6)에서는 이러한 개념이 인도 · 유럽어에는 적용이 가능하지만 국어에는 그대로 적용하기 어려운 측면이 있음을 지적하고 음운론적 단위로서의 단어와 통사론적 단위로서의 단어가 각각 그 개념을 달리 한다고 주장한 바 있습니다. 혹자는 단어의 개념이 의미론적, 음운론적, 문법론적인 측면에서 하나의 단위로서 설명되어야 함을 주장하기도 하는데 과연 이러한 입장들 중에서 국어의 제 현상을 설명하는 데에 필요한 언어학적 용어로서 "단어"의 개념은 무엇이어야 하는가에 대해 좀더 면밀한 고찰이 필요할 것 같습니다. 이에 대해 답변해 주시기 바랍니다. (2002. 9, 서울대학교 국문학과 석사과정 이상욱)

▸▸ 답변

질문자가 말씀하신 것처럼 "단어"(word) 내지 "단어성"(wordhood)을 정의하기는 매우 어렵습니다. 여러 가지 이유가 있겠지만 단어가 언어학 용어로만 쓰이는 것이 아니라 일상용어로도 쓰인다는 점도 한 가지 이유일 것입니다. 단어를 정의하기가 어렵기는 하지만 언중들에게 분명 의미 있는 단위이고 심리적으로도 실재성이 있는 것으로 생각되며 언어 습득 과정에서도 중요한 단위가 되는 것으로 생각되므로 이에 대한 정의는 꼭 필요합니다.

단어에 대한 본격적인 정의는 구조주의자들에 의해 시작된 것으로 생각됩니다. 질문자가 지적한 대로 블룸필드(1933)에서는 단어를 "최소 자립 형식"(a minimum free form)이라 정의하였습니다. 이런 정의는 간결하여 널리 받아들여졌지만 음운론적인 측면에 치우친 한계를 가지고 있었습니다. 블룸필드 자신도 이런 정의가 'a'나 'the' 같이 문장에서 자립적으로 나타날 수 없으나 다른 면에서는 독립적인 요소를 단어로 포괄하기 어렵다는 것을 알고 있었습니다. 이를 고려하여 로빈스(1964: 195) 등에서는 단어의 정의를 "자리 이동(transposition)의 가능성"과 "분리가능성"(separability)의 관점에서 정의하기도 했습니다. 호켓(1958: 166-8)의 "내부에 휴지(pause)를 둘 수 없다"는 정의도 이들과 크게 다르지 않았습니다.

구조주의자들의 단어 내지 단어성에 대한 정의는 질문자가 지적한 것처럼 대체로 음운론적인 관점에서의 단어 정의입니다.(물론, 로빈스 1964의 정의에서의 "자리 이동의 가능성"은 통사론적인 관점으로 볼 수도 있습니다). 따라서 박진호(1994)에서와 같은 비판이 가능하기도 합니다. 특히 단어의 개념이 음운론적인 것으로만 정의되었을 때 국어와 같은 교착어의 단어 정의가 더 어려운 것도 사실입니다 단어의 정의가 쉽지 않으므로 우리는 먼저 국어학계에서 제기된 문제를 포함하여 단어와 관련되는 단위들에 대한 논의를 통해 단어 내지 단어성의 본질에 접근해 가도록 하겠습니다.

단어와 관련된 단위 중의 하나는 "음운론적인 단어"(phonological word)라는 개념입니다. 이와 관련하여 국어학계에서도 유필재(1994 1998) 등에서 음운 규칙의 적용 범위 문제가 제기된 적이 있습니다 음운론적인 단어를 음운 규칙의 적용 범위와 관련하여 논의하기도 하지만 단어에 대한 이런 정의는 단어에 적용되는 특유한 악센트를 가지는 언어에서 단어의 정의로 채택하기에 적합한 것으로 생각됩니다. 따라서 국어의 경우 단어 정의로 크게 유용하게 쓰이기는 어려울 듯합니다.

(편집위원 시정곤)

질의 2
구성소와 형성소는 어떻게 구별하나요?(4권 2호)

남기심 · 고영근(1993:48)을 보면 "형태소 가운데 문장이나 단어 형성에 직접적 또는 적극적으로 참여하는 것"은 형성소로, "그 기능이 간접적 또는 소극적인 것"은 구성소로 정의되어 있습니다. 구성소와 형성소를 정의할 경우, 책에 나온 예처럼 '지붕'의 '-웅'은 다른 어근에 붙어 단어를 형성하는 일이 없으므로 명백히 소극적이고 '먹이'의 '-이'는 많은 어근에 결합되므로 적극적이라 할 수 있습니다. 하지만 '-웅'과 '-이' 같은 경우는 그 쓰이는 빈도가 아주 적고 아주 많은, 양극단에 있는 경우라고 생각됩니다. '-웅'과 '-이' 사이에 다양한 빈도로 쓰이는 많은 형태소들이 있을 것이라 생각되는데요, 그 연속적인 빈도로 쓰이는 형태소들을 어떤 기준으로 구성소와 형성소로 구분할 수 있나요?

(2002. 9, 서울대학교 국어국문학과 안소진)

▸▸ **답변**

좋은 질문을 하였습니다. 사실 '집웅'(지붕)의 '-웅'과 '먹이'의 '-이'는 사용면에서 양극단에 있습니다. 우리말에는 수많은 접미사가 있는데 '-웅'처럼 새로운 단어의 형성에는 전혀 참여하지 못하는 것이 있는가 하면 '덮개'의 '-개'와 같이 생산성이 있는 것도 있습니다. 가령 '-롭다'와 같은 접미사는 우리 기성인에게는 생산성이 없어 구성소로 인식이 되지마는 젊은 세대에게는 새로운 단어를 형성할 수 있다고 생각하는 것 같습니다. '여유롭다'가 우리에게는 매우 생소하고 '여유있다'가 옳은 것 같은데 실제로 앞의 말이 요즈음 더러 사용되는 것을 보면 구성소와 형성소의 경계를 가르기가 매우 어렵다는 것을 알 수 있습니다. '알뜰하다'의 '알뜰'도 단순한 불규칙적 어근에 지나지 못하지마는 '알뜰살림'과 같은 새로운 말의 형성에 참여하는 것을 보면 단어 형성법이 무엇인가를 참 알기 어렵습니다. 그러니까 한 사회나 한 시대에서 구성소로 작용하던 것이 사회나 시대가 달라지면 형성소가 될 수 있고 그 반대의 경우도 있을 것입니다. 이러한 점 때문에 언어 철학자 훔볼트(W. von Humboldt)는 단어 형성법이 언어의 가장 신비한 부분이라고 말한 것 같습니다. 대체로 우리의 느낌에 단어 형성에 적극적으로 참여할 수 있다고 생각되면 형성소로 볼 수 있고 그렇지 않으면 구성소로 볼 수밖에 없습니다. 나도 1970년대 초에 "국어 접미사 목록"(고영근 1999)을 만들 때 그런 고민을 하다가 후일의 과제로 남겨 두었습니다. 안소진 양과 같은 사람이 앞으로 국어문법 연구에 정진하여 이 문제를 풀어 보시기 바랍니다. (편집대표 고영근)

질의 3
단어의 형성 능력을 어떻게 설명하는가?(5권 1호)

화자의 단어 형성 능력을 기술하는 입장으로는 이를 규칙으로 보는 입장과 유추로 보는 입장이 대립되어 있는 것으로 알고 있습니다. 단어 형성을 규칙으로 보는 입장은 그 공시적인 기제로서 단어 형성 규칙을 상정하여 화자는 단어를 형성하는 명시적인 규칙을 알고 있으며 그 규칙을 이용하여 단어를 형성한다고 보는 입장으로서, 합성명사의 형성을 예로 들면 규칙론에서는 '갈림길'의 경우 '[V+음]$_N$'이라는 형성 규칙으로 '[갈림]$_N$'이 형성되고 다시 '[N+N]$_N$'이라는 형성 규칙이 적용되어 '갈림길'이 생성된다는 것으로 설명하고 있습니다.

한편, 단어 형성을 유추로 보는 입장에서는 "어휘부"(lexicon, 더러 "사서부")에 합성어 전체가 저장되어 있으며 단어 형성 요소인 접사는 저장된 합성어를 통해 간접적으로 인식되는 것으로 보고, 단어(합성어)를 사용할 때마다 형태소들을 결합시키는 공시적인 단어 형성 규칙을 상정하지 않고 어휘부에 저장된 것을 회수해서 쓰면 된다고 주장하고 있습니다. 그리고 화자의 단어 형성 능력을 설명하는 공시적인 단어 형성 기제로, 단어를 만들 때마다 이미 저장되어 있는 단어들이 활성화되면서 일시적으로 형성되는 "유추(analogy)적인 틀"을 제시하고 이러한 틀이 마치 형태 규칙과 같은 효력을 발휘한다고 보고 있습니다. '고기잡이' 류 합성명사에서 화자가 '고기잡이'를 떠올리면 동시에 이 단어와 관련을 맺고 있는 '명태잡이, 고래잡이, 새우잡이' 등의 단어들이 함께 활성화되고 이들로부터 '[N-[잡이]]'와 같은 틀을 형성하게 되며 이 틀은 다시 '갈치잡이, 바퀴잡이' 등의 새로운 단어 형성의 틀로 제공된다고 설명하고 있습니다.

이 문제에 대하여 저의 의견을 말씀드리자면, 우선 언어계획 기관이나 언어 순화 단체 같은 데서 의도적으로 말을 만들 경우에는 문법 지식을 명시적으로 갖춘 이들이 규칙을 찾아내거나 알고 있는 규칙을 사용하여 새로운 단어를 만들어 낼 것이므로 이는 유추보다는 '규칙'에 의거한 단어 형성으로 볼 수 있을 듯합니다. 반면에 문법적 지식을 명시적으로 갖추지 못한 일반인이 만약 새로운 단어를 만든다면 이는 규칙보다는 "유추"에 의한 단어 형성으로 보는 것이 더 자연스럽고 타당한 관점이라 여겨집니다. 이들은 규칙을 전혀 의식하지 않고 자기에게 익숙한 기존의 단어들에 의거해서 새로운 단어를 만들 것이기 때문입니다. 예를 들어 저의 이름이 지어진 과정을 보면 일반 언중들의 단어 형성 과정은 "유추"로 보는 것이 더 적절하지 않을까 하는 생각을 하게 합니다. 당시 초등학교 4학년이었던 저의 언니는 '선생님'의 '님'자가 '높다'는 좋은 뜻을 갖고 있다고 생각되어 저의 이름을 무엇으로 지어 줄까 고민하던 부모님께 '경님'이라고 하자고 제안했다는 것입니다. 이러한 언니의 의견이 받아들여져 저의 이름이 지어졌다고 하는데 이때 저의 언니의 머릿속에는 우선 언니의 말대로 '선생님'이 떠올랐을 것이며 이와 더불어 '사장님'과 같은 단어가 유추의 기반으로 함께 떠올랐을 수도 있을 것입니다. 이와 같이 저의 이름은 돌림자 '경'에 '님'을 합한 결과로 생성된 것이니 그야말로 소박한 유추의 방식으로 저의 이름이 지어졌다고 하겠습니다. 이상의 사실을 종합할 때, 단어 형성을 "규칙"이나 "유추" 하나만으로 설명하기보다는 단어 형성에 참여하는 이가 문법적 지식을 명시적으로 갖추고 있느냐 그렇지 않느냐에 따라 각각 달리 설명해야 한다고 보는데 이에 대해 어떻게 생각하시는지요?

(2003. 3, 고려대학교 박사과정 조경임)

▸▸ 답변

질문자께서는 이 분야에 상당한 지식이 있고 스스로 답변을 찾고 있기 때문에 제가 굳이 답변할 필요가 없을 듯합니다. 그래도 몇 가지 보충해서 말씀드리고자 합니다. 이미 읽으셨겠지만 최근 어학 전문 학술지 『형태론』에서는 몇 차례에 걸쳐 단어 형성 기제가 규칙인지 유추인지에 대한 활발한 지상 토론이 벌어진 적이 있습니다. 토론에 참여한 사람들 중에는 규칙론자도 있었고 유추론자도 있었으며 절충적인 입장을 가진 사람도 있었습니다. 질문자도 일단 절충적인 견해를 가진 것으로 보입니다. 특히 절충론의 근거로 자기 자신의 이름을 예를 들고 있고 아울러 문법적 지식(특히 조어법적인 지식)의 여부에 따라 규칙과 유추가 다르게 적용된다고 보고 있어 상당히 흥미롭습니다. 아마 질문자의 견해가 맞을 수도 있을 것입니다. 조금 보충해서 말씀드리면 언어 순화 단체가 만든 단어 중에도 의외로 조어법에 맞지 않은 예들이 많습니다. 한글학회의 『쉬운말사전』이나 북한의 사전에 실린 순화어들 중에는 조어법에 벗어나는 예들이 많습니다. 단어 형성을 규칙과 유추 두 가지로 설명할 수도 있지만 그래도 본질적으로는 둘 중 어떤 원리가 단어 형성의 주된 원리냐 하는 문제는 심각하게 고민해 보아야 할 것입니다. 이 문제는 개인의 언어관과도 관련되어 있고 규칙과 유추의 정의를 어떻게 내리느냐와도 관련되어 있습니다. 규칙의 범위를 넓게 잡으면 유추도 규칙의 일부가 되고 유추의 범위를 넓게 잡거나 정교화시키면 일종의 규칙과 같은 모습을 띠게 됩니다. 이에 대해서는 위에서 언급한 『형태론』에서 전개된 지상토론을 참조하시어 질문자 자신이 더 고민하시기 바랍니다. (편집위원 구본관)

질의 4
"자립"과 "의존"의 개념에 대하여 알고 싶습니다.(5권 1호)

"자립"과 "의존" 등의 용어가 형태소 차원에서는 "형태적"인 자립성의 개념으로 사용되고 단어 차원에서는 "의미적"인 개념으로 사용됩니다. 그래서 최소 자립 형식인 "의존명사"에 "의존"이라는 말이 붙는데 이는 한국어 문법을 배우는 사람들에게 혼란을 줄 수 있습니다. 두 개념을 구분할 수 있는 용어가 필요할 듯합니다. 혹시 그렇게 만들어진 용어가 있습니까?

(2003. 3. 고려대학교 국어국문학과 박사과정 정재은)

▸▸ 답변

먼저 질문자의 질문에서 다소 혼란스러운 개념을 확실히 하고 답변을 하도록 하겠습니다. 질문자께서는 '줄, 수, 것, 바' 따위의 이른바 "의존명사"의 "의존"이 "의미적" 개념이라고 하셨는데, "의존명사"에서의 "의존"은 "의미적"인 개념에서 붙여진 명칭이라기보다는 "통사적" 내지 "형태 ·

통사적"인 개념에서 붙여진 것입니다. '줄, 수, 것, 바' 따위를 "의미적"인 특성에 초점을 두어 명명할 경우, "형식명사"라는 용어를 사용합니다. 학교문법에서는 통사적인 특성에 초점을 두어 "의존명사"라는 명칭을 사용하지만 문법가에 따라서는 "형식명사"라는 명칭을 사용하는 사람도 많습니다. 명칭이야 어찌되었든 형태소 분석에서 자립 형태소와 의존 형태소를 구별할 때의 "의존"이라는 개념과 의존명사라는 명칭에서 사용되는 "의존"이라는 개념이 혼란스러운 것은 사실입니다. 그리하여 의존성의 개념을 음운론적 의존성, 형태론적 의존성, 통사론적 의존성 등으로 나누기도 합니다. 이렇게 나누어 놓으면 형태소 분석에서의 의존성은 음운론적인 의존성 내지 형태론적인 의존성이 되고 의존명사에서의 의존성은 통사론적인 의존성이 됩니다. 물론 이런 구분은 그리 널리 사용되는 용어는 아닙니다. 질문자께서 질의하신 것처럼 어떤 용어나 개념을 명확하게 하는 것은 언어를 학문의 수준에서 연구하는 데에도 중요하고 언어를 가르치는 데에도 중요합니다. 계속 관심을 가지시고 열심히 정진하시기 바랍니다. (편집위원 구본관)

질의 5
접두사와 관형사의 차이를 어떻게 구별하는지요?(5권 1호)

접두사와 관형사는 그 형태적인 면에서 많은 혼란을 일으킵니다.

둘다 뒤에 오는 체언의 뜻을 한정하는 기능도 가지고 있는데 이것을 항상 구별하여 일반인들에게 설명하기란 쉽지 않습니다. 물론 관형사와 뒤의 체언 사이에 다른 요소가 개입되는 것이 가능하지만 이것만으로 관형사의 독립 설정 여부를 뒷받침할 수 있는 것인가요? 또한 단어 이상의 영역에 있어서 생산성이 있다는 이유만으로 관형사의 범주를 설정하는데 문법론에서 말하는 생산성과 품사 설정의 기준은 어떠한 관련이 있는지 접두사와 관형사의 구분을 예로 설명해 주시기 바랍니다. 그 밖에 접두사와 관형사에 대한 확실한 분류 기준은 무엇이 있습니까?

(2003. 3, 질문자 고려대학교 국문학과 박사과정 박미영)

▸▸ **답변**

접두사와 관형사의 차이에 대해서는 대략 다음과 같은 세 가지 기준이 제시되고 있습니다.

첫째, 관형사는 그 자체가 독립된 하나의 단어로서 자립적 억양을 가지며 다음 단어와의 사이에 일정한 간격을 두고 발음되지만 접두사는 그렇지 못하다.

온 마을 (관형사)
외아들 (접두사)

둘째, 관형사는 문장에서 다른 어떤 단어들과도 자유롭게 결합할 수 있으나 접두사는 그 자체가 단어의 일부이기 때문에 단어 형성에서 극히 제한된 어근과만 결합한다.

관형사: 온 나라, 온 세상, 온 마을, 온 도시 …
접두사: 외기러기, 외아들, 외딸, *외구두, *외양말

셋째, 관형사는 구조적으로 그 뒤에 다른 관형어가 삽입될 수 있으나 접두사는 그렇지 못하다.

관형사: 여느 다른 공장, 무슨 별다른 생각
접두사: *외 귀중한 아들, *풋 신선한 과일

이상과 같이 접두사와 관형사의 구분을 몇 가지로 나누어 제시해 보았지만 그 기준 또한 그리 명쾌한 것은 아닙니다. 억양이나 휴지 등의 기준도 누구나 쉽게 구분할 수 있는 것은 아니라고 생각이 들며 관형사라 해서 피수식어 사이에 관형어의 삽입이 모두 가능한 것은 아니기 때문입니다. '??새 예쁜 옷, ??새 비싼 기계'는 부자연스럽지만 '예쁜 새 옷, 비싼 새 기계' 등은 더 자연스럽기 때문에 세 번째 기준도 모든 관형사에 일괄적으로 적용하기에는 좀 무리가 있습니다. 특히 두 번째 기준이 바로 질문자가 궁금해 하는 질문으로, 결합의 생

산성과 관련한 문제입니다. 여기서 자유롭게 결합한다는 것이 100%의 생산성을 보장하는 것은 아니라고 봅니다. '온'의 경우 모든 명사와 결합이 가능한 것은 아니기 때문입니다. 따라서 결합도가 100%가 안 된다면 접두사와 다를 것이 없지 않은가 하는 의문이 생깁니다. 그리고 그렇다면 몇 %의 결합도를 유지하여야 관형사로 볼 수 있는가 하는 의문도 생기죠. 물론 접두사나 관형사의 결합도가 100%가 안 된다는 점에서는 같지만 차이가 있다면 관형사의 경우는 결합이 불가능한 경우가 선택 제약의 문제라는 점입니다. 즉, '온'이라는 의미와 어울릴 수 있는 공간적 의미를 가진 명사는 결합이 가능하지만 그렇지 않은 경우는 불가능하다는 것입니다. 그러나 접두사의 경우는 선택 제약의 문제가 아니라는 점입니다. 즉 '외-'는 의미상 결합이 가능할 것으로 예상되는 명사와도 결합이 불가능한 경우가 있다는 것입니다. 위의 예에서 '*외구두, *외양말' 등이 바로 그러한 경우를 보여주고 있습니다. 생산성의 문제도 이와 같은 시각에서 이해하면 어떨까 생각해 봅니다. (편집위원 시정곤)

질의 6
문법 형태소와 어휘 형태소의 구별이 쉽지 않습니다.(5권 1호)

남기심 · 고영근(1993)에 보면 보조사와 파생 접사를 문법 형태소로 보고 있습니다. 그러나 문법 형태소라는 개념을 생각해 볼 때, 보조사에 의해 뜻을 더하는 기능이나 접사에 의해 파생되는 기능을 모두 문법적 의미로 보게 됩니다. 그렇게 되면 문법적 의미의 의미가 너무 확대되지 않는 것인가 하는 생각이 듭니다. 문법적 형태소와 어휘적 형태소가 섞여 있다는 느낌을 강하게 받습니다. '은/는, 만, 도, 만큼, 부터' 등은 어휘성이 더 두드러지지 않나 하는 생각입니다. '덧-, 풋-, -쟁이'와 같은 경우도 마찬가지입니다. 문법적 형태소와 어휘적 형태소라는 이분법은 아이들에게 교육 현장에서 구렁이 담 넘어 가듯 은근슬쩍 넘어가게 되는 개념으로 보입니다. 문법적 형태소에서 문법적 의미가 더 확대되든지, 어휘 형태소 쪽으로 분류하든지, 그렇지 않으면 이분법이 아닌 제3의 안을 만들든지 하는 노력이 있어야 하지 않을까요? (2003. 3, 서울대학교 국어교육과 97학번 김진희)

▸▸ 답변

"철수조차 의심을 품었다"라는 문장에서, '을'은 목적격이라는 문법적 기능을 지니고 있지만 '조차'는 문법적인 기능을 지니고 있지 않습니다. '철수조차'라는 명사구는 문법적 기능이 주격인데 이것은 '조차'에 의해서 주어진 것이 아니기 때문이지요. '조차'는 '(화자의) 기대를 저버리는' 따위의 심리적 태도를 반영합니다. "멋쟁이 영희가 사랑스럽다"라는 문장에서 '-스럽-'은 명사를 형용사로 바꾸는 문법적인 기능을 지니고 있지만 '-쟁이'는 그렇지 않습니다. 그렇다면 왜 표준문법의 틀에서는 이러한 보조사류와 접사류들을 문법 형태소에 포함시켰느냐는 의문이 생길 수 있습니다. 형태소를 기능의 관점에서 분류할 때에 가장 대표적인 것이 어휘 형태소와 문법 형태소입니다. 이러한 이분법은 기술이나 이해의 편의를 위한 것이기도 한데 그것이 항상 언어적 실체인 것만은 아니지요. 크게 분류하는 것일수록 이질적인 것이 많이 포함되게 마련입니다. '철수, 의심, 멋'과 같이 전형적으로 어휘적 의미를 지닌 것들에 대한 대비적 부류로서 조사류, 어미류 접사류들을 한 데 묶어서 "문법 형태소"라는 이름 아래 포괄할 수 있습니다. 이러한 이질적인 부류들을 하나로 묶지 말자고 한다면 질문자의 주장처럼 제3의 부류, 제4의 부류 등이 얼마든지 가능하겠지만 '쟁이' 류가 '-스럽-' 류에 더 가까운지 아니면 '사랑' 류에 더 가까운지를 따질 때에는 이것들이 파생어를 형성한다는 점, 분포상으로 볼 때 의존적인 특성을 지닌다는 점 등을 고려하여 어근에 해당되는 어휘 형태소보다는 '-스럽-'과 같은 접사류에 더 가깝다고 할 수 있습니다. 학생들에게 구렁이 담 넘어가듯 설명을 했다면 그것은 설명하는 사람들의 문제이겠지요. 개념 학습을 할 때에는 전형적인 용례들을 중심으로 학생들에게 가르치는 것이 좋을 듯합니다. 구체적인 용례를 중심으로 전형적인 특징을 보이는 형태소들의 기능을 알게 한 다음, 중간에 걸쳐있는 형태소들에 대한 예들은 그 다음 학습 단계에서 제시해야 할 것입니다.

(편집위원 김영욱)

▸▸ 추가 답변

김영욱 교수의 답변에 대하여 추가로 말씀 드립니다. 보조사, 접두사, 접미사는 격조사, 어미와 비교할 때 문법적이기보다는 어휘적인 속성이 강합니다. 북한의 초기 문법에서는 격조사는 단어로 보지 않되 보조사는 "조사"라 하여 단어로 인정한 일이 있습니다. 또 접미사와 접두사를 어휘 형태소로 보는 사람도 있습니다. 보조사는 어떤 뜻을 보태 준다는 면에서는 어휘적이지마는 의존 형태소이고 부차적이기는 하나 격적 의미도 표시하기 때문에 문법 형태소로 처리합니다. 그렇다고 자립성이 없는 보조사를 어휘 형태소로는 처리할 수 없습니다. 접두사와 접미사는 새로운 단어의 형성에 참여한다는 점에서는 문법적이지마는 어떤 뜻을 더하여 준다는 점에서는 어휘(실질) 형태소로 볼 수 있습니다. 그러니까 접두사와 접미사는 어휘 형태소와 문법 형태소의 중간에 위치합니다. 이 문제는 고영근(1993: 119)를 참고하시면 의문이 풀릴 것입니다. (편집대표 고영근)

질의 7
명사, 접두사, 관형사를 어떻게 구별하는가?(5권 2호)

홑이불 새빨갛다 새사람

파생법에서 문제가 되고 있는 것은 접두사와 단어의 구별 문제입니다. 위의 예에서 '홑'은 '겹이 아닌 것'이란 의미의 명사인데 '이불'이란 명사와 결합하여 명사를 꾸미고 있습니다. 그런데 접두사의 경우에도 마찬가지이기 때문에 관형사, 명사가 잘 구별되지 않습니다. '새빨갛다'나 '새사람' 등도 마찬가지입니다. '새(-)'는 물론 다른 형태소이지만 둘 사이의 차이를 구별하기가 쉽지 않습니다. '새빨갛다'의 '새-'는 접두사이고 '새사람'의 '새'는 관형사입니다. 관형사 '새'의 경우, 명사 앞에 결합하여 마치 접두사처럼 보이는 경우가 많습니다. '새사람' 경우는 합성어인데 접두사로 결합된 파생어처럼 생각되기 쉽습니다.

(2003. 9, 이화여대 교육대학원 국어교육 전공 최경미 nirvana_108@hanmail.net)

▸▸ **답변**

5권 1호(208쪽)에도 비슷한 질문이 있었습니다.(시정곤 위원의 답변). 중복되지만 설명을 드리겠습니다. 먼저 명사와 관형사, 접두사의 구별은 원칙적으로 뒤에 오는 말과의 사이에 휴지(pause)가 올 수 있는지(혹은 다른 말이 개입할 수 있는지), 그리고 조사가 뒤따를 수 있는지 등을 기준으로 구별합니다. 이를 정리하면 다음과 같습니다.

	명사	관형사	접두사
휴지의 개입 가능성	○	○	×
조사의 후행 가능성	○	×	×

위 기준에 의하면 '홑이불'의 경우 '홑'의 뒤에 조사가 결합할 수 없으며 '홑'과 '이불' 사이에 휴지를 둘 수 없기 때문에 이때의 '홑'은 접두사로 보아야 합니다. 반면 "이 두루마기는 홑으로 단을 접어 지은 것이다"(『표준국어대사전』)'와 같은 경우의 '홑'은 조사가 따르고 있기 때문에 명사로 보는 것이 옳습니다.

한편 '새 건물을 지었다'와 같은 경우의 '새 건물'은 '새'의 뒤에 휴지를 둘 수 있기 때문에 두 낱말이며 여기의 '새'에는 조사가 결합할 수 없기 때문에 관형사로 간주됩니다. 그러나 질문에 언급된 '새사람'은 '새'의 뒤에 휴지를 둘 수 없기 때문에 하나의 단어로 보아야 하며 따라서 여기의 '새'는 관형사가 아닙니다. '새사람'을 하나의 낱말로 볼 것인지를 판단하는 것도 쉽지 않으나 하나의 낱말로 굳어진 경우에는 앞에서 언급한 대로 사이에 휴지를 넣을 수 없으며 때로 전체의 의미가 달라지거나 발음에 변화가 생기기도 하는데 이러한 점들이 판단의 근거로 활용될 수 있습니다. '새사람'의 경우에는 휴지가 개입하기도 어렵기도 하지만 '사람'의 '사'는 장모음으로 발음되고 '새사람'의 '사'는 단모음으로 발음되기 때문에 하나의 낱말로 굳어졌다고 보는 것이 옳습니다. '새사람'이 하나의 낱말이라면 '새'를 접두사로 볼 수는 없는가도 문제가 될 수 있습니다. 접두사는 일반적으로 어근어 결합하여 부차적인 의미를 더하며 관형사나 부사로 쓰일 때와는 의미가 다르나 '새사람'의 '새'는 관형사로 쓰일 때의 의미를 유지하고 있으므로 접두사로 보기 어렵다고 하겠습니다. 그러나 명사, 관형사, 접두사의 구별은 결코 간단한 문제가 아닙니다. 대부분의 접두사는 명사나 관형사가 접사화한 것으로 어느 시점에서 접두사가 되었다고 확정지어 말하는 것이 쉽지 않기 때문입니다. (편집위원 최동주)

질의 8

형태론, 음운론, 통사론의 관계를 이해하기가 무척 어렵습니다.(5권 2호)

형태론과 음운론, 형태론과 통사론의 관계에 대해서 쉽게 설명해 주실 수 있는지요?

책이나 자료들을 찾아봐도 너무 어려워서 도저히 이해가 안 가요. 제가 아는 정도는 간단히 말해서 형태론과 음운론은 어휘부 규칙과 후어휘부 규칙에 관련된 것이고 형태론과 통사론에서는 구와 합성어의 구분. 뭐 그런 것들이라고 들었는데…… 자세히 쉽게 설명 좀 해 주세요. (2003. 9, 정경아)

▸▸ 답변

형태론과 음운론, 형태론과 통사론의 관계를 간략하게 설명하기란 매우 어렵습니다. 왜냐하면 형태론의 범위에 대해서는 시대마다 다르고 문법가에 따라 다르기 때문입니다. 다만 전통문법 시대, 구조주의 문법 시대, 생성문법 시대의 논의를 포함하여 가능한 한 간략하게 대답해 보겠습니다. 우선 이 질문에 대답하기 위해서는 형태론의 정의와 범위를 알아보는 것이 중요하리라 생각합니다. 언어학의 분야는 크게 음운론, 문법론, 의미론으로 나눌 수 있습니다. 이때 음운론은 자음이나 모음의 종류, 악센트, 음장(音長), 음절 등 언어의 소리를 연구하는 분야이고 문법론은 형태소, 단어, 구, 문장 등 문법 단위들을 연구하는 분야입니다. 문법 단위가 소리 단위와 차이나는 점은 그 자체가 어떤 의미를 동반하고 있다는 것입니다. 의미론은 이런 여러 의미 단위의 의미만을 집중적으로 연구하는 분야입니다. 문법론은 다시 형태론과 통사론으로 나뉩니다. 이 때 단어 이하의 단위를 다루는 분야를 형태론, 구나 문장 등을 다루는 분야를 통사론이라고 합니다.

이제 좀 더 구체적으로 형태론의 범위를 살펴보기 위해서 형태론의 범위에 속한다고 생각할 수 있는 여러 부문들을 하나씩 살펴보도록 하겠습니다.

첫째, 형태론에 속한다고 생각할 수 있는 분야에는 단어의 형성을 다루는 조어론이 있습니다. 조어론은 단어가 어떻게 만들어졌으며

(통시적 단어 형성), 어떻게 만들어질 수 있는가(공시적 단어 형성)를 다루는 분야로서 형태론에 속한다고 볼 수 있습니다. 전통적으로 조어론은 파생과 합성 등으로 나누어 논의되어 오고 있습니다.

둘째, 형태론의 영역에 속한다고 생각할 수 있는 분야에는 굴절론(더러 굴곡론)이 있습니다. 굴절론은 원래 라틴어, 러시아어, 독일어, 영어와 같은 굴절어와 관련이 있는 용어입니다. 영어처럼 굴절 현상이 미약한 언어에서는 잘 나타나지 않지만 라틴어와 같은 언어를 살펴보면 명사나 동사가 서술어나 문장의 다른 요소와 맺는 관계에 따라 다양한 형태를 가지게 됩니다. 국어의 경우, 체언에 조사가 결합하거나 용언 어간에 어미가 결합하는 현상을 굴절로 다루기도 하는데 이는 엄밀하게 말하면 굴절로 보기 어렵습니다. 라틴어를 비롯한 굴절어에서의 굴절은 단어 내부에서만 일어나는 일이므로 형태론의 범위에 포함시킬 수 있습니다. 하지만 국어의 조사나 어미 결합은 단어 내부에서 일어나는 현상이 아니므로 엄밀하게 말하면 형태론에 포함시키기 어렵습니다. 하지만 많은 학자들은 국어의 조사나 어미의 결합도 형태론에 포함시키기도 합니다.

셋째, 주로 굴절론과 관련하여 형태소의 배열을 다루는 배열론이 형태론의 범위에 속하는지 문제가 될 수 있습니다. 형태소 배열론은 일반적으로는 단어 내부의 형태소가 어떻게 구성되어 있는가를 분석하는 부문입니다. 즉 이미 만들어져 있는 단어가 파생어인지 합성어인지를 분석하는 연구들을 말합니다. 따라서 형태소 배열론은 형태론의 범위에 속합니다. 굴절어에서 굴절어미가 결합하는 방식에 관한 연구도 형태소 배열론으로 볼 수 있고 따라서 형태론에 속합니다. 하지만 국어는 굴절어가 아니라 교착어이므로 국어의 조사와 선어말어미를 포함한 여러 어미의 배열에 관한 연구를 형태론의 범위에 넣어야 할지에 대해서는 학자들마다 견해 차이가 있습니다.

넷째, 음운론과 형태론의 경계에 있는 것이 형태음소론입니다. 형태음소론이란 형태소가 환경에 따라 모습을 달리하여 나타나는 현상(이형태 교체)에 대한 연구입니다. 많은 형태론 연구자들은 형태음소론을 형태론의 일부로 다루어 왔습니다. 하지만 이와는 반대로 음운론 연구자들은 형태음소론을 음운론의 일부로 다루어 왔습니다. 이형태의 교체가 의미와 무관하다는 점을 고려하면 형태음소론은 마땅히 음운론의 소관이 되어야 하겠지만 학자들간의 견해 차이가 있으므로 단정하여 말하지는 않겠습니다.

다섯째, 어휘부의 구조에 대한 "어휘부학"이라는 분야가 요즘 각광받고 있습니다. 어휘부학이란 어휘부 안에서 어휘들이 어떤 구조로 저장되어 있는지에 대한 연구입니다. 예를 들어 단일어와 합성어의 저장 방식의 차이, 동의어의 저장 방식, 연어의 저장 방식, 숙어나 속담의 저장 방식 등에 대한 연구가 어휘부학에서 다루어지는 주제의 일부입니다. 이 어휘부학은 대체로 형태론에 속한다고 볼 수 있습니다. 이와 관련하여 전통문법에서 중요한 언어학 연구 분야의 하나였던 품사론이 형태론에 속하는지에 대해서 검토해 볼 수 있습니다. 품사론은 단어의 문법적 성질에 대한 연구로서 넓은 의미에서는 어휘부학에 속합니다. 따라서 형태론의 하위 분야에 포함시켜도 될 것으로 생각합니다.

이제 질문자의 질문으로 돌아가 형태론과 음운론, 형태론과 통사론의 관계에 대해서 설명 드리겠습니다. 형태론과 음운론이 관계를 맺고 있는 경계는 주로 형태음소론에 관한 것입니다. 이미 언급한 바와 같이 형태음소론은 형태소가 환경에 따라 다른 모습을 보이는 것에 대한 연구로서 형태소를 다루고 있긴 하지만 형태소의 의미를 다루고 있지 않으므로 엄밀하게 말하면 형태론보다는 음운론에 가깝습니다. 따라서 음운론과 형태론은 형태음소론을 경계로 만나고 있지만 엄밀하게 말하면 음운론은 소리에 관한 학문이고 형태론은 형태소의 의미에 관한 학문으로 구별하여 말할 수 있을 것입니다. 질문자께서 예를 든 어휘부 규칙과 후어휘부규칙의 구별은 키파르스키(P. Kiparsky) 등에 의해서 논의된 어휘음운론에서 사용되던 개념입니다. 어휘음운론에서는 여러 음운 규칙을 어휘부 규칙과 후어휘부 규칙으로 나누고 있는데 대체로 합성이나 파생에서 어기 형태소와 접사 형태소의 결합에서 나타나는 음운 현상은 어휘부 안에서 나타나는 규칙으로 보아 어휘부 규칙으로 보고 굴절 요소의 결합이나 기타 형태소 결합과 무관한 음소끼리의 결합에서 나타나는 음운 규칙은 후어휘부 규칙으로 보고 있습니다. 음운 규칙을 이런 기준으로 구별하는 것은 문제가 많으므로 최근에는 그리 많은 호응을 받고 있는 구분 방식은 아닙니다.

어휘부 규칙이든 후어휘부 규칙이든 음운 규칙이라는 면에서 보면 당연히 음운론의 하위 분야로 보아야 할 것으로 생각됩니다.

형태론과 통사론의 관계에 대해서 질문자는 구와 합성어의 구분을 예로 들었습니다. 물론 구의 형성은 통사론의 소관이고 합성어의 형성은 형태론의 소관이라 할 수 있습니다. 그런데 베이커(M. Baker)와 같은 학자는 합성어의 형성 원리가 구의 형성 원리와 같다는 관점에서 논의를 한 바 있습니다. 그렇게 된다면 형태론과 통사론의 경계가 그어지기 어려울 듯합니다. 국어학자들 중에서도 이런 논의를 하는 사람들이 있지만 앞에서 예를 든 어휘부학의 관점에서 보면 양자의 구별은 합성은 어휘부 안에서의 결합, 구는 어휘부 밖에서의 결합 정도로 구별할 수 있을 것입니다. 또한 형태론과 통사론의 경계에 있는 문제는 형태소 배열론입니다. 이미 언급한 바와 같이 굴절어에서는 합성어나 파생어와 같은 단어 내부의 어기, 접사 등의 형태소가 배열되는 것에 대한 연구나 굴절에서의 어간과 어미가 배열되는 것에 대한 연구가 모두 형태론의 소관이라고 생각할 수 있습니다. 그렇지만 국어의 경우 단어 내부의 형태소끼리의 결합과 체언에 조사가 결합하는 것과 어간에 어미가 결합하는 것을 동일한 관점에서 다루어야 할 것인지는 명확하게 말하기 어렵습니다. 국어의 조사나 선어말어미 혹은 어말어미의 결합은 형태론과 통사론의 경계에 있는 문제이지만 좀 더 통사론과 관련이 있는 것이 아닌가 합니다. 쉽게 말해서 형태론은 형태소나 단어의 형성과 이들의 어휘부 안에서의 저장에 관한 연구이고 통사론은 이렇게 형성된 형태소나 단어가 어휘부 밖에서 문장을 형성하는 과정에 대한 연구입니다.

질문에 대한 충분한 답변이 되지 못했을 것으로 생각합니다. 이미 언급한 바와 같이 형태론과 음운론, 형태론과 통사론의 구분은 시대에 따라 다르고 연구자에 따라 다르기 때문에 간단하게 말하기 어려운 문제입니다. 어쩌면 언어학의 모든 연구 분야에 걸쳐 있는 문제이기도 합니다. 질문자께서는 지금 가지신 문제에 대해 계속해서 탐구해 나가시면 언어의 본질에 대한 해답에 조금 가까이 도달할 수 있을 것으로 생각합니다. (편집위원 구본관)

질의 9
낱말의 뜻을 분화하는 '긴소리[:]'를 형태소로 봄이 어떨까요?(7권 1호)

말:[언어] - 말[동물], 병:[질병] - 병[용기] 등에서 '모음의 길이'는 전통적으로 낱말의 뜻을 분화하는 어휘적 대립으로 이용되고 있습니다. 긴소리와 짧은 소리는 현행 "표준 발음법"에 따라 정확하게 구별하여 발음해야 의사소통에 혼란을 가져오지 않기 때문에 하나의 형태소로 처리함이 좋을 듯합니다.(다만, '세기와 높이'는 장단음과 관련 있거나 의미 변별이 비표준말에 나타나므로 제외)

(2005. 3, 백문식, 수원 태창고등학교 교감)

▶▶ 답변

국어에서 음장은 단어의 뜻을 가르는 기능을 하고 있으므로 음소와 같은 자격을 가지고 있다고 하겠습니다. 이러한 음장은 일반적인 음소와 구별하여 "운소"(韻素)라고 부르기도 합니다. 질문하신 분은 이렇게 의미 구별에 사용되는 운소에 대해 형태소로 봄이 어떤지 질문하셨습니다. 그런데 형태소는 의미를 가지는 언어 단위 중에서 가장 작은 단위입니다. 만약 음장을 형태소로 본다면 다른 음소에 얹혀 있지 않은 음장만으로 어떤 뜻을 나타낼 수 있어야 합니다. 그러나 음장은 모음 또는 음절에 얹혀 실현되는 것이지 그 자체로는 실현될 수 없습니다. 또한 음장 자체는 어떤 뜻을 가지고 있다고 하기도 어렵습니다. 그러므로 음장은 형태소로 볼 수 없습니다.

(김성규, 서울대학교 국문학과 교수)

질의 10
명사형과 파생 명사를 구별하는 기준을 알고 싶습니다.(7권 1호)

현직에 있는 교사입니다. 명사형의 경우 서술성이 있고 파생명사의 경우 서술성이 없다는 것을 학생들에게 예문과 함께 설명해 주는데, EBS 문제집을 풀다 보니 이런 문장이 있었습니다.

01 | 총론

그는 놀기보다 공부하기를 더 좋아한다.

이 문장에서 '놀기'와 '공부하기'를 서술성이 없는 것으로 판단하여 파생명사로 보는 것이 맞는지요? (EBS 집필진은 별 설명 없이 파생 명사라고만 했더군요). 분석을 어떻게 해야 학생들에게 올바른 설명을 할 수 있을지 도와주셨으면 합니다.

(2005. 3, 충주고등학교, 이상수)

▸▸ 답변

먼저 좋은 질문을 해 주셔서 감사합니다. 파생 접사와 명사형 어미로 기능하는 '-기'는 그 형태가 같아서 혼동되는 경우가 많습니다. '기'와 더불어 '음'도 비슷한 경우입니다. 질문의 요지는 'X+음/기'가 파생명사인지 명사형인지를 어떻게 구분하느냐 하는 것인데 이는 서술어의 서술성이 유지되고 있느냐 그렇지 않느냐와 관련이 있습니다. 서술성이 살아 있다면 그것은 명사형이기 때문입니다. 그렇다면 어떻게 서술성을 확인할 수 있을까? 여러 가지 방법이 있겠지만 다음과 같은 방법으로 쉽게 확인이 가능합니다.

1. 목적어를 취할 수 있는가?
2. 부사의 수식을 받을 수 있는가?
3. 서술어 뒤에 다른 선어말어미가 올 수 있는가?

위와 같은 질문에 그렇다고 한다면 그 형태는 파생 명사가 아니라 명사형이 되는 셈입니다.

(1) 가. 나는 읽기 시간이 제일 지루하다.
　　나. 나는 네가 이 책을 읽기를 바란다.
(2) 가. 그가 빠른 걸음으로 간다.
　　나. 그가 빨리 걸음은 지각을 않기 위해서이다.
(3) 가. 그의 얼굴에 환한 웃음이 번진다.
　　나. 그가 환하게 웃음은 다 이유가 있다.
(4) 가. 이번 모임에 많은 사람들이 참석했다.
　　나. 이번에도 많은 사람들이 모였음이 확실하다.

그러나 수식어가 없는 경우, 파생 명사인지 명사형인지 구분하기는 어렵습니다.

(5) 그는 놀기보다 공부하기를 더 좋아한다.

이때는 문제가 되는 문장을 관형 구성으로 변환을 해 보면 그 실체를 어느 정도 알 수 있습니다.

(6) 가. 그가 좋아하는 놀기
　　나. 그가 좋아하는 공부하기

(7) 가. 그의 얼굴에 번진 웃음

나. 많은 사람들이 참석한 모임

위의 (6)(7)의 문장이 좋은 문장이라면 이때, '놀기, 공부하기, 웃음, 모임' 등은 모두 파생 명사라고 할 수 있습니다.

한편, '웃음, 달리기' 등의 단어가 어떻게 만들어졌는가 하는 문제도 중요한 쟁점이 될 수 있으나 여기에는 여러 가지 설이 있으므로 이 자리에서는 언급하지 않았습니다. (편집위원 시정곤)

질의 11
2005학년도 대학 수학 능력 시험 문제에 대한 질의
먼저 문제와 정답을 제시합니다.(7권 1호)

〈첫째 질의〉

13. 〈보기〉를 이용하여 국어 문장 구조에 관한 수업을 진행하였다. 발표 내용으로 적절하지 않은 것은?

〈보기〉
ㄱ. 담징은 [이마에 흐르는] 땀을 씻었다.(ㄴ, ㄷ 생략)

③ ㄱ의 밑줄 친 부분[이마에 흐르는]에는 주어가 나타나 있지

않은데, 생략된 주어는 '담징'입니다.

③은 정답으로서, 이 답지가 틀린 근거는 생략된 주어가 '땀'이기 때문이라고 본 듯합니다.(평가원에서 공식적으로 해설을 제공하지 않으므로 정확한 근거는 알 수 없습니다). '이마에 흐르는'의 주어는 '땀'이 분명하므로 단순히 생각하면 '담징'을 주어라고 설명하는 것이 틀렸다고 할 수 있을 듯합니다.

그러나 ㄱ을 안은문장으로 만들기 전의 두 문장으로 나누어 생각해 보면, '담징'도 관형사절로 안긴 문장의 주어가 될 수 있다고 판단됩니다. ㄱ은 다음 두 문장에서 (1)이 관형사절로 안긴, 안은 문장이라고 할 수 있기 때문입니다.

(1) 담징은 이마에 땀이 흘렀다.
(2) 담징은 땀을 씻었다.

물론 ㄱ은 ㄱ만 단독으로 제시된 것이므로 ㄱ에서 담징이 씻은 땀이 다른 사람의 이마에 흐르는 땀일 수도 있을 것입니다. 그러나 '담징의 이마에 흐르는 땀'이 될 수 없다고 할 수는 없을 것입니다. 게다가 정한숙의 '금당벽화'를 읽은 사람이라면 담징이 자기 자신의 이마에 흐르는 땀을 씻었다고 생각하게 됩니다.

(1)은 학교 문법에 따르면 '서술절을 안은 문장'으로 설명할 수 있을

것입니다. (1)에서 '흘렀다'의 주어는 '땀', (1) 전체의 주어는 '담징'입니다. 이제 (1)이 (2)에 관계 관형사절로 안기는 과정에서 두 문장에 공통된 성분은 '땀'이므로 안긴 문장인 관형사절에서는 이 '땀'을 관계명사로 삼아 관형사절 내에서는 생략하였다고 할 수 있을 것입니다. 그러나 (1)의 '담징' 또한 ㄱ과 같은 전체 문장(안은문장)에서 앞에 나타났으므로 이를 반복하지 않기 위하여 '생략'하였다고 할 수 있을 것입니다. 따라서 '이마에 흐르는'이라는 관형사절에서 생략된 주어는 '땀'만이 아니라, '담징'도 해당된다고 생각합니다.

ㄱ의 안긴 문장인 관형사절에서 생략된 주어를 '담징'이라고 하면 틀렸다고 할 수 있는 근거가 따로 있는지 궁금합니다.

〈둘째 질의〉

2005학년도 대학수능 문제 12번에 다음과 같은 답지가 있습니다.

① ㉠은 '끼다'와 '들다'가 결합된 말이므로 '끼어들었다가'로 바꿔야겠어.

이 답지에서 ㉠은 다음 문장의 '끼여들었다가'입니다.

"말다툼하는 친구들을 말린다고 끼여들었다가 말을 잘못해서 되레 친구들과 다투게 되는 경우가 있다."

'끼어들다'는 『표준국어대사전』이나 『우리말큰사전』에도 표제어로 등재된 형태로서, "자기 순서나 자리가 아닌 틈 사이를 비집고 들어서다"라고 풀이되어 있습니다. 그리고 '끼여들다'는 등재되어 있지 않습니다. ㉠은 '끼어들다'의 활용형임이 분명하므로, 사전에 따르면, '끼어들다'가 바른 형태라고 할 수 있을 것입니다.

그런데 문제는 '끼다'에 있습니다. '끼어들다'의 '끼어'가 '끼다'의 활용형임은 분명하지만, 『표준국어대사전』에서는 '끼다'가 '어떤 일에 관여하다'의 뜻을 나타낼 때는 '끼이다'가 본디말이고 '끼다'는 '끼이다'의 준말이라고 설명해 놓았습니다. 『우리말큰사전』에서도 '관여'의 의미로는 '끼이다'를 제시하고 있습니다. 그러므로 이 '끼이다'는 '끼다'의 피동사가 아닐 것입니다. 그렇다면 '끼여들었다가'는 '끼이다'와 '들다'가 결합된 말로 볼 수 있고, 합성 구조상으로 아무런 문제가 없는 것이라고 할 수 있을 것입니다. 따라서 위의 ①과 같은 설명은 적절하다고 볼 수 없을 것입니다.

'끼다'와 '들다'가 합성하면 '끼어들다'이고, '끼이다'와 '들다'가 합성하면 '끼여들다'가 될 것이므로, '끼여들었다가'는 '끼다'와 '들다'의 합성 형태가 아니라 '끼이다'와 '들다'의 합성 형태로 볼 수 있을 테니까, 둘 다 바른 어형으로 볼 수 있을 듯합니다.

이후의 문제는 '표준어'의 관점에서 판단할 일이라고 여겨집니다. 둘 다 가능한 어형이지만, 소위 교양 있는 현대의 서울 사람들이 실제로 '끼어들다'는 주로 쓰고, '끼여들다'는 주로 쓰지 않으므로 '끼어들다'만 표준어가 되어야 한다는 근거가 무엇인지는 알 수 없으되, 하여튼 권위 있는 사전에서 '끼어들다'만을 표제어로 올린 것을 받아들이면, 위 ①의 설명은 〈㉠은 기본형이 '끼여들다'로 분석되는데, 이것은 표준어가 아니므로 표준어인 '끼어들다'의 활용형인 '끼어들었다가'로 바꿔야겠어〉나 〈㉠은 '끼다'와 '들다'가 결합된 어형을 표준어로 인정하므로 '끼어들었다가'로 고쳐야겠어〉 정도가 되어야 한다고 생각합니다. '끼여들었다가' 자체를 '끼다'와 '들다'의 합성 형태로 파악한 것은 잘못이라고 생각하는 것입니다. 위 ①의 설명이 타당하다고 설명할 수 있는 다른 근거가 있는지 궁금합니다.

(2005. 3. 이종덕, 서울시립대학교 강사)

▸▸ 답변

안녕하십니까?

선생님께서 질문하신 문제의 출제는 제가 아닌 다른 사람이 한 것이지만 저 역시 이번 수능에 출제위원으로 참여하였으므로 선생님께서 제기하신 문제에 대해 간접적이나마 해명을 해야 할 책임이 있는 듯합니다. 하지만 이런 문제 제기에 대한 공식적인 답변은 평가원에서 출제자와 상의하여 공식적으로 해야 하는 것이므로 저는 어디까지나 비공식적인, 그리고 개인의 사견임을 전제로 답변 드리겠습니다.

선생님의 질문은 매우 깊이 있고 전문가적인 논의여서 수능 출제에서 수용할 수 있는 수준을 넘어서 있습니다. 물론 수능 문제가 선생님과 같은 전문가의 관점에서 보아도 문제의 소지가 없이 출제되어야 하는데 짧은 시간, 교과 과정에 따른 난이도 등등 고려 사항이 많아 완벽한 문제를 출제하지 못하고 있습니다. 이 점 양해해 주시기 바랍니다.

먼저 13번 문제에 대해 궁색하게나마 답변을 드리겠습니다. 13번에 대한 선생님의 질문은 선생님의 논리를 따라 가면 '[이마에 흐르는]'의 주어가 '담징'도 가능하다고 볼 수 있습니다.

그러나 '담징은 [이마에 흐르는] 땀을 씻었다'를 두 문장으로 분석하면 "(1) 담징은 이마에 땀이 흘렀다. (2) 담징은 땀을 씻었다"로 볼 수도 있지만 일차적으로는 "(1) 담징의 이마에 땀이 흘렀다. (2) 담징은 땀을 씻었다"로 보아야 할 것입니다. 잘 아시는 것처럼 '담징은 이마에 땀이 흘렀다'와 '담징의 이마에 땀이 흘렀다'가 같은 문장이냐 아니냐는 변형생성문법의 논의거리가 되기도 했습니다.

그럼에도 불구하고 선생님의 문제 제기가 성립하는 것은 선생님이 제시한 것처럼 '(1) 담징은 이마에 땀이 흘렀다. (2) 담징은 땀을 씻었다'로 분석하는 것이 불가능하지는 않다는 것입니다. 이 때 문제는 (1) 담징은 이마에 땀이 흘렀다'라는 문장에서 '이마에 흘렀다'의 주어가 무엇이냐는 것입니다. 제 생각으로는 '이마에 흘렀다'의 주어는 '땀이'이고, '담징은'은 '이마에 땀이 흘렀다'의 주어라고 생각됩니다. 따라서 '이마에 흐르는'의 주어는 '땀이'가 맞다고 생각됩니다.

다소 궁색한 변명을 할 수밖에 없는 이유는 학교문법에서 '담징이 이마에 땀이 흘렀다'와 같이 주격이 중출되는 문장에 대해 두 개의 주어를 인정했기 때문입니다. 학교문법이 이런 처리를 한 것에는 여러 가지 이유가 있지만 잘 아실 것으로 보고 생략합니다. 사실 많은 문법가들은 '담징이 이마에 땀이 흘렀다' 혹은 '담징은 이마에 땀이 흘렀다'에서 '담징이' 혹은 '담징은'을 주어로 인정하지 않습니다. '화제' 내지 '초점'이 있는 것으로 봅니다. 이렇게 보면 선생님의 질문이 자연스럽게 해소되는 것이지요.

다음으로 12번 문제에 대해 답변을 드리겠습니다. 12번 역시 선생님의 논리대로 따라가면 '끼어들다'뿐 아니라 '끼여들다'도 가능할 수 있습니다.

(편집위원 구본관

질의 12
파생과 굴절의 경계와 구분 문제(8권 1호)

안녕하세요. 석사과정에서 국어학을 공부하고 있는 학생입니다. 현행 학교문법에서는 서술격 조사로 처리하고 있는 '이다'에 대해 알아보다가 궁금한 점이 있어서 질문드립니다. '-이다'에 대해서는 용언이라고 보는 설, 접사라고 보는 설, 조사라고 보는 설 등 여러 가지 의견이 대립하고 있는데요. 이 중 접사설과 조사설에 대해 알아보다가 의문이 생겼습니다.

학교문법에서는 접사를 굴절 접사, 파생 접사로 나누고 굴절 접사는 다시 활용하는 어미, 곡용하는 조사, 이렇게 구분하고 있습니다. 국어에 곡용이 존재하는가에 대해서도 많은 의견이 있으나 국어 조사의 역할이 다른 언어의 곡용어미와는 다른 점이 많다고 해도 어떤 형태가 덧붙어 단어에 문법적인 의미를 더해 준다는 점에서는 동일하다고 볼 수 있을 것 같습니다. 일반적으로 굴절은 어간에 여러 어미가 붙는 활용만으로 한정해서 이야기하는 경우가 많습니다만 그렇다면 우리나라에서 조사를 별개의 품사로 분류할 수 있는 근거는 어떤 것이 있을까요? 단지 선행하는 명사구가 독립적인 품사로 존재하기 때문이라고 본다면 모든 접사(활용어미, 조사 등 굴절접사를 포함한 개념)들 중에서 개별 명사에 붙는 파생 접사류를 독립 품사로 설정하지 않는 점이 문제가 될 것입니다. 파생 접사들 중 일부 접미사는 원래 단어의 문법적 성질을 변화시키는 것도 있는데(예: '자랑스럽다'의 '-스럽-' 등), 이를 파생이라고 한다면 명사에 조사가 붙어 문장 내에서 문법적으로 어떠한 역할을 수행하게끔 만드는 것과 어떤 차이가 있다고 할 수 있을까요? 간단한 답변에 덧붙여 이러한 문제에 어떤 책을 참고하면 좋을지 알려주신다면 감사하겠습니다.

(2006. 3. 권선영, 서울대학교 국어국문학과 석사과정)

▸▸ 답변

질문의 요지는 파생과 곡용의 차이가 어디에 있는가 하는 것입니다 전통적인 구분에서 볼 때, 파생은 새로운 어휘소의 형성이고 곡용은 명사류가 문장 안에서의 기능에 따라 꼴바꿈을 하는 것을 말합니다 국어와 같은 교착어의 경우, 이 두 과정이 다 투명하게 분석될 수 있는 접미사에 의하여 일어나므로 이와 같은 질문이 있을 수 있습니다.

먼저 파생과 굴절을 구분 짓는 전통적인 기준을 소개해 보겠습니다. 먼저 문법 범주를 변화시키는가. 굴절 접사의 경우는 어기의 문법 범주를 변화시키는 일이 없는데 대해서, 파생 접사의 경우는 범주를 변화시키는 경우가 있습니다. 예를 들어 '먹-'에 '-이'가 붙어 동사 어기가 명사로 변하는 경우입니다. 여기에는 하위 범주 자질의 변화도 포함됩니다. '먹-'에 피동접미사 '-히-'가 붙어 생긴 변화는 두 자리 동사가 한 자리 동사로 변한 것으로 하위 범주 자질의 변화라고 할 수 있습니다. 둘째, 어기의 의미에 변화를 가져오는가. '감다'에 '휘-'가 붙으면, 더욱 강한 동작을 나타냅니다. 셋째, 생산성이 높은가. 파생 접사들은 어기에 제약을 가지는 것이 보통이나 굴절 접사들은 일부의 예외적인 경우를 제외하고는 해당 어기가 속한 범주의 거의 모든 구성원과 결합할 수 있습니다. 넷째, 출현의 의무성이 있는가. 굴절 접사들은 그것이 출현해야 하는 위치에 반드시 나와야 하지만 파생 접사들은 그렇지 않습니다. 다섯째, 어기와의 거리는 어떤가. 파생 접사들은 어휘소를 만드는 것이기 때문에 굴절 접사들보다 어기에 더 가깝습니다. 여섯째, 그 영향 범위가 단어로 한정되는가. 파생접사는 어휘소 안에서만 작용하지만 굴절접사는 문장의 다른 요소와 관계를 맺을 수 있습니다.

이러한 기준은 모두 예외라고 할 만한 것이 있습니다. 따라서 절대적인 기준은 되지 못합니다. 그러나 이 기준 중 많은 것이 적용된다면 파생인지 굴절인지 판단하는 데 도움이 될 것입니다. 조사가 과연 곡용 접미사인지 여부는 문법관에 따라 다양한 견해가 있습니다. 국어의 문법 체계를 분석적 체계, 절충적 체계, 종합적 체계로 나눌 때, 분석적 체계와 종합적 체계에서는 조사와 어미가 같은 자격, 즉 둘 다 단어의 자격을 가지거나 둘 다 단어의 일부(즉 굴절 접미사)로 보지만 절충적 체계에서는 조사는 단어로, 어미는 단어의 일부로 파악합니다. 현재 학교문법을 비롯한 많은 문법서가 절충적 체계를 따르고 있습니다. 종합적 체계는 구조주의를 따르는 문법서에서 볼 수 있고, 분석적 체계는 주시경의 '국어문법'에서 처음 시작한 것으로 가장 오래된 체계이긴 합니다만 최근의 생성문법적 분석이 암묵리에 따르고 있다고 할 수 있습니다. 조사를 단어로 보는 근거에 대해서는 최현배(1937/1971), 이희승(1955)을 참고할 수 있습니다. 이 두 책에서 조사를 단어로 보는 근거 중 가장 잘 알려진 것은, 용언의 어미와 달리 조사는 자립형식에 결합된다는 것입니다. 질의자가 의문을 품고 있는 것은, 명사에 붙어 형용사로 파생시키는 '-스럽다' 같은 접미사의 경우도 자립형식에 결합되는 것인데, 왜 조사를 이것과 구분하는가 하는 점입니다. '-스럽다'의 경우는 위에서 말한 파생의 여러 특징에 잘 부합됩니다. 먼저 문법 범주를 바꿔주고 한 어휘소 안의 문제이며 생산성이 높지 않습니다. 조사의 경우는 그 결합 범위가 명사가 아니라 명사구라는 것이 우선 파생 접미사와 다른 점입니다. 또 문장 안의 다른 요소와 관계를 맺습니다.

문장 안에서 명사구는 어떤 조사와 결합하였는가에 따라 여러 가지 기능을 수행합니다, 즉 다양한 문장 성분이 된다는 것은 품사와 같은 어휘소의 문법 범주와 관련이 되어 있다는 것이 아니라 문장 안에서의 기능과 관련되어 있다는 것을 의미합니다. 주어나 목적어, 부사어 서술어 같은 문장 성분은 특정 품사를 가진 어휘소의 투사만이 그 기능을 하는 것은 아닙니다. 예를 들어 관형사만이 관형어가 되는 것이 아닙니다. 관형절은 절이면서도 관형어가 될 수 있는 것입니다. 물론 명사구도 '의'와 결합하여 또는 단독으로 관형어가 될 수 있습니다. 문장 성분과 어휘소의 품사를 혼동하여서는 안 될 것입니다.

파생접사로 알려졌던 형태소 중에는 어기와 결합하는 것이 아니라 구와 결합한다고 하여 파생이 단순히 어휘소 형성의 문제만은 아니라고 하는 주장이 최근에 대두되었습니다. 대표적인 예가 '착한 학생답다'에 나타나는 '-답다'의 경우가 그렇다는 것입니다. 이런 접사들을 "통사적 접사"라고 따로 분류하여 연구한 업적들을 종종 볼 수 있습니다. 이에 대해서는 시정곤(1998)에 자세한 논의가 있습니다. 복수를 나타내는 '들'이나, 존칭 명사를 만드는 '님'이 과연 조사에 속하는지, 또는 파생 접사에 속하는지 아니면 다른 어떤 것인지에 대한 논의도 쭉 있어 왔습니다. 이에 대한 논의는 하치근(1993)을 참고할 수 있습니다. 파생과 굴절의 구분에 대해서는 여러 책이 참고가 됩니다만, 전상범(1995), 구본관(1998) 등이 자세합니다. 조사가 품사로서 성립 가능한가에 대한 논의는 엄정호(2000)을 참고할 수 있을 것입니다.

(편집위원 구본관)

질의 13
"분포"의 개념을 자세히 알고 싶습니다.(8권 1호)

안녕하세요?

저는 서울대학교 국어교육과 석과과정에 재학 중인 이지선이라고 합니다. 2004년도 2학기에 고영근 선생님 수업을 수강하였는데 조사의 범주 설정에 관한 논의를 하다가 선생님의 글을 읽게 되었습니다. 『형태론』2.1(2000, 43-58)에 실린 조사의 범주 특성은 흥미로운 내용이었습니다. 제가 아직 공부가 많이 부족하여 이해를 잘 못하는 것 같아 궁금한 점을 묻고자 합니다. 조사를 품사의 하나로 인정하기 위한 범주 특성을 찾고자 "분포"라는 개념을 설정하고 있는데 위치나 출현 환경의 뜻이 "분포"라는 개념과는 다르게 느껴집니다. 오히려 위치나 자리 매김 등의 용어가 더 적절한 것이 아닐까하는 생각을 해 보았습니다. "분포"라는 개념이 잘 와 닿지 않습니다. 이에 대한 보충 설명을 해 주시면 감사하겠습니다. 또 품사 설정의 기준으로 기능과 형태의 비중과 분포의 비중을 비슷하게 설정하고 의미를 보조적인 것으로 설정하자는 의견이 있는데 의미보다는 형태나 기능이 중요하다는 것에는 동의하나 분포가 이와 동일한 위치에 서려면 다른 품사에도 타당성 있는 근거가 있어야 한다고 생각합니다. 조사 범주 특성을 밝히는 것은 현 문법 체계를 보완하고 타당성을 밝히는 중요한 일이라고 생각합니다. 또한 어떠한 문법이론을 구성하고 문법체계를 만드는 것이 의미 있는 일이라는 관점에 설 때 선생님께서 가진 문법 체계에 대한 입장이 궁금합니다. 현재의 절충적 체계를 옹호하는 입장이신지 아니면 다른 대안을 가지고 계신지 알고 싶습니다.

저의 질문이 무례한 것은 아닌지 걱정입니다. 아무쪼록 몽매한 후학에게 길을 열어 주신다 생각하시고 답변해 주시면 정말 감사하겠습니다.

(2006. 3. 이지선, 서울대학교 국어교육과 재학)

▸▸ **답변**

(1) "분포"란, 해리스(1951: 15-16)에 따르면 한 요소가 출현할 수 있는 모든 환경의 총합입니다. "출현 환경"은 그 요소 주변의 요소들을 말하는 것입니다. 환경 대신에 "위치"(position)란 말을 사용하기도

합니다. "자리 매김"은 어떤 의미로 사용한 것인지는 모르겠으나 "위치"와 같은 뜻이라면 쓸 수도 있는 말이겠습니다. 그러나 이미 확립되어 잘 사용하고 있는 용어가 있는데 굳이 별다른 뜻이 없는 새 용어를 사용하는 것은 그리 바람직스럽지는 않아 보입니다.

(2) 구조주의 언어학에서 분포는 어떤 요소를 확립하기 위해서 주로 사용되었습니다. 가령 다양한 음성적 특징을 가지고 있는 이음들 가운데서 음소를 확정짓는다거나 여러 이형태를 가운데서 형태소를 확인한다든가 하는 용도인 것이지요. 예를 들어 일군의 음성적 특징을 공유한 분절음들이 서로의 출현 환경이 상보적이라면(상보적 분포를 보인다면) 이들을 하나의 음소의 이음들로 보는 것 등입니다. 이 이상의 설명은, 위에서 인용한 해리스의 책이나, 라이온스(1968) 등을 참조하기 바랍니다.

(3) 기존의 품사 분류에서도 분포는 암묵적으로도 분류 기준으로 사용되었습니다. 소위 의존 명사인 '것, 바, 데' 등을 명사의 한 종류로 편입시키는 근거는 바로 이들의 분포입니다.

(4) 어떤 문법적 체계이든 완벽한 것은 없습니다. 지금 가장 많이 통용되고 있는 절충적 체계 역시 마찬가지입니다. 이 문법 체계의 특징이라면 조사와 어미가 서로 다른 자격을 가지고 있다고 보는 것입니다. 이에 비해 분석적 체계나 종합적 체계는 서로 반대 방향에서 이들의 자격이 같다고 보는 것이지요. 종합적 체계에서는 이 조사와 어미를 다 단어의 일부로 보며 분석적 체계에서는 다 별개의 단어로

본다는 말입니다. 여기서 "단어"가 무엇이냐는 물음에 다시 답할 여력은 없습니다만 분석적 체계와 종합적 체계가 절충적 체계와 다른 점이 무엇인지 부각이 되었다고 봅니다.

이제 문법 체계 중의 하나를 선택하기 위한 기준을 생각해 봅시다. 그 기준은 물론 어떤 체계가 일관성 있고 모순이 없는(또는 최소화된) 문법을 구성하게 해 주는가에 있을 것입니다. 생성 문법 이론을 분석의 틀로 사용했을 때에는 보문자구(CP), 활용어미구(IP)와 같이 조사구(KP) 같은 것의 설정이 타당한 것인지, 설정 가능하다면 어떤 조사들이 이 투사의 핵이 될 수 있는 것인지, 왜 그런 차이가 나는 것인지에 대한 답과 밀접한 관계가 있습니다. 이 모든 물음에 답이 가능하다면 종합적 체계나 분석적 체계가 옳은 것이고, 부분적이거나 불충분한 답이 제시된다면 절충적 체계가 더 맞는 문법 체계가 될 것입니다. 이 문제에 대한 저의 최종적인 입장은 없습니다. 앞으로의 연구가 더 필요한 부분입니다. (엄정호, 동아대학교 한국어문학부 교수)

질의 14
범주와 기능에 대하여 가르침을 요망합니다.(9권 2호)

엄정호 선생님께

궁금한 사항을 이렇게 직접 선생님께 문의할 수 있게 되어 기쁩니다. 저는 지난 1학기에 있었던 국어형태론 시간(고려대 국어국문학과, 김의수 선생님 강의)에서 선생님의 논문 「조사의 범주 특성」(『형태론』2.1, 2000)을 발표하게 되었습니다. 어렵지만 매우 재미있게 공부했었는데요, 한 가지 궁금한 점이 있습니다. 선생님께서는 조사를 범주화하는 과정에서 '기능'이라는 기준의 불완전성 때문에 '분포'라는 새로운 기준을 도입하셨습니다. 대개의 경우에서는 잘 적용이 되었는데 "감탄사"의 경우에서는 다시 조사의 "기능"을 가지고 설명을 하고 계십니다. 즉, "조사의 기능은 다른 성분과의 관계를 표시하거나 의미를 부가하는 것인데 감탄사는 문장의 다른 성분과 관계를 맺고 있지 않으므로 조사가 결합할 필요가 없다"라고 하셨습니다. 선생님의 설명에 따르면 감탄사의 경우에는 더 이상 분포라는 기준이 개입할 여지가 없고 대신 오로지 조사의 "기능"에 기대어야 할 것으로 보입니다. 그렇다면 결국 조사의 범주 특성을 정의할 때에는 "분포"뿐만 아니라 다시 그것의 "기능"도 반드시 고려해야 하는 것은 아닌지요. 즉, 조사의 "분포"는 조사의 범주 특성 기술에서의 필요 충분 조건이 아니라고 이해해야 하는지요?

(2007. 9. 고려대 문과대학 국어국문학과 학부생 이다희)

▸▸ 답변

좋은 질문 감사합니다. 그 논문에서는 조사라는 범주는 형태나 기능보다는 "포화 범주 뒤"라고 하는 분포적 특성으로 정의할 수 있다는 것을 보였습니다. 그리고 정의가 필요 충분조건이 되도록 의도하였습니다만 질의에서처럼 감탄사 뒤에 조사가 오지 않는 경우에 대해 조사의 기능을 가지고 설명한 것처럼 볼 수도 있겠군요. 그 부분에 대한 설명의 취지는 다음과 같은 것입니다.

문장의 다른 부분과 별다른 관계를 맺고 있지 않은 독립어의 경우에도 호격 조사 '야'의 경우처럼 포화 범주에 조사가 통합됩니다. 또 접속 부사의 경우에도 '그런데요'처럼 조사의 통합이 가능합니다. 그런데 주로 독립어로 출현하는 감탄사의 경우, 보통은 조사가 통합되지 않습니다. 그렇게 되는 이유는 조사 때문이 아니라 감탄사 자체의 특성인 것으로 보아야 합니다. 감탄사란 강렬한 정서를 짧게 표현하는 것이기 때문에 다른 요소의 도움을 필요로 하지 않는다는 것이지요. 즉, 조사의 기능 때문에 감탄사와 통합되지 않는 것이 아니라 감탄사의 의미 때문에 조사가 통합되지 않는다는 것입니다. 감탄사를 사용하였지만 강렬하고 짧게 표현할 필요가 없다고 화자가 느낄 경우에는 [각주 9]에서도 언급하였듯이 '아이구야'처럼 조사 통합이 가능하다고 봅니다.

(엄정호, 동아대학교 한국어문학부, 본지 편집자문위원)

질의 15
형태론과 통사론의 경계를 알고 싶습니다.

용언의 어간에 어미가 붙는 현상이나, 체언에 조사가 붙는 현상과 관련하여 왜 이러한 현상들이 형태론의 범위에서 다루어지는지 궁금합니다. 만약 그것을 곡용과 활용(굴절)으로 본다면 형태론에서 다룰 수 있겠으나 기실 조사나 어미가 하는 역할은 문장 전체의 통사적 구조와 관련되는 것이 아닌가요? 격조사의 "격"도 문장 성분과의 관계를 결정하는 역할을 하고 특히나 용언의 어미가 구현하는 각종 문법 범주들은 어찌 보면 해당 용언에만 걸리는 것이 아니라 문장의 "명제(내용) 전체"에 직접 작용하는 것으로, 당연히 통사론의 소관으로 보입니다. 물론 현재의 문법 체계 안에서 시간 표현, 종결 표현, 부정 표현, 높임 표현 등은 통사론에서 다루고 있긴 하지만 역시나 형태론에서 상당한 비중을 두어 서술하고 있고 그 결과 전반적인 기술이 상당히 중복되고 혼란스럽다는 생각이 듭니다. 이는 애초에 형태론과 통사론이 중첩될 수밖에 없는 영역이기 때문에 기인한 현상인지 아니면 문법 체계의 기술 방식에서 초래된 현상인지 여쭙고 싶습니다.

(2004. 11, 서울대 국어교육과 박사과정, 남가영)

▸▸ 답변

좋은 질문입니다. 이 문제는 역대 문법가들이 항상 고민하던 문제입니다. 조사와 어미는 분명히 문장 전체에 걸립니다. 그러면 통사론의 단위입니다. 그러나 조사와 어미 가운데는 명사나 어간에 받침이 있고 없음에 따라 분간적으로 사용되는 것이 많습니다. 예를 들면 대조의 조사는 명사의 받침 유무에 따라 '은/는'으로 분화되고 조건 가정의 연결어미는 받침이 있으면 '으면'으로, 없으면 '면'으로 실현됩니다. 현행 학교문법에서 문법 형태의 기능이 모두 통사론에 배치된 것이 그런 이유 때문입니다. 전통문법에서는 품사론에서 기능을 모두 다루고 역사문법(문법사)에서는 형태론에서 기능을 다루게 되니까 자연히 품사론이나 형태론은 커지고 문장론이나 통사론은 작아집니다. 우리의 학교문법처럼 기능을 통사론에서 다루면 형태론은 작아지고 통사론은 커지게 됩니다. 어느 모형을 택하여도 문법 현상을 수미일관하게 다루면 되니까 큰 문제는 없습니다. 자신의 요구를 충족시킬 수 있는 문법 모형을 선택할 필요가 있습니다. 이 문제도 『우리말의 총체서술과 문법체계』(일지사, 1993)에서 자세히 다루어졌습니다.

(고영근의 홈페이지에서)

2 형태소 분석

02 형태소 분석

질의 16
'하십시오'의 형태소 분석은 어떻게 해야 하나요?(3권 1호)

(2001. 3, 김정은, 강원도 영월군/읍 봉래중학교 교사)

▸▸ 답변

'하십시오'는 형태소 분석이 쉽지 않은 예들 중의 하나입니다. 언뜻 보면 "주체 높임의 선어말어미"인 '-시-'가 중복되어 나타나는 듯하지요. 형태소 분석의 일반적인 원리인 계열 관계와 통합 관계에 따라 분석해 보면 '하-(동사 어간) + -시-(존경법의 선어말어미) + -ㅂ시-('합쇼체'를 규정하는 요소) + -오(어말어미)'로 분석됩니다. 이렇게 분석했을 때 문제가 되는 구성 요소는 '-ㅂ시-'의 정체가 무엇이냐는 것입니다. 첫째, '-ㅂ-'과 '-시-'로 나누어 각각을 형태소로 볼 가능성이 없는지를 검토해 볼 수 있겠지요. 이 '-ㅂ시-'는 '합시다, 합쇼' 등과 같이 상대 높임의 등급이 '합쇼체'인 경우에만 나타나며 '-ㅂ-'과 '-시-'가 항상 같이 나타나기 때문에 분석하기가 어렵고 하나의 형태소로 기능하는 것으로 보아야 합니다. 둘째, '-ㅂ시-'에 나타나는 '시'는 이른바 주체 높임의 선어말어미 '-시-'와는 다른 요소로 생각됩니다. 왜냐하면 주체 높임의 선어말어미 '-시-'는 선행하는 요소가 자음으로 끝나면 매개모음을 가져 '-(으)시-'로 실현되고(예를 들면 '잡으시다') 모음으로 끝나면 매개모음 없이 '-시-'로 실현되지만 '-ㅂ시-'에 나타나는 시'는 'ㅂ' 뒤에서 매개모음을 가지지 않습니다. 또한 '-ㅂ시-'는 주체 높임의 기능도 가지지 않습니다.

'-ㅂ시-'의 성격이 주체 높임의 '-시-'와 관련이 없고 '-ㅂ-'과 '-시-'로 분석될 수 없다고 말할 수는 있지만 이 '-ㅂ시-'의 의미 기능이 무엇인지를 명확하게 말하기는 쉽지 않습니다. 어말어미의 앞에 나오므로 선어말어미라고 볼 수 있지만 국어에서 선어말어미는 대체로 '시제'나 '높임' 등의 문법적인 의미 기능을 담당하는데 이 요소는 시제나 높임과 같은 의미 기능을 갖는 것으로 보기 어렵습니다. 상대 높임의 등급상 합쇼체에서만 나타나므로 편의상 "합쇼체를 구성하는 요소"로 처리했지만 의미·기능을 뚜렷이 말하기가 어렵습니다. 어떤 형태소가 지금보다 앞선 시기에 뚜렷한 기능을 가졌다가 공시적(共時的)으로는 분석은 되지만 의미·기능이 잘 확인되지 않는 경우가 있는데 이 예가 그렇다고 할 수 있습니다. 현대국어 이전에는 '-ㅂ시-'도 더 분석될 수 있었을 가능성도 있고 각각의 의미 기능을 가지는 요소였을 수 있지만 현대국어의 공시적인 분석에서는 '-ㅂ시-' 전체를 하나의 형태소로 볼 수밖에 없고 그 의미 기능을 명확하게 말하기 어렵습니다. (편집위원 구본관)

▸▸ 추가 답변

구본관 편집위원의 답변에 대하여 추가로 말씀 드립니다. '하십시오'는 원래 '합시오' 또는 '합쇼'입니다. 이 '합시오'를 청유형의 '합시다'

와 비교하면 '-시-'가 공통되므로 '시킴'의 의미를 줄 수 있습니다. 그러면 남는 '-오'는 단독의 의미를 줄 수 있고 '-다'는 공동의 의미를 줄 수 있습니다. '-시-'는 '-오'와 결합하여 단독 명령의 의미를, '-다와 결합하여 공동의 명령, 곧 청유형을 형성합니다. 그렇게 보면 분석이 가능합니다. '-ㅂ니다, -ㅂ디다, -ㅂ시다. -ㅂ시오'와 같은 어미는 중등학교에서는 더 분석할 필요가 없습니다. 자세한 것은 고영근(1999 287)를 참조하시기 바랍니다.

(편집대표 고영근

질의 17
아래 문제의 형태소 분석에 대한 답이 궁금합니다.(3권 1호)

비바람 몰아치는 저녁에
이리는 잠을 깨어 울부짖는다.
그 소리 몹시나 우렁차고 위대하매,
반밤에 듣는 이, 가슴을 서늘케 한다.

(1) '울부짖는다'의 형태소를 분석하시오.

(2) '울부짖는다', '우렁차고', '반밤'의 단어 형성법을 밝히시오(합성어인지 파생어인지 구분하시오)

(2001. 3, 이종덕, 남서울공고 교사, 전자우편: myulch@thrunet.com)

▶▶ 답변

'울부짖다'는 현대국어에서 단일어나 합성어로 간주될 수 있습니다. '울+부짖다'로 분석하면 합성어이며(『우리말큰사전』), '울부짖다'를 분석하지 않으면 단일어가 됩니다.(『표준국어대사전』). 이처럼 여러 가지 분석 가능성이 있는 것은 앞서 언급한 대로 분석 기준이 다르기 때문입니다. 『우리말 語源辭典』(김민수 밖에 편)을 보면 '울부짖다'는 '울+불+짖+다'로 분석하고 있어 세 동사가 결합한 합성어로 보고 있습니다. 이때 '울불짖다'에서 'ㅈ' 앞에서 'ㄹ'이 탈락하여 '울부짖다'가 된 것으로 보입니다. 오늘날에도 '울며 불며'라는 말이 쓰이는 것으로 보아 나름대로 설득력이 있습니다. '우렁차다'의 경우 『우리말큰사전』이나 『표준국어대사전』 모두 '우렁+차다'로 분석하고 있습니다. 이때 '우렁'을 부사로 보느냐, 아니면 어근으로 보느냐의 문제가 남아 있지만 어느 쪽으로 보든 전체는 합성어입니다. 그리고 '반밤'은 하룻밤의 반'이라는 뜻이므로 '반+밤'으로 분석되니 합성어가 됩니다.

(편집위원 구본관)

질의 18

한자 이름을 어떻게 형태소로 분석하나요?(3권 1호)

형태소 분석 중에서 한자로 된 이름은 어떻게 하는지요? 예를 들면

02 | 형태소 분석

'철수'는 각각의 한자에 일정한 의미가 있는데 두 개의 형태소로 분석해야 합니까? (2001. 3, 이상숙, 강원도 춘천시 봉의여자중학교 교사)

▸▸ 답변

한자는 글자 하나마다 뜻이 있기 때문에 원칙적으로는 한 음절이 하나의 형태소가 됩니다. 그러나 예외도 있습니다. 예를 들어 '矛盾'이라고 했을 때에 '창과 방패'라는 의미로 사용한다면 '矛'와 '盾'으로 형태소를 분석할 수 있을 테지만 '앞뒤가 맞지 않는다는' 정도의 의미로 사용할 경우에는 분석이 불가능합니다. 분석을 하게 되면 그것의 의미가 사라지기 때문입니다. '總角'의 경우도 이와 유사한 경우입니다.

성명의 경우에는 좀 더 복잡한 문제가 도사리고 있습니다. 가령 '金永旭'의 경우, '金'은 姓에 해당하기 때문에 이름자인 永旭과 분리할 수 있습니다만 문제는 '永旭'을 더 분석할 수 있느냐겠지요. 한자의 뜻으로는 '길 영'과 '빛날 욱' 같이 각각의 뜻이 있기 때문에 "최소의 의미 단위"라는 형태소의 정의에 따르면 분석할 수도 있겠지만 그 기능이 '영욱'이라는 이름을 지닌 한 사람을 지시하는 데에 있지 그 어원적인 의미를 새기려는 것은 아니겠지요.

'영욱'이라는 이름이 '영'자와 '욱'자가 합쳐져서 만들어졌다고 설명하는 경우나 자식이 자기 부모의 성명을 부를 수 없는 관습 때문에 "'영'자 '욱'자입니다"라고 말하는 장면에서는 분명히 분석이 된 경우입니다. 이와 같은 역사적, 관습적 혹은 어원적인 분석이 공시적인 형태소 분석과 늘 일치하는 것은 아닙니다. 잘 아시겠지만 형태소 분석의 기준에는 의미론적인 기준(최소의 의미 단위)과 구조적인 기준(계열 관계와 통합 관계)이 있습니다. 공시적인 관점 혹은 보통의 발화 장면에서 '영욱'이라는 이름은 '영+욱'으로 분석할 만한 구조적인 근거가 없으므로 하나의 단위로 간주하는 것이 옳을 듯합니다.

'矛盾'은 항상 하나의 단어로 사용되지만 '永旭'의 경우, 잘 아는 친구가 "욱아" 하고 부를 수 있어서 두 개로 분석할 수 있지 않느냐는 생각을 할 수도 있습니다. '모순'은 결코 '모'나 '순'만으로 쓰일 수 없고 '총각'은 '총'과 '각'만으로 쓰일 수 없으므로 '모순'이나 '총각'의 예와 이름의 경우는 차이가 있겠지요. 그렇지만 '욱아'의 '욱'을 '영'과 분리하여 하나의 형태소로 보기는 어려운 것은, 이것을 '영욱아'의 줄임꼴로 보기 때문입니다. 고유 명사의 경우, 줄임꼴로 나타나는 경우가 많은데 이것으로 형태 분석의 근거로 삼기는 어렵습니다.

(편집주간 김영욱)

▸▸ 추가 답변

김영욱 위원의 답변에 대하여 추가로 말씀 드립니다. 정말 좋은 질문을 하였습니다. 사실 형태소에는 문장이나 단어 형성에 적극적으로 참여하는 "형성소"가 있고 그런 능력이 없는 "구성소"가 있습니다. 예를 들어 과거시제의 '-었-'은 문장의 형성에 직접 참여하므로 형성소입니다마는 회상 평서법 '-더라'에 나타나는 '-더-'는 한정된 몇 개의 어미와 결합되어 문장 형성에 간접적으로 참여하기 때문에 구성소입니다. 성과 이름은 별개의 단어이기 때문에 하나의 단어이자 하나의 형성소입니다. 그런데 남자 이름은 항렬에 따라 짓는 것이 한국 작명법의 관습이기 때문에 두 개의 형태소로 나누어 볼 수 있습니다. '영욱(永旭)'에서 '영(永)'자가 항렬이라면 그렇지 않은 글자와 대비될 수 있으니 독립된 단위가 된다고 할 수 있습니다. 항렬자가 구성소인지 형성소인지는 아직 단언할 수 없습니다. 구성소와 형성소에 대하여는 고영근(1993)을 참고하시기 바랍니다. (편집대표 고영근

질의 19
'-는지'의 형태소 분석에 관한 질문(3권 2호)

어미 '-는지'의 분석에 관한 질문입니다. 이 어미는 더 이상 분석되지 않는 하나의 어미라고 들었습니다. 예를 들어서, "그 사람이 학교에 갔는지 모르겠다"에 나타나는 어미 '-는지'는 더 잘게 분석되지 않는다고 들었습니다. 그 이유인즉, "…… 간지 모르겠다"라는 말이 없기 때문이라고 알고 있습니다. 그런데 형용사에서는 '-는지'와 '-ㄴ지' 모두가 나타나는 것을 볼 수 있습니다. 예를 들면

그 사람이 예쁜지 안 예쁜지 모르겠다.
그 사람이 그 때는 예뻤는지 몰라도 지금은 아니다.

이렇게 '-는지'와 '-ㄴ지'가 모두 나타나는 것을 본다면 '-는지'를 더 잘게 분석할 수 있지 않은지요? 적어도 '-는지'는 '-느-' + '-ㄴ지'로 분석할 수 있지 않습니까? 만약 어미 '-ㄹ지'(예 오늘은 돈을 받을 수 있을지 모르겠다)를 참고한다면 '-ㄴ지'도 '-ㄴ-' + '-지'로 분석할 수 있을 것 같습니다. 그렇다면 어미 '-는지'는 '-느-' + '-ㄴ-' + '-지' 로 분석할 수 있다고 보입니다. 만약 이렇게 분석할 수 있다면 이때 나타나는 각각의 형태소들의 기능은 무엇입니까? 만약 이렇게 분석할 수 없다면 그 이유는 무엇입니까? 형용사에서는 '-는지'와 '-ㄴ지' 모두가 나타나는데, 동사에서는 '-ㄴ지'가 안 되는 이유는 무엇인가요?

(2001. 9, 서울대학교 국어국문학과, 최성규)

▸▸ 답변

'-는지'는 이와 계열관계를 이루고 있는 '-던지'와 비교하면 분명히 '-느+-ㄴ지'로 분석할 수 있습니다. '-더-'가 회상법이라면 '-느-'는 이에 반대되는 회상 아닌 직설법이 되는 것이지요. 그리고 '-ㄹ지'는 나로서는 '*-린지'로 재구성합니다. 우리말의 추측(미래) 관형사형 'ㄹ'은 '*린'으로 잡아야 '-ㄴ, -는, -던'과 비교할 수 있습니다.('리' 앞에

별표를 한 것은 재구형이란 뜻입니다). 그러면 '*-린'이 '-ㄴ, -는, -던'과 비교가 되니 추측법의 '-리-'가 잘 떨어져 나옵니다, '-ㄹ지'를 그대로 두고 분석하면 최군과 같이 'ㄹ+지'로 분석할 수밖에 없으니 그 '지'를 처리할 방도가 막연합니다. 의존 명사로도 볼 수가 없으니 말입니다. 더러 '-던지'는 '-더-'와 '-ㄴ지'로 분석하면서 '는지'를 분석할 수 없다고 하는 일을 보는데 이는 잘못입니다. 왜냐하면 '던지'는 '는지'와 정연한 계열관계를 이루고 있기 때문입니다. 이런 경우의 '-느-, -더-, *-리-'는 모두 구성소입니다. 구성소는 형성소와는 달리 다음에 오는 어미와 결합되어야만 비로소 형성소가 될 수 있다는 뜻입니다.

다시 내용을 간추려 드립니다. '-ㄴ지'는 형용사에 붙고 '-는지'는 동사와 '었, 겠' 뒤에 붙으며 '-던지, -ㄹ지'는 품사에 구애를 받지 않습니다. 세 경우에 나타나는 '-느-, -더-, *-리-'는 문장 구성소로서 뒤에 오는 어미 '-ㄴ지'와 합쳐야만 비로소 문장 형성에 참여할 수 있습니다. 좀 더 자세한 정보를 얻고 싶으면 고영근(1993: 34-42, 1999: 154-164, 417)쪽을 보시고 'ㄹ'을 '*린'으로 재구하는 문제는 본인의 『중세국어의 시상과 서법』 초판(1981)/보설판(1987) 20-24쪽, 보정판(1998) 24-29쪽을 보아 주시기 바랍니다. 작으면서도 국어문법 전반에 걸치는 문제를 질문하셨으니 최군은 앞으로 유능한 국어학자가 되리라고 믿어 의심치 않습니다. 분발과 정진을 바랍니다.

(편집대표 고영근)

질의 20
'붉디붉은'의 분석 문제(4권 1호)

보통 용언의 어간과 어간이 결합하여 합성어를 만들 때에는 '깎아지르다, 게을러빠지다' 등과 같이 연결어미를 매개로 하는 경우와, '굶주리다' 등과 같이 어간이 연결어미를 매개로 하지 않고 직접 뒤의 어간과 결합하는 경우가 있다고 알고 있습니다. 그런데 '쓰디쓴'과 '달디단'을 분석하면 '쓰다'와 '달다'의 어간 '쓰-/달-'이 반복되어 이루어진 합성어라 할 수 있습니다. '붉디붉다'도 마찬가지로 보이는데 여기서 나타나는 '디'는 무엇인가요? 또 '머나멀다'에서는 왜 '나'로 나타나는지요. (2002. 3, 서울대학교 국문과 96학번, 이지성)

▸▸ 답변

이곳의 '-디'와, '-나'는 굴절 접미사(용언 어간에 결합하는 굴절 접미사는 '어미')가 아니면 파생 접미사일 것입니다. 먼저 '-디'가 그 두 가지 중에 무엇인가 생각해 봅시다. 일반적으로 굴절 접미사는 문법적으로 규정되는 어떤 단어 부류에 보편적으로 결합할 것이 기대됩니다. 예를 들면 굴절 접미사 '-고'는 동사, 형용사라는 큰 부류에 결합할 수 있고 '-자'는 意志 動詞라는 작은 부류에 결합할 수 있습니다. 그리고 그 결합으로 인해서 어기의 문법적 성격이나 의미가 변하지 않습니다. 예를 들어 '지우-'의 문법적 성격이나 의미는 '-고'나 '-자'가 결합했다고 해서 바뀌지 않는 것입니다. 이와 달리 일반적으로 파생 접미사는 어기와의 결합에서의 보편성을 가지지 못합니다. 또, 어기와 접미사의 결합체는 어기의 문법적 성격이나 의미와는 다른 점을 가지게 되는 경우가 많습니다. 예를 들어 '-개'는 ⓐ 가리-, 덮-, 깔-, 지우-, 베-'와 같은 타동사와 결합하여 '가리개, 덮개, 깔개, 지우개, 베개'와 같은 도구 명사를 만들지만 똑같이 ⓐ의 부류에 속할 '쓰-, 열-, 뚫-, 빗-, 다리-' 등과는 결합하지 못합니다. 그래서 '*쓰개(필기 도구), *열개(열쇠), *뚫개(송곳), *빗개(빗), *다리개(다리미)'와 같은 파생 명사는 존재하지 않습니다. 또 예를 들어 '지우개'는 모든 지우는 도구를 의미하지는 않습니다.(매니큐어 지우는 것, 화장 지우는 것을 '지우개'라고 하지는 않습니다). 또 굴절 접미사는 본래 기존 단어가 문장을 형성하는 데 일정한 기능을 하도록 그 기능의 표지가 되어 주는 일을 하고 파생 접미사는 기존 단어와 결합하여 그와 관련된 새 단어를 만드는 일을 합니다. 위에 말한 차이도 굴절 접미사와 파생 접미사가 하는 일과 관련된 것입니다. 또, 굴절 접미사는 문장 형성에서 어기가 가지는 어떤 자격을 나타내므로 문장 내에서 '어기+굴절 접미사'가 다른 단일어로 바뀌기가 어렵습니다. 그러나 파생 접미사는 문장 형성에서 어기의 어떤 자격을 나타내지 않고 단어 형성에서 어기를 재료로 삼아 새 단어를 만들므로 문장 내에서 '어기+파생 접미사'는 단일어로 바뀔 수 있습니다.

그러면 이제 '차-디+차-', '쓰-디+쓰-' 등에서의 '-디'에 대해 검토해 봅시다.

검토 측면	검토 결과	판정
(1) 어기와의 결합이 보편적인가?	보편적이지 않다 짜디짜- : *짭짤하디짭짤하- 순하디순하- : *어른스럽디어른스럽-	파생 접미사
(2) 어기의 문법적 성격이나 의미를 변화시키는가?	변화시킨다 소금이 짜디짜다(특정 소금에 대한 경험 표현) *소금은 짜디짜다(소금의 일반 속성 표현)	파생 접미사
(3) '어기+접미사'가 단일어로 바뀔 수 있는가?	물이 차디+차다 : 물이 아주 차다	파생 접미사

이 검토 결과는 '-디'를 파생 접미사로 보게 합니다. 그러나 '짜디', '차디'와 같은 'A-디' 부분만을 예컨대 부사로 보지는 않습니다. 'A-디+A' 전체를 새 형용사로 보아야 한다는 데 '-디'의 특징이 있습니다. '-디'와 비슷한 것으로 '머나먼, 기나긴, 젊으나 젊은'의 '-(으)나'가 있습니다. 이 '-나'는 '눈이 내리나 춥지는 않다', '앉으나 서나'의 '-(으)나'와는 의미가 다르므로 관련시킬 수 없습니다. 문제의 '-(으)나'는 역시 '-디'처럼 파생 접미사로 보아야겠습니다. 단, 역시 '머나', '기나'를 독립한 단어로 볼 수 없다는 점이 특징적입니다. '-디'와 '-나'의 이러한 특징은 그것들이 역사적으로 특이한 발달 과정을 거친 결과일 것이라고 짐작됩니다. (편집자문위원 김창섭)

02 | 형태소 분석

질의 21
'숨바꼭질'을 어떻게 분석하나요?(4권 2호)

재미있는 단어를 발견했습니다. 바로 '숨바꼭질'이라는 단어입니다. 숨바꼭질을 형태소 단위로 분석할 때, 일단 '숨바꼭+질'로 나눌 수 있습니다. 이 때 '숨바꼭'을 형태소 단위로 더 나눌 수 있는지요?

(2001. 9, 서울대학교 국문과 00학번, 성연주)

▸▸ 답변

먼저 흥미로운 질문을 해 주셔서 감사드립니다. 이 질문은 한편으로는 단순하게 생각할 수 있겠고요, 다른 한편으로는 매우 복잡하게도 생각할 수도 있을 것 같습니다. 먼저 단순한 경우는 '숨바꼭질'이라는 단어가 어떻게 만들어졌는지 알고 싶다는 정도의 질문으로 이해할 수 있습니다. 이것은 이 단어의 어원은 어떻게 되는가 하는 문제입니다. 그러나 '숨바꼭질'에 대한 정확한 어원은 아직도 밝혀 내지 못했다는 말을 하고 싶군요. 다만 옛 문헌을 통해 보면 '숨막질(박번 상: 18) 〉 숨박질 〉 숨바꼭질'로 변화된 것으로 짐작할 수 있을 정도입니다. 다른 연구자들은 이 단어를 '숨-(隱)+바꾸(替)+질(접사)'로 어원 분석을 하시는 분도 있고, '숨-(隱)+박-(揷)+곶(所)+질(접사)' 등으로 분석을 하시는 분도 있지만(『우리말 語原辭典』, 태학사 참조), 이러한 분석은 단어의 소리와 뜻을 고려하여 재구성해 본 정도라고 생각할 수 있겠습니다.

두 번째 경우는 좀 더 복잡한데요, 그것은 "형태 분석"이라는 용어의 해석 문제와 관련되기 때문입니다. 질문자는 '숨바꼭질'을 일단 '숨바꼭+질'로 나눌 수 있다고 하였는데 사실 이 부분부터 논의가 복잡해지기 시작합니다. 어떤 기준으로 형태 분석을 할 것이냐에 따라 결과가 확연히 달라지기 때문입니다. 예를 들어 'AB'라는 복합 형태가 있다고 하면 이를 공시적으로 분석하려고 할 때 대략 두 가지 기준이 가능합니다. 하나는 'AB' 두 요소가 모두 공시적으로 의미 파악이 가능해야(즉 현재에도 사용되고 있다면) 분석할 수 있다는 기준이 있을 수 있고 반면에 'AB' 두 요소 중 하나만이라도 의미 파악이 가능하다면 분석할 수 있다고 할 수도 있습니다. 저는 개인적으로 전자의 기준을 따르고 있습니다만 연구자마다 견해가 다릅니다. 따라서 '숨바꼭질'의 형태 분석을 논하기 전에 먼저 형태 분석의 기준부터 정리해 놓고 이야기를 진행해야 합니다. 이러한 기준을 고려해 보면 '숨바꼭질'은 엄밀한 의미에서 공시적으로 분석될 수 없는 하나의 단어라고 보아야 할 것입니다. 접사 '-질'은 쉽게 분리가 되지만 나머지 형태 '숨바꼭'이 공시적으로 의미 파악이 되지 않기 때문입니다. 예를 들어 '지붕'이라는 단어를 '집+웅'으로 분석하지 않고 공시적으로는 하나의 단어로 취급하고 있는 것과 마찬가지라고 보면 되겠습니다. 그러나 몇몇 국어사전을 보면 '숨바꼭질'은 '숨바꼭+질'로 분석해 놓고 '지붕'은 그냥 하나의 단어로 취급한 경우가 많은데 이는 일관성

있는 형태 분석이라고 볼 수는 없겠습니다. (편집위원 구본관)

▸▸ 추가 답변

추가로 말씀 드립니다. 현행 학교 문법 체계에 기댄다면 '숨바꼭질'은 불규칙적 어근 '숨바꼭'에 접사 '-질'이 붙은 단어입니다. "불규칙적 어근"이란 구조적 자율성이 없는, 품사를 모르는 단어입니다. 이를테면 '따뜻하다'의 '따뜻'과 같은 어근을 의미합니다. 이런 파생어를 "제일차적 파생어"라고 합니다. 이런 경우는 접미사 '-질'이 '가위질, 달음질' 등에 널리 사용되기 때문에 분석하지 않을 수 없습니다. 그리고 '집웅'도 접미사 '-웅'이 다른 경우에 사용되지 않기 때문에 분석하지 않는 일도 있으나 자립형태소 '집'과 비교하면 독립된 접미사의 자격이 있습니다. (편집대표 고영근)

3 품사

03 | 품사

질의 22
형용사의 동사적 용법에 대하여 알고 싶습니다.(5권 1호)

7차 고등학교 『국어』(상)에는 "바른 말 좋은 글"이라는 단원이 설정되어 있고 여기에는 "말 다듬기", "문장 다듬기", "글 다듬기"라는 소단원이 설정되어 있습니다. 그런데 "말 다듬기"와 "글다듬기"에는 다양한 유형의 비문법적인 문장이 제시되어 있습니다. 오늘 질의하고 싶은 것은 '말 다듬기' 소단원에 나오는 예문입니다. 용언의 잘못된 활용으로 다음과 같은 예문이 제시되고 있습니다.

(1) 가. 아버님, 올해도 건강하세요.
　　나. 아버님, 올해도 건강하게 지내세요.
(2) 가. *너 내일부터 예뻐라.
　　나. ??너 지금부터 조용해라.

(1가)는 형용사에 명령형을 연결하여 문장이 잘못된 것으로 설명하고 있는 경우입니다. 명령형과 청유형이 동사에 결합하는 활용형이라는 점에서 당연한 설명이겠지요. 그런데 여기서 문제가 되는 것은 (2가)의 '예쁘다'와 같은 형용사와는 달리 (2나)의 '-하다' 결합 형태의 형용사가 (1가)와 마찬가지로 명령형이나 청유형을 가진 형태로 자주 잘못 쓰인다는 점입니다. 이것은 단순히 '-하다'라는 접미사가 홀로 쓰일 때 동사로도 쓰일 수 있었기 때문에 그것에 견인(牽引)된 것인지

아니면 '-하다' 결합 형태의 형용사가 특별한 성질을 가진 것으로 보아야 할지 궁금하군요. 언중(言衆)들의 의식은 빠르게 변화하고 있는데 학교 문법의 규정이 지나치게 엄격한 것은 아닌지 궁금합니다. 그리고 (1가)의 문장을 바꾸어 보는 과정에서 다음과 같은 문장의 적격성(適格性)이 문제가 되었습니다.

(3) 가. 아버님, 올해도 건강하시기 바랍니다.
　　나. 수준 높은 생활이 가능하기 바랍니다.
　　다. 수준 높은 생활이 가능하기 위하여 노력하자.

(3나)의 문장을 보면 '바라다'는 앞에 동사가 사용되는 것이 자연스럽게 느껴지며 (3다)에서도 '위하여' 앞에는 '가능하다'라는 형용사보다 '이룩되다' 같은 동사를 넣으면 더 자연스럽게 느껴집니다. 이렇다면 '바라다'의 경우에도 앞에 오는 말이 동사일 때 더 자연스럽다는 어휘 선택 제약을 가지는지 궁금합니다. 또한 그런 시각에서 (3가)의 적격성의 판단 결과도 궁금합니다. (2003. 3, 청량고등학교 박정규)

▸▸ **답변**

좋은 질문 감사합니다. 국어의 형용사는 명령문이나 청유문 어미와는 결합하지 않는 것이 원칙입니다. 그러나 질문하신 바와 마찬가지로, 구어에서 '건강하세요', '부디 행복하세요', '좀 침착하세요'와 같은 표현이 흔히 쓰이는 것도 사실입니다. 일단 학교문법에 따라 이러한 표현은 잘못된 표현으로 간주하는 것이 옳다고 봅니다. 이러한 표현이 쓰이게 된 이유는 현재로서는 답변하기 어렵습니다. 매우 흥미로운 현상인데 제가 과문(寡聞)의 탓인지 아직 이에 대한 연구를 보지 못했습니다. 저도 좀 더 검토해 볼 생각입니다. 일단 '하다'와 직접적인 관계가 있는 것 같지는 않습니다. '착실하다, 훌륭하다 … ' 등은 '하다'를 포함하고 있지만 위와 같은 표현으로 잘 쓰이지 않기 때문입니다.

'-기 바라다, -기 위하여'도 역시 선생님이 지적하신 대로 주로 동사가 앞에 오는 것으로 보이며 선택제약이라고 하여도 무방할 듯합니다. 이 경우에도 '건강하다, 행복하다, 침착하다' 등은 가능한 것으로 보이는데, 이 역시 앞의 명령문의 경우와 유사한 현상으로 판단됩니다. 좋은 연구 거리를 제공하여 주신 데 대하여 감사드리며 시원스런 답변을 드리지 못한 점 양해해 주시면 고맙겠습니다.

(편집위원 시정곤)

▸▸ 추가 답변

시정곤 위원의 답변에 대하여 추가로 말씀 드리겠습니다. 형용사에 따라서는 명령형을 취하기도 하여 동사와 형용사를 구별하기가 어려운 때가 있습니다. 그것이 한국어 형용사의 본래의 특징일 수도 있고 유추적 용법일 수도 있습니다. 최근의 한 연구에 의하면 중세 한국어에는 많은 형용사가 동사의 성격을 겸하고 있었다는 보고가 나와 화제가 되고 있습니다. 자세한 것은 『형태론』 5권 2호(2003. 9)에 나오는 이영경의 「중세국어 형용사의 동사적 용법에 관하여」를 참고하시기 바랍니다. 특히 '-기 바라다' 앞에 형용사보다는 동사가 더 자연스럽다는 자료 제시는 한국어 문법 구조의 해명에 크게 도움이 될 것 같습니다. 분발을 바랍니다. (편집대표 고영근)

질의 23
'때문'과 '까닭'의 의미 차이가 궁금합니다.(5권 1호)

'때문'과 '까닭'의 의미 차이는 무엇입니까? 외국인을 위한 한국어교육에 이 두 형태 기능(의미)을 어떻게 설명하면 좋습니까?

(2003. 3, 울지바트, 서울시립대 대학원 몽골 교환학생,
e-mail: ulziibat@hotmail.comlulziibat.com)

답변

'때문'과 '까닭'은 '이유, 원인, 근거' 등을 뜻하는 점에서 의미가 비슷합니다. 말하자면 유의어(類義語)인 셈이지요. 그렇지만 실제의 용

법에서는 차이가 있습니다. 우선 통사적인 차이를 살펴보도록 하겠습니다.

첫째, '때문'은 '-기'와 같은 명사형 어미와 결합하지만 '까닭'은 '-은'과 같은 관형사형과 결합합니다. 가령 "철수가 늦게 왔기 때문에 월드컵 입장권을 살 수가 없었어"는 문법적이지만 '철수가 늦게 왔기 까닭에 월드컵 입장권을 살 수가 없었어'는 비문법적입니다. 이와는 대조적으로 '철수가 늦게 온 까닭에 월드컵 입장권을 살 수가 없었어'는 문법적이지만 "철수가 늦게 온 때문에 월드컵 입장권을 살 수가 없었어"는 자연스럽지 못한 문장입니다.

둘째, '까닭'은 명사를 관형어로 취할 수 없지만 '때문'은 이러한 제약이 없습니다. "철수 때문에 망쳤어"는 문법적이지만 "철수 까닭에 망쳤어"는 비문법적입니다.

셋째, 통사 범주에서도 차이가 있습니다. '때문'은 의존 명사이고 '까닭'은 자립 명사입니다. 가령 '때문을 알 수 없었다'는 비문법적이지만 '까닭을 알 수 없었다'는 문법적입니다.

다음으로는 문맥상의 의미 차이에 대해서 말씀드리고자 합니다. 가령, "철수가 늦게 왔기 때문에 월드컵 입장권을 살 수가 없었어"와 "철수가 늦게 온 까닭에 월드컵 입장권을 살 수가 없었어" 등의 두 문장 의미를 비교해 봅시다. 전자는 '철수가 늦게 온' 사실에 대한 "따짐"의 의미가 두드러지고 후자는 '월드컵 입장권을 사지 못한' 이유에 대한 "설명"의 의미가 두드러집니다. (편집위원 김영욱

질의 24
접속사의 품사 설정 여부에 관하여 묻습니다.(8권 1호)

국어의 품사 분류는 단어를 보는 기준에 따라 제각기 품사 체계가 달라질 수 있지만 일반적으로 의미, 기능, 형태라는 기준에 따라 현행 학교문법에서는 9품사를 인정하고 있습니다. 그러나 9품사 체계에 문제가 많음을 지적하고 여러 가지 대안이 제시되고 있는 상황에서 지금까지 국어문법 체계에서 품사 범주로 설정되기도 하고 제외되기도 했던 접속사를 과연 하나의 품사로 인정할 수 있는지에 대해서 의문을 제기합니다.

접속사를 품사로 인정한 예는 주시경(1910), 이상춘(1925), 박승빈(1935), 김윤경(1948), 이희승(1957), 김민수(1960), 고영근(1993), 서정수(1994) 등이 있습니다. 그러나 이러한 견해들도 접속사의 범주에 접속어미, 접속조사, 접속부사 등을 모두 인정하느냐에 따라 차이가 있습니다. 예를 들면, 서정수(1994)는 품사 분류에 있어 문법기능적인 면을 강조하여 "접속소"라 하여 접속어미, 접속조사, 접속부사 모두를 접속사의 범주에 인정하고 있습니다. 그러나 고영근(1993)에서는 문장 접속만을 접속사 범주로 인정합니다. 즉 텍스트를 형성하는 기능에 한정하여 접속사를 인정하고 있습니다.

지금까지의 견해들을 살펴본다면 첫째, 접속사를 품사로 인정할 것인가? 둘째, 접속 대상의 범위를 단어, 문장, 또는 이들을 모두 포함한 접속의 문법 기능에 중심을 둘 것인가에 대한 문제가 제기될 수 있을 것입니다. 즉, 품사분류 기준에서 형태에 중심을 둔다면 접속부사만을 접속사로 인정할 수 있고 기능에 중점을 둔다면 접속어미, 접속부사, 접속조사 모두를 접속사를 인정하여야 할 것입니다. 또한 의미라는 면에서 이들은 그 양상이 다양할 것입니다. 그러나 이런 문제들을 해결하는 데 앞서 무엇보다도 접속사를 정의하는 것이 선행되어야 할 것입니다. 접속의 기능을 가지는 요소들 중에는 단어 접속뿐만 아니라 문장 접속의 기능을 아울러서 담당하는 것들이 있기 때문이다. (예: '와/과', '또(는)' 등등)

(2006. 3, 고려대학교 박사과정 김서형

▸▸ 답변

품사 분류의 조건으로 '의미, 기능, 형식'의 세 가지를 듭니다. 여기서의 "의미"(meaning)는 어휘적 의미가 아니라 형식적인 의미로서 어떤 단어가 사물의 이름을 나타내느냐 그렇지 않으면 움직임이나 성질, 상태 등을 나타내느냐 하는 것입니다. "기능"(function)은 한 단어가 문장에서 다른 단어들과 맺는 관계를 가리킵니다. "형식"(form)이라 함은 단어의 형태적 특징을 말합니다. 품사 분류의 기준을 고려해 볼 때, 접속사를 품사로 인정한다 하더라도 매우 한정된 단어들만이 이에 속할 수 있게 됩니다. 접속부사, 접속어미, 접속조사는 '접속'이라는 기능적인 측면에서의 공통점이 있지마는 의미나 형식의 측면에서 서로 다르므로 이 세 가지 부류를 하나의 품사로 묶는다는 것은 무리가 있다고 봅니다. 품사 분류를 할 때 고려되어야 할 조건 중 하나는 그 대상이 "단어"(word)에 한정된다는 것입니다. 그러므로 "어미"나 "조사"를 단어로 볼 것인가의 문제가 먼저 논의되어야 "접속어미"나 "접속조사"를 품사 분류의 대상으로 할 것인가 말 것인가가 결정될 것입니다.

그러나 "접속어미"나 "접속조사", "접속부사" 등은 "접속"이라는 중요한 문법적 기능을 공통점으로 갖고 있기 때문에 품사 분류와는 별도로, 하나의 부류로 설정하고 그 공통점과 차이점을 논의해 나가는 것도 좋은 방법이라 할 수 있습니다. (편집위원 유현경)

질의 25
접속사를 왜 세우지 않는가요?(8권 1호)

제7차 교육과정에 따른 학교 문법 교과서에 보면 품사 분류 기준으로 기능, 형태, 의미라는 세 가지 기준을 제시하고 있습니다. 세 가지 기준으로 품사를 설정하는 것에 대해 여전히 몇 가지 논란이 되고 있는 것으로 알고 있습니다. 그 중 '그러나, 그리고, 왜냐하면, 또는'과 같은 접속사가 접속부사로 설정되어 있는 것에 대한 명확한 설명이 필요합니다. 접속부사는 뒤 성분을 수식하는 부사 기능을 하지 않는 데다가 언중들은 이미 기존의 부사와 접속부사를 구별하고 있는 것 같습니다. 국어지식 차원에서 학습자에게 이러한 접속부사를 가르친다고 할 때 막연하게 접속부사로 알려주고 품사를 암기하도록 하지 말고, '접속사'라는 독립 품사로 설정할 수 있지 않을까요?

(2006. 3, 정민주, 서울대학교 국어교육과 석사과정)

▸▸ **답변**

우리말에는 접속의 기능을 갖는 것으로 '그리고, 그러나, 또는' 등의 단어 외에 '와/과' 등의 조사와 '-고, -(으)며, -(으)나' 등의 어미가 있습니다. '와/과'와 '-고', '-며' 등은 분포와 형태론적 특성에 의해 각각 조사와 어미로 분류되어 있습니다. '그리고, 그러나, 또는' 등의 경우 접속의 기능을 중시하여 "접속사"로 분류한다면 현행 범주 구분에서 동일한 접속의 기능을 갖는 '와/과', '-고, -(으)며, -(으)나' 등과는 상이한 처리를 하게 되는 결과를 낳습니다.

기능, 형태, 의미의 품사 분류 기준 중에서 기능 위주로 범주를 구분하여 '그리고, 그러나, 또는' 등과 접속조사, 접속어미를 함께 접속사로 설정하는 방법을 가정해 볼 수 있습니다. 실제로 서정수(1996: 146-7)에서는 접속조사, 접속어미와 함께 접속부사를 "접속소"로 다루고 있습니다. 그러나 접속조사, 접속어미, 접속부사가 분포와 접속

대상이 서로 다름에 따라 그 통사적 실현 양상에 차이를 보이는데 접속 기능만을 위주로 이들을 함께 다룬다면 문법 기술에 혼란이 야기될 수 있습니다.

우리말의 '그리고, 그러나, 또는' 등을 영어의 접속사 'and, but, or'와 비교한다면 기능에 큰 차이점이 발견됩니다. 영어의 접속사 'and, but, or'의 전형적인 기능으로 두 절의 연결을 들 수 있는데 우리말의 '그리고, 그러나, 또는'은 이러한 기능을 담당하지 못하며 절의 연결은 어미에 의해 이루어지고 있습니다.

(1) I like PIZZA <u>and</u> My brother likes Hamburger.
(2) 나는 피자를 좋아하<u>고</u> 내 동생은 햄버거를 좋아한다.
(2') 나는 피자를 좋아하<u>고</u> <u>그리고</u> 내 동생은 햄버거를 좋아한다.

(2)에서 '-고'를 대신하여 '그리고'가 쓰일 수 없으나 (2')에서와 같이 '-고' 다음에 '그리고'의 출현은 가능합니다. (2')에서 관찰되는 바와 같이 '그리고'는 그 출현이 수의적이며 '-고'에 의해 실현된 두 절의 관계를 강조하는 것으로 해석됩니다.

위와 같은 쓰임에 근거하여 '그리고, 그러나, 또는' 등을 부사로 분류하는 것에 큰 무리가 없다고 판단됩니다. 그러나 접속부사 중에는 부사로 분류하기 어려운 항목이 존재합니다. 이에 해당하는 것으로 '및'과 '내지'를 들 수 있는데 이들은 명사구를 접속하는 기능을 합니다. '내지'는 다른 접속부사와 달리 수의적 실현을 보이지 않으며 또한 후행 명사구를 수식하는 것으로 단정하기 어렵습니다. 명사구만을 접속하는 점에서 이들을 접속조사로 의심해 볼 수 있습니다. 그러나 '및, 내지'가 선행 성분에 의존적으로 쓰이는 것으로 보기 어렵기 때문에 이들을 조사로 분류하는 것은 타당하지 않습니다. 그러면 '및, 내지'에 한정하여 접속사라는 범주를 인정해 볼 수 있습니다. 그러나 이러한 처리는 앞서 지적한 바와 같이 현행 품사 분류에 불균형을 초래하는 결과를 낳습니다. '및, 내지'와 같이 접속부사 범주 설정에 그 문제점이 지적될 수 있으나 현행 학교문법 체계 내에서 '그리고, 그러나, 또는' 등을 접속부사로 분류하는 것에 큰 무리가 없는 것으로 판단됩니다.

(김선영, 『형태론』 편집간사, 서울대학교 박사과정 수료)

4 조사

질의 26
보조사의 사용법을 알고 싶습니다.(3권 1호)

안녕하십니까?

저는 한국어를 전공한 지 벌써 10년이 지났습니다. 안카라 대학교 한국어과에 들어가서 4년 동안 한국어를 배웠는데 바로 그때부터 한국어 문법에 관심을 갖게 되었습니다. 교수님도 아시다시피 터키어와 한국어는 SOV 어순을 가집니다. 그래서 그런지 두 언어는 문법적으로 공통된 점이 많아서 한국어를 배우기가 어느 정도 쉬웠습니다. 앞으로 두 언어에 공통 및 차이점을 잘 밝히기 위해서 열심히 공부하기로 결심했으며 현재는 박사과정을 밟고 있습니다. 그 동안 한국어 문법에 대해서 많은 것을 배웠지만 아직도 완벽하게 한국어 문법 중에서 형태적으로 잘 구별하지 못하는 문제점들이 있습니다.

한국어 문법 중에서 터키인에게 이해하기가 어렵고 아무리 많은 연습을 해도 계속 실수하는 것이 한국어 주격조사 '이/가'와 보조사인 '은/는'의 구별입니다. 우선 터키어에는 주격조사가 없어서 주어가 주격조사를 취하는 일이 없음을 말씀 드리고 싶습니다. 즉, 주어는 다른 문장성분과는 달리 격조사를 취하지 않습니다. 그러나 주어가 복수형 어미나 소유격 조사를 취할 수 있는 제약이 있습니다. 그래서 터키인이 한국어 격조사를 배울 때, 처음에는 주격조사의 사용에 익숙하기 위해서 연습을 많이 해야 합니다. 하지만 그보다 큰 문제는 주격조사 '이/가'와 보조사 '은/는'이 어떻게 서로 구별해야 하느냐의 문제입니다. 우리는 문장의 주어에 주격조사 '이/가'가 붙고 만일 강조하고 싶은 문장 성분이 있으면 그 성분에 보조사 '은/는'이 붙어야 한다고 배웠습니다. 이 정의에 따라 문장을 만들어도 주격조사와 보조사의 올바른 쓰임을 잘 알지 못합니다. 남기심 · 고영근의 『표준국어문법론』(개정판)(1993: 104)에서 보조사에 관한 예를 들어서 질문을 하겠습니다.

(1) 선생님이 <u>철수는</u> 더 사랑하신다.

예문(1)에서 보조사 '는'이 목적격의 자리에 놓여 있는데 만일 이 예문이 다음과 같이 되면 두 문장의 구별을 어떻게 하면 좋겠습니까?

(2) 선생님은 철수가 더 사랑하신다.

또 같은 문장에서 주격조사와 보조사의 자리만 바꾸면 의미 차이가 무엇인지 주격조사 자리에 보조사를 쓰이는 이유가 무엇인지, 두 조사를 어떻게 구별할 수 있는지를 답해 주시면 고맙겠습니다. 교수님의 귀한 시간을 뺏는 것 같아서 망설였지만 후학을 위하는 마음으로 가르침을 주시면 감사하겠습니다. 교수님, 새해 복 많이 받으시고 건강하세요.

후세인 크르데미리 드림. 서울대학교 국어국문학과 박사과정 (터어키 앙카라대학 한국어학과 졸업) 전자우편: hkirdemir@yahoo.com

▸▸ **답변**

터키어와 한국어가 계통론적으로 관련이 있다고는 하지만 외국어 화자들이 한국어의 조사를 배우기는 어려울 것으로 생각됩니다. 한국어의 조사는 크게는 격조사와 보조사로 나뉩니다.(물론, 접속조사를 따로 구분하여 셋으로 나누기도 합니다). 격조사란 "체언(명사, 대명사, 수사)에 붙어 주어, 목적어 등의 문장 성분을 표시해 주는" 조사입니다. 이에 비해 보조사는 "체언뿐 아니라 부사나 용언의 연결어미 뒤에 두루 쓰이며 그 기능도 격을 나타내거나 혹은 문장 성분을 나타내는 것이 아니라 자신의 고유한 의미 기능을 더하는"조사입니다. 이렇게 보면 비슷한 기능을 갖는 것으로 오해하기 쉬운 '이/가'와 '은/는'이 각각 격조사와 보조사라는 사실이 분명해집니다. 이제 다음 몇 개의 예문을 중심으로 격조사와 보조사의 차이를 살펴보도록 하겠습니다.

우선 보조사는 격조사와 달리 체언 이외에도 부사, 연결어미, 다른 조사 뒤에도 결합할 수 있습니다.

(1) 가. 그가 빨리 오지 않았다. / 그가 빨리는 오지 않았다.
나. 이 책을 읽어 보았다. / 이 책을 읽어는 보았다.
다. 지금 설악산에서 눈이 온다. / 지금 설악산에서는 눈이 온다.

격조사인 '이/가'는 체언 이외에 부사나 연결어미 혹은 다른 조사에 결합하는 예가 없습니다.

다음으로 보조사는 격조사와는 달리 특정한 격이나 문장 성분을 표시하는 기능이 없다는 것을 알 수 있습니다.

(2) 가. 철수가 음악을 좋아한다.
나. 철수는 음악을 좋아한다.
다. 철수가 음악은 좋아한다.
라. *철수는 음악이 좋아한다.

(2가)의 문장에서 주어는 '철수', 목적어는 '음악'인데 각각 주격조사 '이/가'와 목적격조사 '을/를'에 의해 격이 표시됩니다. 보조사인 '은/는'은 주격의 자리나 목적격의 자리에 자유롭게 결합할 수 있습니다. 물론 이때는 주격조사나 목적격조사를 생략시키고 그 자리에 결합합니다. (2나)는 '은/는'이 주격 자리에, (2다)는 '은/는'이 목적격 자리에 결합하는 모습을 보여 줍니다. (2라)는 비문(非文)인데 이 문장이 비문인 이유는 주격조사인 '이/가'가 목적격의 자리에 결합했기 때문입

니다. 이것을 보면 역시 주격조사는 보조사와 달리 주어 자리에만 결합하는 것을 알 수 있습니다. 주격조사인 '이/가'가 격을 표시하는 기능만 가질 뿐 자신의 고유한 의미 기능을 가질 수 없는 것과는 달리 보조사인 '은/는'은 자신의 고유한 의미 기능을 가지고 있습니다. 그 의미 기능은 "대조"나 "주제" 등으로 명명(命名)될 수 있습니다.

(3) 가. 소나무는 침엽수이고 은행나무는 활엽수이다.
가'. 소나무는 침엽수이다.
나. 커피는 잠이 안 와.

(3가)처럼 대조적인 복합문을 만들어 두면 '은/는'이 "대조"의 의미를 갖는다는 것을 명확하게 알 수 있습니다. 물론 (3가')처럼 단문으로 표시할 경우, '은/는'의 "대조" 기능이 명확하게 드러나지 않지만 이 문장에서도 '은/는'의 의미는 "대조"입니다. (3나)는 '은/는'이 "주제"를 표시하는 의미 기능이 있음을 보여 줍니다. 즉, '커피는'은 '커피에 대해 말하자면' 정도의 "주제"로 해석됩니다.

이제 질문하신 두 문장에 대해서 설명하기로 하겠습니다.

(4) 가. 선생님이 철수는 더 사랑하신다.
나. 선생님은 철수가 더 사랑하신다.

질문하신 (4가)의 예문은 "선생님이 (다른 사람보다도) 철수를 사랑한다"는 의미로 해석되고 이 문장의 주어는 '선생님'이고 목적어는 '철수'가 됩니다. 질문자가 이 문장과 관련이 있는 것으로 본 (4나)의 문장은 "(다른 사람보다도) 선생님을 철수가 더 사랑하신다"는 의미를 갖는데 사실 이 문장의 주어는 '철수'이고 목적어는 '선생님'이어서 앞의 문장과는 반대입니다. 이 문장은 주어와 목적어의 자리가 일반적인 순서와 바뀐 도치문입니다. 또한 이 문장은 주어가 철수인데 뒤에 주체 높임의 선어말어미 '-시-'를 결합한 잘못된 문장입니다. 따라서 두 문장은 '은/는'과 '이/가'의 의미와 관련하여 대비할 만한 예가 아닙니다.

마지막으로 두 가지 질문에 답하도록 하겠습니다. 첫째, 주격조사의 자리에 보조사가 왜 쓰이느냐고 했는데 주격조사가 쓰이는 체언에 "대조"나 "주제"의 의미를 부여하기 위해서 체언에 보조사가 결합하는 것입니다. 이때 원래 있던 주격조사는 생략됩니다. 둘째, 격조사와 보조사를 어떻게 구별하느냐고 물었는데 (2)번 예문에서처럼 "철수( ) 음악( ) 좋아한다"와 같은 문장을 만들어 두고 두 개의 괄호에 모두 들어갈 수 있는 조사들은 보조사입니다. 즉 주어 자리와 목적어 자리에 모두 들어갈 수 있는 조사는 격조사가 아닌 보조사인 셈입니다. 이런 방식으로 실험을 해 보면 '은/는, 만, 도' 등의 보조사는 두 개의 괄호에 모두 들어갈 수 있다는 것을 알 수 있을 것입니다.

(편집위원 구본관)

04 | 조사

질의 27
목적격조사를 부사격조사와 어떻게 구별합니까.(4권 1호)

안녕하십니까. 저는 터키의 앙카라 대학에서 한국어문학을 전공하고 서울대학교 국어국문학과에서 박사과정을 다니고 있는 술탄 훼리 아크프나르라고 합니다. 공부하는 도중에 이해되지 않는 부분이 있어서 질문을 드립니다. 남기심 · 고영근(1994: 258)에서 목적어에 관한 정의가 다음과 같습니다. “타동사(他動詞)는 어떤 대상을 필요로 하는 행위를 나타낸다. 목적어[부림말]는 이러한 타동사에 의해 표현되는 행위의 대상을 나타내는 문장성분을 일컫는다”와 같이 설명되어 있습니다. 그리고 같은 책의 101쪽에서는 “부사격조사는 그것이 붙는 체언으로 하여금 부사어가 되도록 하는 것인데 그 의미가 또한 다의적(多義的)이어서 그 체계를 정확하게 파악하기가 쉽지 않다”고 말하고 나서 예문별로 부사격조사를 설명하고 있습니다. ‘집에’의 ‘에’는 처소(낙착점)의 의미를 나타내는데 이러한 분류의 조사에는 ‘에, 에게, 한테, 께, 더러, 보고’ 등이 있다고 설명되어 있습니다.

위와 같은 목적어와 부사격조사의 정의는 터키어 목적어와 부사격조사와 거의 유사하다고 할 수 있습니다. 그래서 이 한국어 문법의 기능은 터키인에게 이해하기가 쉽다고 말할 수 있겠습니다. 하지만 어떤 예를 보면 특히 목적어의 기능을 제대로 이해하기가 어렵습니다. 이에 대한 예를 들어서 질문을 하겠습니다.

(1) 철수가 학교에 간다.
(2) 철수가 학교를 간다.

예문(1)에서는 처소격 조사 '에'의 기능을 아주 쉽게 이해할 수 있고 터키인 학생들에게도 편하게 설명할 수 있습니다. 하지만 예문(2)에서 목적격 조사 '를'의 기능을 어떻게 설명해야 할지 잘 모르겠습니다. 물론 그 동안 한국어 공부를 열심히 해서 이러한 표현의 의미를 어느 정도 느낄 수 있지만 상대방에게 이러한 예문의 기능을 설명하기가 쉬운 일이 아닙니다. 선생님께서 이 예문에서 나타나는 목적격조사 '를'의 기능을 설명해 주시면 고맙겠습니다.

(술탄 훼라, 서울대학교 국어국문학과 박사과정,
터키 앙카라대학 한국어과 졸업, sferahakpinar@hotmail.com)

▸▸ 답변

네, 질문하신 것처럼 목적어로 해석하기 곤란한 많은 예들에 쓰인 '를'에 대해서는 지금까지 여러 가지 해석이 제안되었지만 아직도 그에 대한 분명한 설명이 이루어지지 않은 상태라고 할 수 있습니다. 우선, "목적격 조사"라는 용어를 사용하면 '를'이 붙은 명사구를 모두 목적어로 해석하는 듯한 인상을 주므로 "대격조사"라는 용어를 사용하기로 하죠.

질문하신 "철수가 학교를 간다"에서 '학교'는 '를'이 붙어 있지만 목적어로 볼 수는 없겠지요. 이것은 자동사 구문의 처소 명사구에 '를'이 사용된 경우입니다. "철수가 학교에를 간다"라는 문장이 또한 가능하다는 사실을 고려하면 여기서 '를'은 대조적인 '강조'나 정감적, 양태적, 화용적 의미를 나타낸다고 볼 수 있을 것입니다. 물론 정감적 의미나 양태적, 화용적 의미가 무엇이냐고 꼭 꼬집어서 말하라고 하면 대답하기 어렵겠지요. 어쨌든 목적어라고 보기 어려운 예들에 대격조사 '를'이 사용되는 경우가 많고 이 경우 '를'은 목적격을 나타내는 것이 아니라 다른 화용론적 의미 기능을 가지고 있다고 보는 것이 좋습니다.

다음은 목적어가 될 수 없는 성분인 부사에 '를'이 사용된 예문입니다.

(1) 가. 차가 빨리를 가지를 않는다.
나. 그 아이는 잠시도 가만히를 못 앉아 있다.

또 다음 예문을 보세요.

(2) 가. 정환이는 조금도 착하지를 않다.
나. 영이가 예쁘지를 아니하다.
다. 순이가 일주일을 아팠다.
라. 영희는 두 시간을 잤다.
마. 철수는 역부터 집까지를 단숨에 뛰어왔다.

(2가, 나)는 보문자(학교문법 용어로는 보조적 연결어미) '-지' 뒤에

대격 표지가 실현된 형용사문이고 (2다, 라, 마)는 기간이나 거리(범위)를 한정하는 명사구에 대격 표지가 실현되어 있는 문장들입니다. 또 다음과 같은 문장에 나타나는 대격 표지도 어떻게 처리해야 할지 문제가 됩니다.

(3) 가. 집 안이 얼마나 조용을 했던지, 아무도 없는 줄 알았지.
나. 기영이는 쓸데 없는 것을 고민이야.
다. 집에서 책이나 읽을 것을 괜히 나갔었잖아.
라. 정환이는 말하기를, 자기는 술을 조금이라도 안 마시면 잠이 안 온다고 했다.

(3)과 같은 환경에 나타나는 '을/를'을 대격 표지로 보기 어려움은 어렵지 않게 동의할 수 있지만, 이 때 '-을/를'을 통사 · 의미론적으로 어떻게 해석해야 할지는 문제가 됩니다.

이것에 대한 연구로, 어떤 학자들은 의미 · 화용론적인 접근 방법을 취하여 "주제화" 이론으로 설명을 시도하기도 합니다. '을' 주제화의 주요 내용은 대격을 할당받을 수 없는 명사구 및 기타의 성분에 실현된 '을' 성분은 모두 '을' 주제화라는 것입니다. '을' 주제화는 "비대조적 대립"과 '"언급대상성"(aboutness)', "특정성"(specificity)의 의미를 갖는다고 주장합니다. 그러나 이와 같은 주제화 이론도 다른 학자들에게서는 비판을 받기도 합니다.

또 어떤 학자는 '을/를'에 대하여 세 가지 가정을 소개하고 있는데 그 첫째는 "단일 기능 후치사 가정"으로서, '을/를'을 목적어 표지로만 분석하는 것입니다. 그러나 이것은 질문자께서도 지적하신 것처럼 예외적인 경우가 많아 이 가정에 심각한 문제를 안겨 줍니다. 두 번째는 "단일 양태 후치사 가정"입니다. 이 가정은 후치사 '를'이 전혀 통사 기능 표지가 아니라 예컨대 비대조적인 강조와 같은 양태적(modal) 의미나 정의적(affective) 의미만을 표현하는 후치사(특수 조사, 보조사)임을 주장하는 것입니다. 이것은 한국어 통사 체계에서 목적 보어 성분의 기능 표지는 무표지(또는 영형태)라는 가정을 전제합니다. 세 번째 가정은 "이중성 가정'으로서, 이것은 '를'에 이중적 지위를 부여하는 입장입니다. 다시 말해 '를'을 두 단위로 분할하여 그 하나는 기능 후치사(통사 기능 표지)로, 또 하나는 양태 후치사로 보려는 것입니다. 답변자의 입장도 세 번째 가정과 비슷한데 '를'의 본질을 두 가지로 나누어서 생각할 것이 아니라 '를' 자체가 문법적 성격뿐만 아니라 어휘적 성격을 함께 가지고 있다고 보는 방법이 나을 것입니다. 격조사 '가', '를' 등이 격 표지 기능 외에, "강조" 등의 의미를 나타내기도 한다고 보는 것입니다. 격표지 '를'과 강조나, 양태적 의미의 '를'은 동일한 형태소이며 이 '를'의 기본 의미는 목적격 표지 기능이고 비격표지 기능의 의미는 "강조"나 양태적 의미라고 설명하면 답변이 될까요?

어쨌든 한국어의 '을/를'의 성격 규명은 아직도 많은 문제를 안고

있는 것은 부정할 수 없겠습니다. (편집위원 연재훈)

질의 28
인용격조사의 가려내는 법?

요즘에 나온 광고글 "비타민 나무라고 들어 봤니?"라는 문장에서 '-(이)라고'가 '체언+계사(이)+라고(인용격조사)'인지, 아니면 '-이라고 하는'에서 인용의 동사 '하'가 생략되어 인용절로서의 자격이 불투명해지면서 체언+부사격조사(이라고)로 문법화된 것으로 볼 수 있는지 궁금합니다. (2005. 5. 12. 이미자, 한국외국어대학 박사과정 수료)

▸▸ 답변

인용격 조사에는 '라고'와 '고' 두 가지가 있습니다. 전자는 직접 인용문 뒤에, 후자는 간접 인용문 뒤에 쓰입니다. "어디 가십니까?"라고 물었다(직접인용), "어디 가느냐고 물었다"(간접인용). "비타민 나무라고 들어 봤니?"는 "비타민 나무라고 하는 말 들어 봤니?"의 준말입니다. 이는 "X가 비타민 나무다"라는 직접인용문의 어미 '-다'가 간접 인용문으로 바뀜에 따라 '-라'로 바뀐 것입니다. 그러니까 뒤의 예에 해당합니다. 남기심 · 고영근(1993: 385)을 보시면 됩니다.

(고영근의 홈페이지에서)

질의 29
'까지'와 '부터'의 의미 차이를 구별하기 어렵습니다.

고영근(1999)에서는 '까지'의 첫 번째 의미가 화자가 전혀 기대하지 않았던 일을 주체가 수행해 줌에 대하여 찬의를 표하는 입장에 설 때라고 하였습니다. 이에 대한 예로는 "아이들은 물론 할머니들까지 눈물을 흘려가며 들으셨다"를 들고 있습니다. 그런데 이 용례에서의 '까지'가 위의 의미만을 지닌다고 볼 수 있는지 궁금합니다.

또한 '어른으로부터 아이까지'라는 예를 볼 때 '부터'는 시간인 경우에만 사용이 가능한데 이 경우는 이에 해당되지 않는데도 사용됩니다. 이때의 '부터'는 어떻게 설명이 되는지 알고 싶습니다.

(2005. 11. 5. 서울여자대학교 국문과 대학원, 이선영)

▸▸ 답변

기대하지 않은 일이란 함의적 의미이기 때문에 다른 의미로도 해석할 수 있습니다. 함의적 의미는 실용적 의미이기 유동적입니다. '부터'가 혼자 쓰이면 '무엇보다 먼저'의 뜻과 시간의 뜻이 표시되고 앞에 '로'를 두면 'from'의 뜻이 있습니다. 두 '부터'를 구별하기도 하고 통합하기도 합니다. '까지'는 구별하지 않아도 되지 않나 합니다. 졸저(1999: 128)을 다시 한번 보아 주십시오.

(고영근의 홈페이지에서)

질의 30
보조적 연결어미에 특수조사(보조사) '도'가 결합될 때

고영근(1989/ 1999: 420-1)에서는 격조사 및 특수조사와의 통합에 의해 형성된 어미의 분석 가능성에 대해 논하고 있습니다. 조사와의 통합에 의해 형성된 어미에는 조사의 첨가 여부가 문의(文意)에 영향을 주는 것과 그렇지 않은 것이 있다고 진술하면서 문의가 손상되지 않는 예로 이른바 부사형에 특수조사 '도'가 붙은 경우를 보여 줍니다.

(1) 새 옷을 입어 보았다.
(2) 새 옷을 입어도 보았다.

이 두 예문에서 '도'의 유무에 관계없이 문의가 손상되지 않는다고 하였는데 두 문장에서 의미 차이가 있는 듯 여겨집니다. 이에 대한 선생님의 고견을 듣고 싶습니다.

(2005. 11, 서울여자대학 국문과 대학원, 이지영)

▸▸ 답변

여기서 '도'가 붙어도 문의가 손상되지 않는다고 한 것은 지시적 의미에 있어서 차이가 없다는 뜻입니다. '도' 대신 '는'을 넣어도 새 옷을 입은 것은 같으니 문의(文意)에 변동이 없는 것이지요. 의미 차이는 "역시"의 뜻을 지닌 '도' 때문입니다. 보조사의 의미 기술에 대하여는 남기심 · 고영근(1993)의 「문장과 이야기」(405쪽)를 보아 주십시오.

(고영근의 홈페이지에서)

질의 31
이른바 지정사 '이다'에 관련된 질문(6권 1호)

국어의 "지정사 구문" 혹은 "계사 구문"은 국어 문법에서 매우 예외적인 성격을 지니고 있어 '이다' 구문의 '이'를 무엇으로 볼 것인가는 그동안 국어 연구에서 논쟁의 대상이 되어 왔는데 전통적 논의에서 문제가 되었던 품사 논쟁에 최근의 논의에서는 그 형태론적 성격에 대한 논의가 추가된 것으로 알고 있습니다.

우선, '이다'의 품사를 논하면서 이를 용언으로 보는 견해는 '이다' 구문의 '-이'가 어미 앞에 오므로 용언으로밖에는 볼 수 없다는 입장으로 이에는 전통적인 "지정사"설 외에 "의존적 형용사"라는 설, "기능동사"라는 설 등이 있습니다. 반면, '이다'의 품사를 조사로 보는 견해로는 그동안의 "서술격 조사설" 외에, "활용 개념"의 대안으로서 "표지 개념"에 의한 분석을 행하는 표지 이론적 입장에서 '이다'의 '이'를 주격 조사로 보는 "주격 조사설"이 대두되고 있습니다. 한편, '이다'를 형태론적으로 "통사적 접사"로 보는 입장이 있는가 하면 "접어"(clitic)

로 보는 입장이 있는데 기능 동사설이나 주격 조사설 모두 '-이'를 접어로 보는 점에서는 그 입장이 같다고 할 수 있습니다.

이러한 '이다'에 대한 저의 의견을 말씀드리자면 "철수가 의사다"라는 문장은 '철수=의사'의 의미를 전달하는 것으로서 '-(이)다'를 표현하지 않고 '철수가 의사'라고만 하여도 그 의미는 전달될 수 있다고 봅니다. 이를 볼 때 서술어에 해당하는 명사 '의사'가 문장에서 서술어 역할을 하고 있음을 명시적으로 보이기 위해 토(어미) '-다'가 쓰이고 있는 것이라고 설명할 수 있다고 봅니다. 한편, "철수가 학생이다"와 같이 자음으로 끝나는 명사 뒤에서는 조음 요소(준매개모음)로서 '-이'가 첨가된 것으로 설명할 수 있다고 보는데, 이에 대해 어떻게 생각하시는지요.

(2004. 3, 고려대학교 국문학과 박사과정 조경임).

▸▸ 답변

질의의 요체는 '철수가 의사다'에서 '의사'만으로 서술어 구실을 하며 이를 명시적으로 드러내기 위해 종결어미가 붙었고 '-이-'는 조음 요소(준매개모음)이라고 보는 것이 어떠냐는 것입니다. 이 견해는 이희승(1955)에서 이미 펼쳐진 주장과 크게 다를 것이 없습니다. 이 견해에 대한 답 대신에 거꾸로 질문을 하겠습니다. '-이-'가 조음 요소라면 "철수가 의사였다"에서 왜 과거형이 '-였-'의 꼴로 나오는 것일까요. 또, 명사 뒤에 단순히 종결어미가 붙은 것이라면 선어말어미를 지탱해 주는 어간은 어디에 있는 것일까요. 앞의 명사가 그 어간의 구실을 한다면 명사와 용언의 형태론적 차이는 무엇일까요. 명사가 그 자체로서 아무런 형태론적, 통사론적 절차 없이 그대로 서술어가 될 수 있다면 명사와 용언의 통사론적 차이는 무엇일까요. 이 질문들에 대한 답을 하다 보니 이희승(1955)의 주장을 받아들이지 않게 된 것입니다. 엄정호(2001) 등에서의 주장에는 의미론적 서술어와 통사론적 서술어가 다를 수 있다는 주장도 암묵적으로 하고 있는 것입니다. 사실 '이다' 문제에 대한 모든 논의는 최현배(1963)에 기술되어 있다고 볼 수 있습니다. 일독을 권합니다.

(동아대학교 국어국문학과 교수 엄정호)

질의 32
수사와 격조사의 결합 문제

수사에는 격조사가 잘 붙지 않습니다. 이런 이유로 수사를 부사로 보는 경우도 있습니다. '둘이가 왔다'의 경우 '둘'은 수사, '이'는 접미사, '가'는 격조사로 볼 텐데 이때 어떻게 설명이 되는지 궁금합니다.

(2005. 11. 서울여대 국문과 대학원, 이선영)

▸▸ 답변

수사에는 격조사가 잘 붙지 못한다는 지적이 옳습니다. 사실 부사적 성격이 강한 것이지요. 그렇다고 부사로는 볼 수 없습니다. 명사와 대명사의 자리에 놓여 주어 되게 하는 기능을 지니고 있으므로 체언에 속합니다. '둘이가 왔다'라는 문장은 아무래도 나에게는 어색합니다. '서'를 붙여야 하지 않겠습니까. 만약 그것이 '친구 하나가 왔다'의 '하나'의 용법에 일치하면 '친구 둘이 왔다'가 되어야 합니다. 말뭉치를 통하여 다양한 용례를 모아 보시기 바랍니다.

(고영근의 홈페이지에서)

질의 33
포화범주와 관형사의 서술성

엄 선생님, 저희는 서울여대 대학원에서 국어학을 전공하는 사람입니다. 고영근 선생님의 강의를 통하여 선생님의 논문을 읽고 많은 것을 배웠습니다. 엄정호(2000)을 바탕으로 명백하게 이해하기 어려운 개념들에 대하여 질문을 드리오니 답변을 부탁합니다.

첫째, "포화범주"의 개념과 범위를 분명히 밝혀 주십시오. "포화범주"의 범위가 절과 문장을 포함하는 개념, 즉, 서술어의 기능을 하지 않는 모든 요소를 일컫는 개념인지요?

둘째, 관형사 또한 관형절과 같이 피수식어와 서술 관계를 갖지 때문에 조사와 결합하지 못한다고 보셨는데 관형사가 피수식어와 주술 관계를 갖는지에 대해 의문이 듭니다. 예를 들어, '새 가방, 헌 신발, 이 사람, 한 개' 등의 관형사들이 피수식어와 어떻게 주술관계를 갖는다고 보셨는지에 대해 설명해 주시면 감사하겠습니다.

(서울여자대학 대학원, 김지영, 이선영, 황혜진)

▸▸ 답변

첫째, "포화범주"(saturated category)는 "논항을 요구하지 않는 언어 범주"입니다. 다른 말로는 "닫힌 범주"(closed category)라고도 합니다. 논항을 요구하는 범주는 "불포화 범주"(unsaturared category), 또는 "열린 범주"(open category)라고 합니다. 이때 논항을 의미상의 논항, 즉 의미역을 가지는 논항으로 한정할 것인가, 문법적으로 필요로 하는 논항, 즉 영어의 허사 주어까지 확대하는가에 대한 이견은 존재합니다. 어찌 되었거나 문장은, 더 이상의 논항을 요구하지 않으므로 포화범주가 됩니다. 관형절을 제외한 절도, 논항에 대한 요구가 해소된 상태이기 때문에 포화범주입니다. 물론 명사구는 전형적인 포화범주입니다.

포화범주에 대한 위의 정의에서 문제가 되는 것은 부사류일 것입니다. 부사류도 수식할 구가 필요하고 따라서 범주 문법적 정의에 따르면 불포화 범주입니다. 그러나 부사류가 수식 대상과 맺는 관계가 주-술 관계나 목적어-동사 관계와 유사하다고 보기 힘들고 국어에서 부사어들은 자립성이 강한 형식이기 때문에 포화범주의 일종으로 보았습니다.

단순히 "조사는 자립형식 뒤에 통합된다"고 진술할 수 없는 이유는 국어의 어근 분리 현상 때문입니다. "이 방이 깨끗도 하다"와 같은 문장에서, 조사가 어근인 '깨끗' 뒤에 분포하였는데 이때의 '깨끗'을 자립형식이라고 볼 수는 없을 것입니다.

둘째, 주술 관계를 통사적인 의미에서만 한정한다면 '예쁜 신발'은 형용사인 '예쁜'이 나왔으므로 '신발'과 주술 관계에 놓이고 '새 신'은 관형사가 나왔으므로 그렇지 못하다는 결론에 이르게 됩니다. 그러나 그 의미를 따진다면 '신발'과 맺는 관계가 '예쁜'이든 '새'이든 아무런 차이를 보이지 않습니다. '한 개'의 경우도, '수량이 하나다' 정도의 주술 관계를 인정할 수 있습니다. 문제는 지시 관형사가 출현한 '이 사람'의 경우인데 이 경우도 관형사와 피수식어 사이에 주술 관계를 인정할 수 있는지에 대해서는 아직 답변을 준비하지 못하였습니다.

셋째, 엄정호(2000)은 완전한 결론을 내린 논문이 아니라 시론의 성격이 강합니다. 지금까지 크게 주목받지 못한 "조사의 범주 특성"에 대해 주의를 환기한 것입니다. 또 조사의 정의에 분포를 사용하면서도 품사 분류 기준에서는 분포를 제외한 불합치를 지적한 것입니다. 완전한 논문이 되기 위하여 보충해야 할 부분이 많습니다. 좋은 질의를 해주어서 감사합니다.

넷째, "포화-불포화"의 개념을 문법적 설명에 가장 적극적으로 활용한 업적은 로스슈타인(2001)입니다. 참고가 되기를 바랍니다.

(동아대학교 국어국문학과 교수, 『형태론』 편집자문위원 엄정호)

질의 34
'이다'의 조사설에 대하여(9권 2호)

우순조 선생님께

지난 2006학년도 1학기에 김의수 선생님이 담당하신 〈국어형태론〉 강의 시간에 선생님의 논문 「'이다'의 '이'가 조사인 새로운 증거들」(『형태론』3.2, 2001)을 발표하면서 한 가지 의문이 들었습니다. 선생님께서는 347쪽에서 엄정호 선생님의 (1)에 대한 주장, 즉 "'이다'의 '이'가 주격조사와 같은 거성이었으므로 축약되거나 탈락되기가 용이했을 것"이라는 주장에 대해 비판적인 관점을 견지하고 계십니다. 통시적인 관점이 아닌 공시적인 관점에서 논리를 펼쳐야 한다는 입장에서 그러한 비판을 하신 것으로 보입니다. 그런데 정작 선생님의 논의에서도 '가'가 역사적으로 특수조사로 출발하였기 때문에 '이'와는 다른 길을 걷게 되었다는 주장이 나옵니다. 이것은 다분히 통시적인 것에 근거한 주장이라고 볼 수 있는데 앞의 엄정호 선생님의 논의에 대해 비판하실 때와는 상충하는 태도가 아닌가 합니다. 이에 대한 선생님의 말씀을 듣고 싶습니다.

(2007. 9, 고려대학교 문과대학 국어국문학과 학부생 전혜영)

▸▸ 답변

질문에 감사드립니다. 답변에 앞서서 공시태와 통시태의 관계에 대해서 정리할 필요가 있을 듯합니다. 통시태란 변천의 과정 자체를 가리키는 개념이지, 언어 연구자가 연구하는 대상 언어의 이전 시점의 모습이 아니라는 점을 분명히 인식할 필요가 있습니다. 모든 공시태는 그때까지 이루어진 역사적 변천이 축적된 결과이며 역사적 변화 과정으로부터 동떨어져서 존재하는 언어 상태는 있을 수 없습니다. 따라서 공시적 언어 현상을 이해하는 데에 있어서 통시적 자료는 매우 귀중한 가치를 가집니다. 그러나 주어진 시점에서 언어가 보여 주는 사실을 합리적으로 이해하고 기술하는 작업과 그러한 사실을 낳게 한 역사적 과정 및 사실의 시차를 혼동해서는 안 된다는 점에 유의할 필요가 있습니다. 쉽게 말해서 '과거에 그랬으니까 현재에도 그럴 것이다'라는 추론은 반드시 참이 아니라는 점에서 타당한 논증으로서는 부적격하다는 점을 지적하고자 합니다.

질문의 소재는 소위 지정사 '이(다)'가 생략되는 현상과 관련된 것인데, '이'가 거성이라는 성조를 가졌었다는 사실이 과연 현대 국어에서 '이'가 생략되는 현상에 대한 충실한 설명이 될 수 있느냐는 것이 제가 「'이다'의 '이'가 조사인 새로운 증거들」에서 제기한 문제입니다. "녯 누른 곳 삐운 수리오 이젯 머리 셴 한아비로라"(伊昔黃花酒 如今白髮翁, 두시언해 초간본 11:30)에서와 같이 '이다'의 '이'는 15세기에도 생략될 수 있었는데, 이를 성조에 의한 것이라고 보는 것은 (그 타당성과 무관하게) 성조가 유지되었던 당시의 상황을 전제로 얼마든지 개진할 수 있는 견해라고 봅니다. 그러나 이를 시대를 뛰어넘어 현대 국어에까지 적용시키는 것이 무리라는 것입니다. 그 이유는 현대 국어의 모든 방언—특히 서울말—에서 성조가 견지되고 있는 것은 아니기 때문입니다. 존재하지 않는 언어 요소가 언어 현상의 동인으로 작용할 수는 없기 때문입니다. (논리적으로, A가 B에 의해 유발된다고 하는 것은 B의 존재를 전제할 때에 가능합니다). 뿐만 아니라 "아낙이 물동이를 머리에 이고 간다"에서 보이는 '(무엇을 머리에) 이다' 역시 거성이었습니다. 만일 '이다' 구문의 '이'의 생략이 성조에 의해서 촉발된 측면이 있다면 왜 '(무엇을 어디에) 이다'의 '이'는 같은 거성이면서 절대로 생략된 예를 보이지 않는지도 의문으로 남게 됩니다. 그리고 15세기에 유일하게 주격 조사였던 '이' 역시 거성으로서 '이다'의 '이'와 성조가 일치했다는 점도 유념해야 할 사실 가운데 하나입니다. 개인적으로는 '이다' 구문의 '이'가 거성이라는 성조적 특성에 의해 생략이 촉발된 것이라는 견해를 견지하려면 거성을 지녔던 주격 조사 '이'가 빈번히 생략되는 현상과 '이'의 생략 현상을 연관짓는 것이 오히려 더 자연스럽지 않을까 싶습니다.

다음으로, '가'의 분포를 설명하면서 왜 역사적 사실을 동원하느냐는 질문은 문제의 본질을 약간 왜곡하는 효과가 있습니다. '이다'를 둘러싼 논의의 본질은 '이'의 정체성을 규명하는 것이지 '가'의 분포를 설명하는 것은 부차적인 문제이기 때문입니다. '가'의 비대칭적 분포의 문제는 '이다'의 '이'를 조사로 보는 견해를 비판하는 입장에서 제기하는 문제인데 이는 마치 '가'가 주격 조사로서의 지위를 획득하였다면 그리고 '이다'의 '이'가 주격조사라면 '이'가 나타나는 모든 자리에 '가'가 나타날 수 있어야 하지 않느냐고 묻는 것과 마찬가지라는 점에서 부적절한 문제 제기라고 봅니다.('이다'의 '이'가 어떤 문법적 기능, 또는 어떤 격을 나타내느냐는 문제는 별도의 쟁점입니다만 여기서는 다루지 않겠습니다). 그 이유는 우선 언어 변화의 방향을 예측하는 것이 어려울 뿐만 아니라 인위적으로 조절할 수도 없는 것이기 때문입니다. 언어학자가 할 수 있는 일은 관찰된 언어 사실을 통해 그 이면에서 작용하는 원리와 규칙성을 규명하고 각 시점마다의 언어의 모습을 재구성해 내는 일일 뿐입니다. 관찰된 언어 변화의 과정은 그 자체로서 존중되어야 할 일이지 형식논리의 잣대로 재단할 성격의 문제가 아닙니다. 따라서 '이'가 주격조사라면 그 위치에 '가'도 마땅히 출현해야 하지 않느냐는 질문은 왜 그런 변화가 일어나지 않았느냐고 묻는 것과 마찬가지인데 이는 '이'를 조사로 보는 입장에서 답변할 성질의 문제가 아닙니다.

다음으로, 이른바 '이다' 구문의 '이'의 생략은 '가'가 주격조사로서의 지위를 획득한 이후에 돌발적으로 나타난 현상이 아니라 그 이전부터 있어 왔던 현상입니다. 즉, '이'의 생략 현상은 '가'의 문법적 정체 및 그 변화 과정과 무관하게 현대 국어에서나 중세 국어에서나 설명되어야 할 사실입니다. 그렇기 때문에 '가'의 비대칭적 분포와 '이'의 정체성을 연계 짓는 것은 타당한 문제 제기라고 보기 어렵습니다. 한편 언어 변천의 통시적 양상을 확인하고 왜 그러한 변화가 이루어져 왔는가에 대해 의문을 제기하는 것은 언어학도로서 마땅히 해야 할 일입니다. 제가 '가'의 비대칭적 분포를 '가'가 기원적으로 특수조사적 성격을 지녔다는 사실에서 찾고자 한 것은 바로 이러한 의문에 스스로 답하고자 한 것이지, 문제의 '이'가 주격조사라면 '가'가 주격조사로서의 지위를 획득한 시점 이후 주격조사로 추정되는 '이'의 위치에서도 출현해야 하지 않느냐는 문제 제기에 동의해서 응답한 것이 아니라는 점을 밝힙니다.

(우순조, 성결대학교 어문학부 국어국문학 전공 교수

5 활용과 어미

05 활용과 어미

5.1. 활용

질의 35
'하다'의 활용에 대한 의문(4권 1호)

우리나라 일부 방언에서는 동사 '하-'의 활용이 특이하게 나타나는 경우가 있습니다. 동사 '하-'의 어간에 어미 '-고'가 결합되면 표준어로는 '하고'(⇐'하- + -고')이지만 그 방언에서 '허구'(⇐'허- + -구')로 실현되며 어미 '-어서'가 붙을 때의 표준어 '해서'(⇐'하- + -어서')는 '혀서'(⇐'히- + -어서')로 실현됩니다. 그런데 위에서 보인 저의 형태소 분석이 맞다면 이 방언에서 동사 '하-'의 기본형이 '하-'가 아니며 또한 결합되는 어미에 따라 어간이 '허- ~ 히-'로 교체되는 것 같습니다. 제가 알고 있는 범위 내에서는 국어의 동사 어간이 이와 같은 교체를 보이는 일을 달리 찾을 수 없는 것 같습니다. 위와 같은 활용을 보이는 방언에서 동사 '하-'의 어간 교체를 어떻게 설명해야 할지, 그리고 이와 비슷한 활용을 보이는 예가 또 있는지 알고 싶습니다.

(2002. 3, 서울대학교 전기공학부 97학번, 엄기익

▸▸ **답변**

엄기익 군의 질문은 (1) '하고, 하지, 해:서, 해:도'와 같이 활용하는 지역과 (2) '허고, 허지, 혀:서, 혀:도'와 같이 활용하는 지역이 있는데

이때의 어간을 어떻게 보아야 되겠는가 하는 것입니다. (1)의 경우, 어미 '-아Y'와 통합할 때 어간 말의 '아'와 어미 초의 '어'가 통합하여 '애:'가 되는 사실을 공시적인 음운규칙으로 설명할 수 있는 방안은 없습니다. 현대 중부방언 화자들이 동사 '하-'가 자음으로 시작하는 어미와 통합할 때에 '해고, 해지'로 발음하는 것으로 보아 이 동사는 어휘화된 이형태 '하-'와 '해-'를 가지고 있다고 보아야 하겠습니다. 즉 그 둘이 어휘부에 들어 있어야 한다는 것입니다. 그리하여 '-(으)C'의 어미 앞에서는 '하-'가 선택되고 '-아/어Y' 앞에서는 '해-'가 선택된다고 보는 것입니다. 동사 '하/해-'는 'ᄒᆞ- 〉 ᄒᆞ/ᄒᆡ- 〉하/해-'와 같은 과정을 거쳐서 형성된 것이라 하겠습니다. 한편 동사 'ᄒᆞ-'는 'ᄒᆞ/ᄒᆡ- 〉 허/헤- (〉 허/히-)'와 같은 과정을 거쳐서 형성된 것도 있는데 그것이 서남 및 중부, 서북 방언에 해당합니다. 엄 군이 질문한 (2)의 '혀:서, 혀:도'는 '/히 ‖ 어Y/ →/혀:Y/'의 과정을 거쳐서 음성으로 실현된 결과라 하겠습니다. (서울대학교 국문과 교수 최명옥)

질의 36
'거라' 불규칙성이 궁금합니다.(4권 2호)

'거라' 불규칙에는 명령형으로 만들었을 때 '-아라', '-어라' 대신 '-거라'가 붙는 용언들이 포함되지요. 그 예로 '가다, 자다, 자라다, 일어나다'

등이 있고요. 그런데 '엎드리다'가 '엎드리거라'가 되고 '눕다'가 '여기에 눕거라'가 되는 등 현실 언어에서는 '-거라'와 '-아라/-어라'가 별로 구분 없이 쓰이고 있는 듯합니다. '세우다 - 세우거라, 세워라 ; 쓰다 - 쓰거라, 써라' 등등. '거라' 불규칙은 더 이상 불규칙이 아니라 일반화된 현상이 아닌가요? 이러한 현상을 어떻게 보아야 하는지요?

(2002. 9. 서울대학교 국문과 00학번, 성연주)

▸▸ 답변

질문자는 명령형의 어미가 '-아라/-어라' 대신에 '-거라'로 나타나는 '거라' 불규칙이 상당히 일반화된 현상으로 '-아라/어라'와 '-거라'의 선택은 많은 용언에서 수의적인 현상인 것으로 이해하고 있는 듯합니다. 질문자는 우리 국어를 세밀하게 관찰하고 있는 듯합니다. 그러나 질문자의 관찰이 전적으로 옳은 것은 아닌 듯합니다.

질문자는 '가다, 자다, 자라다, 일어나다' 같은 자동사뿐 아니라 심지어 '세우다'와 같은 타동사도 '-아라/어라'가 아닌 '-거라'를 명령형 어미로 가진다고 관찰하고 있지만 답변자의 생각으로는 그렇지 않은 듯합니다. 원래 중세국어에서 명령형 어미는 '-(으)라'였습니다. 이 '-(으)라' 앞에 비타동사 뒤에는 선어말어미 '거'가 결합하고 타동사 뒤에서는 선어말어미 '-아/어'가 결합하는 이른바 '거/어' 교체를 가지는 확인법의 선어말어미가 결합하여 자동사의 명령형은 '-거라', 타동사의 명령형은

'-아/어라'로 나타났습니다. 중세국어에서 근대국어를 거치면서 자동사 어간 뒤에서도 차츰 '-거라' 대신에 '-아/어라'가 쓰이게 되어 현대국어에서는 몇몇 자동사에만 '-거라'가 남아 불규칙적으로 쓰이고 있습니다. 그런데 특정한 방언에서는 아직도 상대적으로 '-거라'가 많이 쓰이고 있는 듯합니다. 질문자가 지적한 '세우거라' 같은 형태는 표준어나 서울 지방의 말에는 거의 나타나지 않는 듯합니다.

질문자의 지적과 반대로 최근에는 '가거라' 대신 '가라'로 쓰여 일부 남은 '-거라'마저도 '-아/어라'로 통일되어 가는 모습을 보입니다. 이는 이른바 "유추적 평준화"라는 것으로 점차 불규칙을 규칙화하여 기억을 쉽게 하려는 심리적인 기제가 작용하는 것으로 볼 수 있습니다. 질문자는 국어에 대한 관심이 남다른 것 같습니다. 계속 관심을 가지고 국어를 보면 더 많은 것을 알게 되고 우리말에 대한 애정을 더 깊이 느낄 수 있을 것입니다. (편집위원 구본관)

5.2. 종결어미

질의 37
'해라체' 명령법 형식에 대한 의문(3권 1호)

『形態論』 雜誌를 爲한 質問을 받으세요.

저는 韓國말을 잘 못하니 제가 쓴 것을 고쳐 주시기 바랍니다. 제가 漢字로 쓴 漢字말은『形態論』雜誌에 한자로 인쇄해 주시기 바랍니다.

저는 命令法에 對한 質問을 提起합니다. 해라체는 命令法的 形式들 가운데 第一 頻繁히 일어나는 形式입니다. 間接話法에는 '-라'라는 語尾가 動詞語幹에 直接으로 附着됩니다. 예컨데 '어머니는 健康에 注意하라고 하셨어요.' 直接話法에는 '-라'라는 語尾가 語幹이 아니라 Konverbalform에 附着됩니다. 예컨대 '注意해라!' 그래서 '하라'는 間接話法에서 나오고 '해라'는 直接話法에서 나옵니다. 그렇지만 歷史小說 等 歷史册에는 임금이 말할 때에 '내 命令에 服從하라'와 같은 例들이 많이 나옵니다. 그래서 '하라'는 임금말이고 '해라'는 평민말입니까? 만일 '하라'는 여기서 間接話法을 表現한다면 "임금은 命令에 服從하라고 합니다"라는 것을 써야 합니다. 標準文法에 따라서 '하라!'만 '-하라고 합니다'의 收縮한 形式으로 보면 안 됩니다. 그래서 '하라'는 直接話法에 가운데 무슨 뜻을 表現하는지 저는 잘 몰라서 이 質問을 解決하시기 바랍니다.

(2001. 3. Johannes Reckel, Korean Program, Universität Göttingen, 서울대학교 국문과 및 국사과 대학원 수학, 발해사 전공)

▸▸ 답변

질문자는 한국어에 대해 상당한 관심을 가지고 있으며 매우 날카로운 관찰을 하고 있는 것으로 보입니다.

질문자가 언급한 해라체 명령법이 "간접화법의 경우는 동사 어간에 직접 '-라'가 결합하고 직접화법의 경우는 동사 어간이 아니라 Konverbalform에 '-라'가 결합한다"라는 말은 일면 타당한 관찰이기는 하지만 정확한 기술은 아닙니다. 국어의 해라체의 명령법의 어말어미는 간접화법이냐 직접화법이냐와 관련하여 말하면 "간접화법의 경우는 어간에 '-라'가 결합하고 직접화법의 경우는 어간에 '-아라/어라'가 결합한다" 정도가 될 것입니다. 질문자는 'X해라' 형태만 고려했기 때문에 마치 'X해-'에 '-라'가 결합한 것으로 본 것 같은데, '보아라, 먹어라' 등을 고려하면 해라체 명령법의 선어말어미는 직접화법의 경우 '-아라/어라'임을 알 수 있습니다. 다만 'X하다' 동사의 경우 불규칙 활용을 하여 '하여라' 혹은 '해라'로 나타나는 것입니다. 질문자는 또 역사소설에서 직접화법의 명령문에서도 '服從하라'와 같이 나타나 '-라'가 결합되는 것으로 보고 있는데 이 역시 날카로운 관찰입니다. 역사소설에서뿐 아니라 문어체적인 표현에서는 현대국어의 경우도 간접화법이나 직접화법의 구별이 없이 해라체가 쓰일 상황에서 명령형 어미가 '-라'로 나타납니다. 이를 따로 "하라체"라 부르기도 합니다.

해라체가 쓰일 수 있는 상황에서 나타나는 현대국어의 명령형 어미는 다음과 같이 정리됩니다. 우선 직접화법일 경우에는 '-아라/어라'가 쓰입니다. 다만 'X하다' 동사일 경우 불규칙 활용이 일어나 'X하여라/X해라'로 나타납니다. 그러나 간접화법인 경우나 직접화법이라도 역사소설이나 옛말투의 표현, 문어체적인 표현에서는 '-라'가 쓰입니다. 이렇게 복잡한 양상을 띠는 것은 통시적인 관점에서 설명됩니다. 중세국어의 시기에는 국어의 명령형 어미는 직접화법이나 간접화법이나 구별 없이 '-(으)라'가 쓰였습니다. 그런데 현대국어로 오면서 원래 선어말어미였던 '-아/어' 등이 '-라'와 결합하여 '아라/어라' 전체가 명령형의 어말어미로 변하였습니다. 그런데 옛말투의 표현이나 문어체적인 표현, 간접화법 등에서는 아직도 중세국어의 형태가 유지되어 '-라'로 남아 있는 것입니다. (편집위원 구본관)

질의 38
의문형어미의 '-니'와 '-으니'의 차이?(3권 2호)

(1) 가. 넌 그 물을 아직도 먹니?
　　나. *넌 그 빵을 아직도 먹으니?

(1)을 보면 의문을 나타낼 때에는 받침이 있는 말이라도 '-으니'가 되

지 않는다는 것을 알 수 있다. 그러나 의문을 나타내는 '-니'는 앞말이 받침이 있거나 없거나 관계없이 어느 경우나 '-니'가 연결된다고 하기도 어렵다. '-으니'가 연결되는 경우가 있기 때문이다.

(2) 가. 넌 철수가 싫니?
나. 넌 철수가 싫으니?

분명히 (1)과 같은 '-니'(의문형)인데 (2나)에서는 '-으니'(의문형)가 연결된다. 그런데 그러한 차이가 동사와 형용사의 차이에서 나타난다는 것이 흥미롭다. 그렇다면 '밥을 먹으니 배가 부르다'에서 자연스럽던 '먹으니'가 '넌 아직도 밥을 먹으니?'에서는 어색한 이유는 무엇인지, 그리고 형용사에서는 왜 자연스러운지 의문이다.

(2001. 9. 서울대학교 언어학과 98학번 강소영)

▸▸ 답변

지적하신 대로 서술어가 형용사인 경우에는 받침이 있으면 '-으니'가 가능한데 이 문제는 간단한 문제가 아니며 이들 종결어미가 쓰이기 시작한 개화기 자료를 면밀히 검토해 보아야 정확히 답변할 수 있을 것으로 보입니다. 일단 답변자의 생각을 밝히는 것으로 답변을 대신하고자 합니다. 동사의 뒤에 결합하는 현대국어의 '-니'는 '-느니

〉-느니〉-느이〉-늬〉-니'의 과정을 거쳐 생겨난 것으로 알려져 있습니다. 이러한 견해가 옳다면 동사의 뒤에 결합하는 '-니'는 선어말어미 '-ᄂᆞ-'를 포함하고 있는 형식이기 때문에 매개모음을 요구하지 않는다고 할 수 있습니다.(선어말어미 '-ᄂᆞ-'는 매개모음을 요구하지 않습니다)

한편 '-ᄂᆞ니'는 '-으니'에 '-ᄂᆞ-'가 결합한 형식으로, 여기의 '-으니'가 의문형 종결어미로 쓰이는 것은 "朱書ᄂᆞᆫ 宛然ᄒᆞᄃᆡ 四仙은 어ᄃᆡ 가니"(「관동별곡」)'에서 보듯이 근대국어 시기의 자료에도 종종 나타납니다. '-으니'가 정확히 언제부터 의문형 종결어미로 쓰이기 시작하였는지는 확실치 않으나 중세국어의 '-으냐/으뇨〈-으니아/으니오'에서 의문첨사 '아/오〈가/고'가 탈락하여 생겨났다고 보는 것이 일반적인 견해입니다. 위에 보인 「관동별곡」의 예가 과거시제로 해석되는 것은 이를 뒷받침해 줍니다. 중세국어의 '-(으)냐/(으)뇨〈-(으)니아/(으)니오'는 동사에 결합하면 과거시제로 해석되며 형용사에 결합하면 현재로 해석되었습니다. 따라서 '-니'가 '-으냐/으뇨〈-으니아/으니오'에서 생겨난 종결어미라면, 현재시제일 때, 동사에는 '-ᄂᆞ니'가, 그리고 형용사일 때에는 '-(으)니'가 결합하였을 것이라고 추정할 수 있겠습니다.

그런데 개화기에 이르러 '-ᄂᆞ니'가 위에 언급한 과정을 거쳐 '-니'로 바뀜에 따라 동사 뒤의 '-니'는 현재시제로 재해석되게 되었습니다. 결국 현대국어에서 동사의 뒤에 쓰이는 '-니'는 '-ᄂᆞ니'에서 온 것으로 기원적으로 선어말어미 '-ᄂᆞ-'를 포함하고 있는 형식이었으며 형용사의 뒤에 쓰이는 '-으니'는 '-느-'를 포함하지 않는 형식이었다고 할 수 있고 매개모음의 유무에 차이가 생겨난 것은 여기에 기인한다고 하겠습니다. 한편 현대국어에서는 (2가)에서 보듯이 형용사의 뒤에도 매개모음이 없는 '-니'가 결합할 수 있는데 이는 '-느니'가 '-니'로 응축되어 종결어미로 굳어지면서 분포가 형용사에도 확장된 데 따른 결과인 것으로 보입니다. 즉 동사 뒤의 '-니', 다시 말해서 매개모음을 요구하지 않는 '-니'가 '-느-'를 포함하고 있다는 사실이 인식되지 않게 되면서 이전에는 결합하지 않던 형용사의 뒤에도 결합하게 되었다고 할 수 있는 것입니다.

이와 약간 차이가 있지만, 종결어미 '-네'의 경우도 참고할 만합니다. '-네' 역시 '-느-'를 포함하고 있는 형식으로서 본래에는 동사와만 결합할 수 있었으나 현대국어에서는 형용사의 뒤에도 결합할 수 있는데 이는 '-네'에 '-느-'가 포함되고 있다는 사실이 인식되지 않게 되면서 이전에는 결합하지 않던 형용사의 경우에까지 분포를 확장한 데 따른 결과입니다. 질문에 언급하신 "밥을 먹으니 배가 부르다"의 '-으니'는 연결어미로서, 종결어미로 쓰이는 '-니'와는 성격이 다릅니다. 종결어미 '-니'는 현대국어의 경우 '-디'와 대립한다는 점에서 연결어미 '-으니'와는 차이를 보입니다. 중세국어의 종결형에 나타나는 '-으니' 역시 그 기원을 따진다면 연결어미 '-(으)니'와 무관하다고 할 수 없으나 '-(으)리'와 대립을 보인다는 점에서 연결어미 '-(으)니'와는 차이를 보인다는 점을 유의할 필요가 있습니다. (편집위원 최동주)

▸▸ 추가 답변

최동주 교수의 답변에 대하여 추가로 말씀 드립니다. 최 교수와 같이 역사적인 데서 이유를 찾을 수 있지만 현대어만 대상으로 하여도 '싫으니?'로 실현되는 이유를 찾을 수 있습니다, 원래 의문법의 '-니'는 동사의 경우는 '-느냐'의 줄어진 형태이고 형용사와 서술격조사의 경우는 '-(으)냐'의 줄어진 형태입니다. '-느냐'에서 온 '-니'는 '느냐'의 '느'가 매개모음을 요구하지 않기 때문에 '*먹으니?'가 될 수 없으나 '-(으)냐'에서 온 '-니'는, '-(으)냐'에서 보는 바와 같이, 매개모음을 요구하기 때문에 '싫으니?'로 실현된다고 생각하면 합리적으로 풀릴 수 있습니다.

(편집대표 고영근)

질의 39
감탄의 '-네'는 하게체인가요?

고영근(1999: 365)에서는 하게체의 직설평서법 '-네' 등이 감탄적 용법을 표시할 때가 있다고 했습니다. 그런데 예문으로 든 것이 하게체로 볼 수가 있는지 의문이 듭니다.

(2005.11.15, 서울여자대학 대학원 국문과, 이선영)

▸▸ 답변

옳습니다. 형태만 하게체이지 의미는 다르지요. '-네'라는 감탄어미를 따로 세워 감탄법에서도 설명할 수 있습니다. 그것이 오히려 낫겠네요. 좋은 것 발견했습니다. (고영근의 홈페이지에서)

질의 40
직설법 종결어미 '-다', 그리고 평서법의 '-단다'에 대한 질의

1. 동사에서의 '-다'는 시제와 관련 없이 직설법으로 보아 과거/현재/미래를 모두 나타낸다고 했습니다. 그런데 형용사의 '-다'는 현재만 나타냅니다. 이것은 동사와 형용사 자체의 특성 때문이 아닌지 궁금합니다. 또한 형용사와 이른바 지정사의 '-다'는 과거에 있었던 일을 좀 더 생생하게 표현할 때 쓰인다고 했는데 이것을 과거와 현재를 나타내는 것이라 볼 수는 없습니까? 역사적 현재, 즉 "과거 속의 현재"라는 표현으로만 설명되는 것인지요?

2. "손님 오는 걸 내가 보려고 앵두나무엘 올라갔다가 그랬단다"라는 예문에서 '그랬단다'를 자랑 삼아 하는 말로만 보아야 합니까? 엄마가 어린 자식에게, 혹은 할머니가 손주들에게 이야기할 때도 '-단다'라는 표현을 쓰는 것을 확인할 수 있습니다. 이 경우 자랑 삼아 하는 말로 이해되기는 어려운 것 같습니다. 또한 '그랬단다'가 '그랬다고 한

단다'의 축약형이라고 했는데 "엄마는 어렸을 때 책읽기를 좋아했단다" 등의 예문에서 '좋아했단다'를 '좋아했다고 한단다'의 줄임이라고 보기에는 무리가 있다고 보여집니다.

(2005.11.15, 이선영, 서울여자대학교 대학원

▸▸ 답변

1. 옳습니다. 동사와 형용사의 차이 때문이지요. 지문의 시제는 단독적 장면에 나타나기 때문에 상관적 장면에 나타나는 것과 다릅니다. 지시성이 없기 때문입니다. 지문의 시제를 "서사시제"라 하여 그 나름의 질서를 발견하려는 움직임이 일어나고 있습니다. 형용사와 지정사는 동작과는 거리가 멀기 때문에 현재라고 하였습니다. 이 문제는 앞으로 자세히 다루어 볼 생각입니다. 관련되는 내용은 졸저 『한국어의 시제 서법 동작상』(태학사, 2004/2007 175-178쪽을 보아 주시기 바랍니다.

2. 허웅의 『20세기 우리말 형태론』(1995, 555쪽)과 북한의 김동찬의 『조선어실용문법』(박이정 발행) (181쪽) 에 그렇게 나와 있어요. 허웅 교수의 책에는 '자랑 삼아' 밖에 '소식 삼아'도 있네요. 위의 경우는 상대방이 잘 모르는 일을 일깨워 주는 법이 파악되지 않나 합니다. 모든 예를 모아 보편타당한 의미를 추출해 보시기 바랍니다.

(고영근의 홈페이지에서

5.3. 연결어미

질의 41
한국어 연결어미의 사용법(3권 2호)

한국어는 대체로 말하면 두 가지 종류의 동사 연결어미가 있다. 한 가지는 시제·동작상 표지를 가질 수 있는 연결어미고 또 한 가지는 그렇지 않은 연결어미다. 예를 들어서, 양보 연결 어미 '-지만'은 필수적으로 시제·상이 다 표시돼서 덧붙는 것이며 원인이나 선행조건을 나타내는 '-아/어서'는 단순 어간에만 덧붙는 것이다. 또한 조건 연결어미 '-(으)면'과 같이 상만 임의적으로 표시해서 쓸 수 있는 것도 있고 경우에 따라서 시제·동작상 표시 유무가 다른 것도 있다. 그 상황은 외국인에게 혼란스럽고 그 때문에 실수가 많이 일어난다. 이 문제에 대해서는 어떤 일반적인 규칙을 설명해 주실 수 있는가?

(Question 2: There are, broadly speaking two kinds of connective verb endings: Those that occur with tense-aspect markers, and those that do not. Thus, the concessive connective -ci · man must be marked for absolute tense-aspect, the conditional -(u)myen may be marked for aspect, and the consequential -a/e · se may not take any tense-aspect marking. In addition, certain connectives obey different rules of tense marking under different circumstances. This is a constant source of confusion and mistakes for foreign learners. Are there any possible generalisations or guidelines that would contribute to understanding why and under which circumstances connectives follow which tense-aspect marking rules?)

(2001. 9 런던대 쏘아즈(SOAS) 한국학과 박사과정 스테판 크놉(Stefan Knoob))

▸▸ **답변**

질문자의 말대로, 이 문제는 외국인들이 한국말을 배울 때 자주 잘못을 범하고 혼동하는 문제입니다. 이것도 역시 명확한 기준이나 법칙이 있는 것은 아니지만 보통 다음과 같은 경향을 생각해 볼 수 있습니다. 동사 연결어미에 독립적인 시제 표시가 붙을 수 있느냐 없느냐는 두 동사나 절이 지칭하는 사건들의 관계가 얼마나 의존적이냐에 달려 있다고 봅니다. 의존적 관계가 없는 독립적인 사건들이 결합되었을 때는 각 사건마다 독립적인 "시-공간적 틀"(temporal spatial frame)에 따라 표시가 되므로 독립적인 시제 표시를 갖게 되는 것이고 두 개의 사건이나 행동이 의존적일 경우에는 독립적인 "시공간적 틀"을 갖지 않고 한 틀에서 이루어지므로 독립적인 시제 표지를 갖지 않는 것입니다. 예를 들어 '-어서/-아서'가 독립적인 시제를 갖지 않는 것은 두 개의 사건이 "필연적으로 연속적인 사건이나 의존적(이유-결과)인 사건"(developmental sequence)을 표시하기 때문에 "독립적인 사건의 틀"(event frame)을 가질 수 없기 때문이지요. 이에 반해 '-고'와 같은 어미는 두 개의 사건이 의존적이지 않은 독립적인 사건을 연결해 줄 수 있으므로 독립적인 시제 표지를 갖게 되는 것입니다. 그런데 두 사건이 의존적인 관계가 있느냐 없느냐를 판단하는 문제가 명확한 경계가 있는 것이 아니고 다분히 모호한 경우가 많은 "연속체"(continuum)라는 데에 어려움이 있습니다. 또 같은 연결어미라도 그 의미에 따라 어떤 경우는 독립적인 주어나 시제 표지를 가지고 어떤 경우는 가질 수 없는데 그것은 의미의 전이나 사용상의 변화가 일어나서 다른 문법 의미를 갖게 될 때, 다른 문법적 속성을 얻게 되어 일어나는 현상이라고 해석할 수 있습니다. 예를 들어서 '-(으)니까'가 시간의 접속어미로 쓰일 때는 (예: 내가 방에 들어가니까 영희가 자고 있었다), 독립적인 시제 표지를 갖지 못하는데 이유를 나타내는 어미로 쓰일 때는 (예: 숙제를 다 했으니까 이제 나가서 놀아도 된다), 독립적인 시제 표지를 가질 수 있지요. 이것은 '-(으)니까'가 시간의 의미에서 이유/근거의 의미로 의미 전이가 일어나 새 문법적 속성을 얻었기 때문이라고 보는 거지요. '-(으)면서'의 경우도 동시성을 표시할 때는 독립적인 시제 표지를 갖지 못하지만 양보의 의미로 쓰일 때는 (예: 영수는 어제 용돈을 받았으면서 오늘 또 돈을 달래네), 독립적인 시제를 가질 수 있지요. 결국, 독립적인 시제 표시 여부는 두 사건의 관계가 얼마나 의존적인가에 달려 있는데 그 정도가 애매모호한 경우나, 같은 연결어미가 두 가지 이상의 의미로 사용되는 경우가 많아 혼동을 일으키는 것이라고 할 수 있습니다.

(편집자문위원 이효상, 편집위원 연재훈 공동 집필)

질의 42
연결어미 '-는데, -어서, -다가'의 용법을 묻습니다.(4권 2호)

교수님께

늦게 답장해서 죄송합니다.

채연강 선생님(대만 정치대학교 교수)이 너무 바빠서 같이 상의할 시간이 없습니다. 그래서 저만 문제를 질의를 보냅니다. 저희 대만 학생은 한국어 문법에 대하여 제일 골치 아픈 게 연결어미의 쓰임입니다. 문제를 정리하면 다음과 같습니다.

1. '-는데'는 여러 쓰임이 있는데 그 중에 '-(으)니까'와 혼용하기 쉬운 부분이 있습니다. 예를 들면

가. 입장권이 2장 있는데 같이 갑시다.
나. 입장권이 2장 있으니까 같이 갑시다.

이 두 문장의 차이가 어디 있는가?

2. 원인을 표하는 연결어미인데 구별하기 어렵습니다. 물론 종결어미 '-(으)십시오, -(으)ㅂ시다, -(으)ㄹ까요'와 같은 문장에서 '-아서'가 쓰일 수 없는 사실을 잘 알지만 다른 경우에는 어떻게 구별할 지 혼돈이 됩니다.

가. 돈이 없어서 책을 못 샀어요.
나. ??돈이 없으니까 책을 못 샀어요.

3. '아(어/여) 다가'의 쓰임

가. 책을 사다 주세요.
나. 책을 사 주세요.

위의 (가, 나) 문장에 나타나는 '-아다(가)'와 '-아'의 차이를 설명해 주십시오. (2002. 9, 대만 정치대학 한국어문계 교수, 곽추문)

▸▸ 답변

1. 질문자가 말한 것처럼, '-는데'는 여러 가지 쓰임을 가지고 있습니다. 그래서 제가 킹(R. King) 교수와 함께 쓴 한국어교재(*Continuing Korean*: Tuttle, 23과)에서도 '-는데'의 의미를 "상황 의존적"(circumstantial)이라고 설명하고 그 뜻을 영어로 굳이 뒤집자면 'so', 'but' 또는 상황에 따라 "말없음표"의 구실을 할 때도 있다고 설명했습니다. 또 어떤 학자는

'-는데'의 의미를, "어떤 사태를 하나의 상황을 이루어 청자에게 제시함으로써, 청자로 하여금 화자가 주는 새 정보를 보다 쉽게 받아들이도록 하는 언어 요소"라고 설명하고 있습니다. '-는데'의 의미를 딱 꼬집어 '이것이다'하고 정의하기가 어렵다는 것은 학자들마다 이 어미에 대한 설명의 강조점이 조금씩 다르고 그 설명 내용도 상당히 추상적인 것을 보면 알 수 있지요.

이런 여러 쓰임 중에 '-(으)니까'와 비슷한 의미를 가지고 있는 (1가, 나)의 경우에 그 두 문장의 차이를 뚜렷하게 구별하기는 쉽지 않습니다. 물론 '-는데' 접속문의 앞뒤 마디가 "대조"의 뜻으로 해석될 수 있는 데 반하여 '-(으)니까' 접속문의 앞뒤 마디는 "대조"의 뜻으로는 해석될 수 없고 "인과"나 "따짐"으로만 해석된다든가, '-는데' 접속문은 뒷마디가 없이도 쓰일 수 있는데 '-(으)니까' 접속문은 뒷마디 없이 쓰이기가 어렵다든가 하는 차이가 있기는 있습니다. 그런데 의미적으로 두 문장의 차이는 (가)에 비해서 (나)의 경우에 "인과"나 "따짐"의 의미가 더 강하게 내포되어 있다고 볼 수 있습니다. 이것은 이 다음 질문에 대한 답변과도 연관이 있지만 '-(으)니까'의 핵심 의미가 "발견에서 따짐"(argumentation)인 것과도 관련이 있습니다. (가)에 비해서 (나)에 "인과"나 "따짐"의 의미가 더 강하게 내포되어 있다는 말은 '-(으)니까' 접속문의 앞뒤 마디의 담화 관련성이 '-는데' 접속문의 관련성보다 더 강하다는 것을 말합니다. 다시 말하면 화자가 입장권이 있다는 명제를 강하게 단언함으로써 같이 가야 할 "이유/인과 관계"나 "당위성"에 대하여 주장하는 태도가 (가)에 비해서 (나)가 더 강하다고 할 수 있습니다.

2. '-아서'와 '-(으)니까'도, 많은 경우, 의미 차이 없이 서로 교체되어 사용될 수 있지만 이 둘의 의미 차이는 다음과 같습니다. '-아서'는 이미 객관적으로 드러난 사실이기 때문에 확인이 필요 없는 "이유"나 "원인"을 가리키고 '-(으)니까'는 비과거의 사실이기 때문에 사실에 대한 판단이나 확인을 거쳐야 한다는 데 있습니다. 따라서 '-아서'는 '-(으)니까'와 비교할 때 좀 더 원인이나 이유가 객관성을 띤다고 할 수 있습니다. 그래서 어떤 학자는 '-아서'를 확정된 이유로, '-(으)니까'는 현재의 이유로 구분하여 시간 개념을 도입하기도 했습니다. 질문자도 말한 것처럼, '-아서'는 명령형이나 청유형(제안형)이 오면 비문이 되는데 이것은 '-아서'가 객관적이고 확정적인 이유나 원인을 나타내는 것과 관련이 있고 '-(으)니까'는 사실에 대한 판단을 요구하는 어미이기 때문에 명령문, 청유형(제안형)과 어울릴 수 있는 것입니다.

(2가, 나)의 예문들은 시제 형태소와의 어울림과 관계가 있는데 '-(으)니까'는 과거형과 어울리면 어색하게 됩니다. 이것은 '-아서'가 시간의 계기성이 의미 자질로 기능하는 데 반해 '-(으)니까'는 동시성이라는 의미 자질을 자지고 있기 때문입니다. (2나)는 어색하지만 "돈이 없으니까 책을 못 산다"는 자연스러운 것도 이런 이유 때문이지요. '-아서'는 선행문의 원인과 이유가 후행문의 결과보다 언제나 앞선 시기에 이루어져서 화자와 청자 사이에 사실의 판단이라는 과정을 거치

지 않아도 되지만 '-(으)니까'는 과거의 대립적인 의미로서 비과거 형태소가 있기 때문에 화자와 청자 사이에 사건이나 행위에 대한 판단을 요구합니다. '-아서'가 명령형이나 청유형(제안형)과 함께 쓰이면 비문이 되는 이유도, '-아서'는 앞마디에 분명히 화자의 확정된 욕망이나 결정의 뜻을 포함하고 있어서 "판단"의 과정을 거칠 필요가 없기 때문입니다. 그에 비해서 '-(으)니까'는 동시성이라는 의미 자질을 갖고 사실에 대한 판단 과정이 필요한 어미입니다.

3. (3가, 나)를 비교해 보면 (3가)에는 어미 '-다(가)'가 첨가되어 있는 것이 다르군요. 우리는 이 어미를 "전환(transferentive) 어미"(Continuing Korean 22과)라고 불렀습니다. 이 어미는 한 행위가 다른 행위에 의해 겹쳐지거나 중단됨으로써 다른 행위로 전환되는 의미를 나타냅니다. '-다(가)'는 행위의 진행이나 미완, 혹은 행위의 중단, 반복을 나타내기도 하는데 이는 모두 "전환"이라는 기본 의미에서 파생된 의미라고 볼 수 있습니다. (3가, 나)를 예로 들어 그 차이를 설명하면 (3가)는, (3나)와 비교해서, 사는 행위와 주는 행위가 일어나는 시간이나 장소의 전환을 함축하고 있습니다. 따라서 (3가)는 집에 있는 화자가 시장에 가는 청자에게 책을 부탁하면서 할 수 있는 말이고 (3나)는 청자와 화자가 모두 책방에 있으면서 할 수 있는 말입니다. (3가)와 (3나)는 그 의미와 쓰임의 차이를 비교적 명확하게 관찰하게 있습니다.

(편집위원 연재훈)

질의 43
어미 '-게'의 처리에 대하여(5권 1호)

새로운 7차 교과서의 내용 중에서 이해가 안 가는 내용이 있어서 질문합니다. 7차 문법교과서 161쪽을 보면 홑문장과 겹문장을 구분하고 있는데 그 중에서 [그는 부드럽게 나의 손을 잡았다]라는 문장이 겹문장으로 처리가 되어있습니다.

다음은 교사용 지도서의 설명입니다.

- '부드럽게'를 단순한 부사어로 보면 이 문장은 홑문장이다. 그러나 '부드럽게'라는 절이 들어가 있는 겹문장으로도 볼 수 있다. 즉 '그가 나의 손을 잡은 상태가'를 일종의 주어로 하였을 때, '부드럽게'는 서술어가 될 수 있다.
- '부드럽게'를 부사절로 볼 것인지, 아니면 종속적으로 이어진 문장의 선행절로 볼 것인지는 논란이 있으나 둘 다 인정할 수 있다.

이번 7차 문법 교과서에서 새로 바뀐 것들이 많이 있다는 것은 알고 있지만 이 문장에서 굳이 이렇게 생략된 주어를 억지로 설정해서 부사절로 처리해야 하는 것인지 알 수가 없습니다.

(2003. 3, 경기중학교, 권원아)

▸▸ **답변**

'부드럽게'는 '부드럽-'에 '-게'가 결합한 것인데, 여기의 '-게'는 모든 용언에 결합할 수 있으므로 어미로 간주하는 것이 옳습니다. 즉 '부드럽게'는 부사가 아니라 형용사 '부드럽다'의 활용형이라고 하겠습니다. 질문에서 언급하신 대로 '그는 부드럽게 나의 손을 잡았다'에서 '부드럽게'의 주어를 '억지로 설정'하는 것은 부자연스러운 면이 있기는 합니다. 그러나 '부드럽게'를 형용사 '부드럽다'의 활용형으로 본다면 겹문장으로 간주하는 것이 옳습니다. 국어의 용언(동사, 형용사)은 서술어의 기능만을 갖기 때문입니다. 비록 생략된 주어를 설정하는 것이 쉽지 않더라도 '부드럽게'가 형용사의 활용형이라면 '부드럽-'은 서술어의 기능을 하고 있다고 보는 것이 합리적이며 따라서 부사절로 간주해야 한다는 것입니다. 한편 '영희는 빨간 우산을 샀다'의 경우도 '빨간'을 관형절로 간주하고 겹문장으로 분석하는데 이 역시 유사한 현상이라고 하겠습니다.

'부드럽게'는 전체 문장에서 부사어의 기능을 하고 있는데, 이는 다음과 같이 이해할 수 있습니다.

그는	[(생략된 주어) 부드럽-게]	나의 손을	잡았다
	주어 서술어		
주어	부사어	목적어	서술어

] 안은 부사절로서 전체 문장에서 부사어로 쓰이고 있으며, '부드럽-'은 부사절 안에서 서술어로 쓰이고 있는 것입니다.

(편집위원 최동주)

질의 44
학교 문법에서 부사형어미를 버린 까닭은?(3권 1호)

학교문법에서는 전성어미에 관형사형 어미와 명사형 어미만을 다루고 있다.(6차 고교 『문법』, 1996, 49쪽) 부사형 전성어미의 존재에 대한 질문에 대해 이를 설정할 수 없는 이유를 어떻게 설명해야 할 것인가?

(2001. 3, 서울 관악고 박형우)

▸▸ 답변

학교문법에서는 부사절을 인정하고 있으나 부사형어미는 따로 인정하고 있지 않습니다. 학교문법에서 "부사절"로 언급되는 표현들은 다음과 같습니다.(고등학교 문법 77쪽)

(1) 가. 그들은 우리가 입은 것과 똑같이 입고 있다.
　　나. 그는 아는 것도 없이 잘난 척 한다.

(1)의 '똑같이' '없이' 등은 각각 자신의 부사어와 주어를 수반하고 있으므로 서술 기능을 하고 있으며 따라서 부사어로 쓰이고 있는 밑줄 친 부분은 부사절이라고 할 수 있습니다. 그런데 '똑같이' '없이'의 '-이'는 '같다, 없다, 다르다' 등의 뒤에만 쓰이기 때문에 어미라고 하기는 어려우며 파생접사로 간주하는 것이 옳습니다. 일반적으로 어미는 분포의 제약을 갖지 않기 때문입니다. 결국 조어적 기능을 갖는 파생접사가 절을 이룬다는 점에서 예외적이기는 하나 (1)의 예들은 접미사(파생접사) '-이'에 의해 이루어진 부사절이라고 할 수 밖에 없습니다.

다음 (2)도 부사절로 간주될 수 있는 예들입니다.

(2) 가. 저 아이가 재주가 있게 생겼구나.
나. 정부 당국은 외국인도 이곳에서 살 수 있도록 허가했다.

(2)의 예에서 밑줄 친 부분은 생략될 수 없기 때문에 필수적인 문장성분이라고 할 수 있습니다. 이러한 점을 고려하면 (2)의 예들은 이어진 문장이라기보다는 안긴 문장으로 파악하는 것이 합리적입니다. 이어진 문장은 말 그대로 절과 절이 이어져 이루어진 문장이기 때문에 앞절이 뒷절 서술어의 한 성분이 될 수 없으나 (2)의 예에서는 밑줄친 부분이 서술어 '생겼구나, 허가했다'가 요구하는 한 성분으로 쓰이고 있기 때문입니다. 결국 (2)의 밑줄 친 부분도 부사절로 간주하는 것이 옳다고 하겠습니다. 그런데 여기의 '-게'나 '-도록'은 일반적으로 연결

어미로 쓰이며 부사절과 (종속적으로) 이어진 문장을 구별하는 것은 간단한 문제가 아닙니다. 학교문법에서 부사형어미를 따로 인정하지 않는 것은 이러한 점을 고려한 것으로 보입니다.

(편집위원 최동주)

질의 45
파생 접미사와 이른바 부사형 어미의 차이?

파생 접미사에 의해 부사가 된 예와 어간에 부사형 어미가 붙은 것의 용법상의 차이에 관하여.

'빨리' '멀리' / '빠르게' '멀게'

왼쪽에 놓여 있는 것들은, 어간에 파생접사가 붙어 새로운 단어인 부사를 만들어 낸 경우이고 오른쪽의 경우는, 용언 어간에 부사형 어미 '-게'가 붙은 예입니다. 이 두 가지가 품사라는 측면에 있어서는 차이를 지니고 있다고 볼 수 있는데요. 두 가지가 유사한 경우에 쓰임이 가능한 경우와 어느 한 가지는 가능하지만 다른 하나는 조금 어색한 경우로 나타나는 것 같습니다. "그가 빨리 왔다", "그가 빠르게 왔다"는 두 가지 다 사용하기에 크게 문제가 없는 것으로 여겨지지만

"수업이 빨리 끝났다"와 "수업이 빠르게 끝났다"의 경우, 전자가 좀 더 자연스럽게 느껴지는 경향이 있는 것 같습니다. 의미적인 차이와 더불어, 용법상의 차이도 있을 것으로 사료됩니다. 어떻게 처리해야 할 지 여쭈어 보고 싶습니다.

(2005. 11. 15, 서울여대 국문과 대학원, 김지영)

▸▸ **답변**

어렵고도 중요한 질문입니다. 강의 시간에도 이야기 한 것처럼 '-게'가 붙는다고 하여 모두 부사형이 되는 것이 아니고 '-이'가 붙는다고 모두 부사가 되는 것이 아닙니다. 그러기 때문에 우리가 알고 있는 '-게' 는 부사형, '-이'는 부사라는 명제는 지극히 도식적입니다. 이런 점에 유의하여 두 형태소의 기능을 자세히 파악해 보시기 바랍니다. 김창섭(1996)과 임홍빈(1998: 569쪽)를 비교하여 보시기 바랍니다.

(고영근의 홈페이지에서)

질의 46
"원인"의 연결어미 '아/어서'와 '-(으)니까'의 차이?(6권 1호)

다음 예문에 나오는 "아/어서"와 "(으)니까"는 어떤 차이를 지니고 있는지 알고 싶습니다.

(1) 돈이 없어서 이 책을 살 수 없어요.
(1') 돈이 없으니까 이 책을 살 수 없어요.
(2) 머리가 아파서 약을 먹는 거야.
(2') 머리가 아프니까 약을 먹는 거야.

中國語에 있어서는 "원인"을 의미하는 표현은 주관, 객관과 상관없이 "因爲…所以…"밖에 없기 때문에 한국어의 여러 가지 쓰임에 대해서 中國語 話者인 중국 학생들한테 이해시키기가 어렵습니다.

(2004. 3, 대만 정치대학 곽추문)

▸▸ 답변

'-어서'와 '-(으)니까'는 비슷한 의미로 사용되는 경우가 많지만 차이를 보이는 경우도 있다. 가장 두드러진 차이는 후행절의 문장종결법(문체법)에서 나타납니다. '-(으)니까'의 후행절에는 명령문이나 청유문이 올 수 있지만 '-어서'의 후행절에는 명령문이나 청유문이 올 수 없습니다.

(1) 가. 비가 오니까 택시를 타고 가라.
나. *비가 와서 택시를 타고 가라.
(2) 가. 비가 오니까 택시를 타고 가자.
나. *비가 와서 택시를 타고 가자.

이러한 차이 외에 '-어서'와 '-(으)니까'의 의미 차이에 대해서 여러 가지 논의가 있는데 대체로 '-어서'는 '원인'을 제시하고 '-(으)니까'는 '이유'를 제시하는 기능을 보이는 경향이 있다고 보고 있다. 즉 '-어서의 선행절은 일반적인 상식을 배경으로 하는 원인을 제시하고 '-(으) 니까'의 선행절은 개인적인 사리 판단을 배경으로 하는 이유를 제시한다고 봅니다.

(3) 가. 머리가 아파서 약을 먹는 거야.
   나. 머리가 아프니까 약을 먹는 거야.

(3가)처럼 '-어서'를 사용한 경우는 '머리가 아프면 약을 먹는 것'이 누구나 알고 있는 일반적인 상식으로 해석되는 경향이 있습니다. 따라서 '머리가 아픈 것'은 이러한 일반적인 상식을 바탕으로 한 "원인"으로 해석됩니다. 반면 (3나)처럼 '-(으)니까'를 사용한 경우는 '머리가 아프면 약을 먹는 것'이 누구나 알고 있는 일반적인 상식이라기보다는 개인적인 사리 판단에 의한 것으로 해석되는 경향이 있습니다. 따라서 '머리가 아픈 것'은 개인적인 사리 판단을 바탕으로 한 이유로 해석된다.

한편 '-어서'는 문어와 구어에 두루 사용되지만 '-(으)니까'는 문어보다는 구어에서 훨씬 더 많이 사용되는 경향이 있다. 이상에서와 같이 몇 가지 측면에서 차이를 보이기는 하지만 실제로는 '-어서'와 '-

(으)니까'의 차이를 구별하기 어려운 경우가 많습니다.

(동경외국어대학 객원교수 이은경, 현재 홍익대학교 국어교육과 교수)

5.4. 선어말어미

질의 47
형태소 '-느-'에 대하여(5권 1호)

국어에서 간접화법을 만드는 형식으로 '-다고 하다, -라고 하다, -냐고 하다, -자고 하다'를 들 수 있습니다. 그래서 '간다고 한다', '먹는다고 했다', '예쁘다고 했다'의 문장을 말할 수 있는데 '-냐고 하다'의 경우, 동사는 '가냐고 말했다'도 가능하지만 '먹었느냐고 했다', '가느냐고 했다' 와 같이 '-느-'가 결합되는 것도 가능합니다. 규범적 측면에서는 후자를 택하고 있습니다. 이 때의 '-느-'의 성격은 동사가 활용할 때의 '먹는다'의 '-느-'와 그 성격이 같은 것이라고 여겨지는데 정말 그런 것인지가 궁금하고 만약 그렇다면 '예뻤느냐고 물었다'와 같이 형용사 과거의 경우 보여지는 '-느-'는 왜 들어가게 된 것인지, 아니면 성격이 다른 것인지 알고 싶습니다.

(2003. 3. 질문자 고려대학교 박사과정 성지연)

▸▸ **답변**

간접화법의 '-느냐고 하다'의 '-느-'가 '먹는다'의 '-느-'와 성격이 비
슷한가의 문제는 그것을 공시적으로 보는가 아니면 어원적인 문제로
보느냐에 따라 달라질 것입니다. '먹는다, 먹는구려, 먹는구나, 먹느
냐, 먹는……' 등에서 나타나는 '-느-'를 중세 국어의 '-ᄂᆞ-'와 연관지
어 이야기한다면 같은 것이라고 볼 수도 있겠으나 공시적으로 이러
한 형태들에서 분석되는 '-느-'가 동일한 형태적 양상을 보이지 않는
다는 점, 그리고 문법적인 공통 의미를 추출하기 어렵다는 점 등을
고려해 볼 때 '-느-'가 독립된 형태소로서 성립할 수 있는지는 의문
이라 하겠습니다. '-느-'를 분석해 내는 입장으로는 고영근(1999: 15
과 남기심(1982)를 참고하시면 됩니다. 고영근은 '-느-'나 '-더-', '*-리
-' 등과 같은 형태소를 "문장구성소"라고 한 바 있는데 이러한 형태
소들의 특징은 다른 형태소들과 결합한 형태로만 나타난다는 점을
들 수 있습니다.(남기심 · 고영근 1993: 49)

질문하신 간접화법의 '-느냐고' 이외에도 '-느냐, -는지, -는가' 등의
'-느-'가 들어가는 어미류들은 동사와는 별다른 제약없이 결합하는데
특이하게도 형용사의 어간에는 '-(으)냐, -은지'가 결합되나 형용사의
어간에 '-았/었-'이나 '-겠-'과 같은 선어말 어미가 결합된 다음에는
'-으냐, -은지'가 아닌 '-느냐, -는지, -는가' 등이 결합됩니다.

(1) 먹느냐고 한다/ 먹느냐?/ 먹는지?/ 먹는가?

(2) 좋으냐고 한다/ 좋으냐?/ 좋은지?/ 좋은가?

(3) 좋겠느냐고 한다/ 좋았느냐고 한다/ 좋겠느냐?/ 좋았느냐?/ 좋겠는지?/ 좋았는지?/ 좋겠는가?/ 좋았는가?

'-느-'가 들어가는 어미들의 형태 변화는 (1)~(3)과 같은데 이러한 현상이 왜 일어나는가 하는 것보다는 이들 현상으로 미루어 우리가 추측할 수 있는 사실이 무엇인가가 더 중요합니다. 다음에서,

(4) 먹는/ 먹는다

(5) 좋은/ 좋다

(6) *좋겠는/ *좋았는/ *좋겠는다/ *좋았는다

관형사형 '-는'과 현재 종결형 '-는다'의 경우는 형용사 어간에 시제 선어말어미가 결합된 다음에는 올 수가 없습니다. 이는 '-느냐'의 '-느-'와 '-는다'의 '-느-'는 서로 다른 성격의 것임을 시사해 주는 것이라 할 수 있습니다. 이와 관련하여 『형태론』 3.2의 419, 420쪽에 실린 [질의1]에 관한 고영근의 답변(본서 70쪽)을 참고하시면 좋을 듯합니다.

(편집위원 유현경)

05 활용과 어미

질의 48
선어말어미의 결합 순서 변화에 관련된 질문(6권 2호)

공시적으로 선어말어미의 결합 순서는 고정되어 있어서 이들이 그 선후 순서를 바꾸어서 결합할 수는 없는 것으로 알고 있습니다. 그렇다면 통시적으로 '-더시-'의 순서가 '-시더-'로 변한 것은 어떻게 설명할 수 있는지요?

(2004. 9, 김혜영, 고려대 박사과정

▸▸ 답변

어느 방면의 요소들을 들여다보아도 늘 그렇듯이, 절대 불변의 가치는 존재하지 않을 것입니다. 국어의 선어말어미만 하더라도 고려시대와 조선시대가 약간씩 차이가 나는 점을 쉽게 목격할 수 있습니다. 조선시대에도 17세기를 전후하여 또다른 차이를 목격할 수 있지요. '-숩-'의 기능 변화와 관련하여 용언 어간에 가장 가깝게 통합하던 것이 조금 뒤쪽에 통합하는 것을 찾아볼 수 있습니다.

'-더시-'가 '-시더-' 순서로 통합하는 현상은 이미 널리 잘 알려져 있는 것이지만 그 해석을 두고서 우리 학계에서는 대체로 두 견해가 맞서고 있는 것으로 압니다. 대개는 '-더-'의 기능 변화에 초점을 맞추어 '-더-'가 뒤쪽으로 이동해 갔다는 식의 설명을 해 오고 있습니다(대표적으로, 김영욱 · 이지영 등). 그러나 본 답변자는 이미 졸저

(1994: 149, 각주 13))을 통하여 그와 다른 견해를 제시한 바 있습니다. '-더시-'가 '-시더-'가 되는 현상뿐 아니라 '-거시-'가 '-시거-'가 되는 현상도 아울러 함께 고려되어야 한다는 점을 강조하고 싶습니다. '-더시-'가 '-시더-'가 되는 동인을 저는 '-더-'에서 찾아야 할 것이 아니라 '-거시-'가 두 가지 성격을 가지고 있기 때문에 그 중의성을 해소하기 위하여 '-시-'가 앞으로 이동하였다고 해석하였습니다.

잘 알려져 있다시피, '-거시-'뿐 아니라 '-어시-'도 두 종류가 있습니다. 하나는 '-시-'가 존재동사 어간으로 사용된 것이요, 다른 하나는 '-시-'가 높임법 선어말어미로 사용된 것입니다. 이러한 중의성을 해소하기 위하여 높임법 선어말어미가 통합한 것은 '-시거시-'와 같은 과도적인 어미구조체로 나타나기도 하였습니다. 여기서 앞의 '-시-'는 높임법 선어말어미, 뒤의 것은 존재동사 어간인 경우와 높임법 선어말어미인 것의 두 가지가 목격됩니다.(구체적인 예는 허웅 1975)에 자세히 나와 있습니다. 선어말어미 '-거-'와 '-더-'는 서로 배타적 분포 내지 상보적 분포를 보입니다. '시'의 중의성을 해소하기 위하여 '-거시-'의 구조체에서 높임법 선어말어미가 앞으로 이동해 나갈 수 있었기 때문에 '-더시-'의 '-시-'도 따라서 앞으로 이동해 나갈 수 있었습니다.('-더시-'의 '-시-'는 항상 높임법 선어말어미로만 사용되던 것이었습니다). 말하자면 일종의 유추 현상이 일어난 것이지요.

결과적으로 저는 '-시-'에 이동의 동인이 있는 것이지 '-더-'나 '-거-'

에 이동의 동인이 있는 것이 아니라고 파악한 셈입니다.

(이현희, 서울대학교, 국어국문학과 교수)

질의 49
보조어간과 선어말어미의 차이?(10권 1호)

두서없이 질문 드려서 죄송합니다. 공부를 하던 중에 최현배 선생의 『우리말본』(1937, 1955, 1977)을 보면 현행 학교문법의 선어말어미를 보조어간으로 처리하고 있습니다. 그 까닭을 몰라서 문의를 드립니다. 구체적인 예를 알고 싶은 것이 아니라 왜 보조어간이라는 말로 분류를 하신 것일까요?

(2008. 3. 익명의 질의자)

▸▸ 답변

최현배 선생은 현행 학교문법에서 접미사로 처리하고 있는 피동과 사동, 시제, 존경의 '-시-', 낮춤의 '-옵-'을 모두 보조어간으로 처리하였습니다. 어간의 의미를 돕는다고 생각한 것이지요. 그러나 최현배 선생의 보조어간에는 파생법과 굴절법이 섞여 있기 때문에 공감하기가 어려운 데가 많습니다. 그래서 1985년의 학교문법의 통일 시에 최현배 선생의 보조어간 가운데서 피동과 사동, 강세의 요소는 접미사로, 굴절법에 속하는 요소는 선어말어미로 본 것입니다. 보조어간과 선어말어미에 관한 자세한 내용은 고영근(1999: 3편 2장)을 보아 주시기 바랍니다.

(편집대표 고영근)

질의 50
선문말어미와 문말어미의 차이?

요즈음 "선문말어미", "문말어미"란 용어가 더러 쓰입니다. 선생님의 『한국어의 시제 서법 동작상』과 관련하여 질문 드립니다. 어말어미라는 용어가 형태론적 차원에서 단어와의 결합을 문제 삼는 것이라면 문말어미라는 용어는 통사론적 차원에서 문장 단위와 결합하는 형태소를 중심으로 사용하는 용어라고 이해되는데 [아기가 과자를 먹]s 었다(135쪽)과 [아기가 과자를 먹]s 는다(162쪽)의 경우, 이때 '-었다'와 '-는다'는 지배 범위가 바로 앞의 동사 '먹-'이 아니라 '[아기가 과자를 먹]'이라는 선행 문장 전체와 결합하는 문장구성소라고 한다면 '-었-'이나 '-다'에 대해서 선문말어미, 문말어미라고 볼 수도 있지 않은가요?

(2005. 5. 12. 한국외국어대학교 박사과정, 이미자)

▸▸ 답변

옛날(1960년대)에 나나 나의 선배들이 "어말어미", "선어말어미"라고 하였을 때는 어미가 단어에 미치지, 문장 전체에 미친다고 생각하지 못하였습니다. 그런데 생성문법이 들어옴에 따라 특히 형성소는 문장 전체에 붙기 때문에 "선문말어미"라는 이름을 붙이게 된 것입니다.(서정목 1987). 그러나 가만히 보면 구성소는 일단은 어말어미와 어울려서 문장을 형성하기 때문에 엄격히는 선문말어미라고 하기가 어렵습니다. 내 생각으로는 음성적으로는 단어에 붙기 때문에 어말어미와 선어말어미를 일관성 있게 사용하는 것이 좋다고 생각합니다.

(고영근의 홈페이지에서)

6 문법 범주

06 문법 범주

6.1. 피동과 사동

질의 51
주동과 사동의 개념을 알기 쉽게 설명해 주시기를 바랍니다.(9권 1호)

중 3 국어 '문법 기능(2)'에 나오는 '주동과 사동'의 학습시 학생들이 굉장히 어렵게 생각합니다. 그 개념을 쉽게 이해할 수는 없는지요?

(2001. 3, 이정화, 강원도 태백시 황지여자중학교 교사)

▸▸ 답변

'사동(使動)'은 '주동(主動)'의 상대되는 개념으로 '주어인 동작주가 부사어나 목적어로 나타나는 피동작주로 하여금 어떤 일을 하도록 시키는 행위'를 말합니다. 이에 반해 주동은 '주어인 동작주가 어떤 일을 직접 하는 행위'를 말하지요. 혹시 영어 문법에 익숙하다면 'have, let, make' 등과 같은 사역동사(使役動詞)를 갖는 사역동사 구문(예를 들어 I will make him change his plans)을 생각해 보면 이해가 쉬울 수도 있을 것입니다. 사동 혹은 주동의 개념은 구체적으로 사동문(使動文)과 주동문(主動文)을 비교해 보면 더 명확해집니다.

(1) 가. 아이가 운다.(자동사문, 주동문)
(주어, 동작주) (서술어)
나. 어른이 아이를 울린다.(타동사문, 사동문)
(주어, 동작주) (목적어, 피동작주) (서술어)
(2) 가. 아이가 밥을 먹는다.(타동사문, 주동문)
(주어, 동작주) (목적어) (서술어)
나. 엄마가 아이에게 밥을 먹인다.(타동사문, 사동문)
(주어, 동작주) (부사어, 피동작주) (목적어) (서술어)
다. 엄마가 아이에게 밥을 먹게 한다.(타동사문, 사동문)
(주어, 동작주) (부사어, 피동작주) (목적어) (서술어(구))

위의 예문 (1), (2)에서 볼 수 있는 바와 같이 자동사문이든 타동사문이든(예를 들지는 않았지만 형용사문도 사동문이 가능합니다), 주어가 동작주로 나타나고 피동작주가 없으면 주동문이고 동작주인 주어가 피동작주인 부사어나 목적어에게 어떤 일을 시키는 행위로 나타나면 사동문이 되는 것이지요.

국어에서 사동 혹은 사동문은 (1나), (2나)와 같이 사동사에 의해 나타나기도 하고 (2다)처럼 '-게 하다'와 같은 통사적 구성에 의해 나타나기도 합니다. 사동사는 주동사인 자동사나 타동사 혹은 형용사에 사동의 파생 접미사 '-이-, -히-, -리-, -기-, -우-, -구-, -추-' 등이 결합한 '죽다 ⇒ 죽이다, 익다 ⇒ 익히다, 울다 ⇒ 울리다, 남다 ⇒ 남기다, 깨다 ⇒ 깨우다' 등을 말합니다. 국어의 모든 동사나 형용사가 이와 같은 접미사에 의한 사동사를 갖는 것은 아니고 '-게 하다'에 의한 사동 표현을 갖는 경우가 더 많습니다. 사동사에 의한 사동을 "단형(短形) 사동", '-게 하다'에 의한 사동을 "장형(長形) 사동"으로 구분하기도 합니다. 동일한 주동문이 단형 사동문과 장형 사동문을 모두 가지는 경우도 있는데 양자가 비슷한 의미를 가지기도 하지만 다소 다른 의미를 가지기도 합니다. 한편 '-이-, -히-, -리-, -기-' 등의 접미사가 사동사가 아니라 피동사를 파생하는 경우도 있어 혼동할 우려도 있습니다. 예를 들어 "도둑이 경찰에게 잡히다"의 '잡히다'가 피동사의 예인데 피동사에 의한 피동문은 능동사에 의한 능동문과 상대되는 개념입니다. 영어의 수동태를 생각하면 국어의 피동의 개념을 이해하기 쉬울 듯합니다. (편집위원 구본관)

질의 52
특이한 사동 접미사 '-애-', '-시-', '-키-'에 대하여(5권 2호)

사동 접미사에는 '-이-, -히-, -리-, -기-, -우-, -구-, -추-'가 있다는 것이 일반적입니다. 하지만 가끔씩 그렇지 않은 경우가 눈에 띄는데 가령, '~이 없다'고 표현할 때 '없다'의 사동형으로 '없애다'를 사용하고 '젖다'의 사동형으로 '적시다'를 사용하는 경우가 그러한 예입니다. 분명 '-애-'와 '-시-'는 사동 접미사에 포함되어 있지 않은데 굳이 이렇게 사용하는 까닭은 무엇일까요? 그리고 '적시다'의 원형을 '젖다'로 볼 수 있는지의 여부는 더 생각해 보아야 할 것입니다. 또한, '놀리다'의 사동형으로 '놀래키다'를 쓰는 것도 이상합니다. 이는 '없애다'보다 더 특이한 경우로 '놀라다 ⇒ 놀래다 ⇒ 놀래키다'처럼 더 많은 변형이 가해졌음을 알 수 있습니다. '-키-'라는 새로운 형태는 "사동성"을 강조하기 위한 수단으로 사용된 것일까요? 그렇다면 왜 꼭 '-키-'여야만 했을까요?

(2003. 9, 홍익대학교 국어국문학과 02학번 홍연정)

▸▸ 답변

질문하신 특이한 사동형은 주로 어원에 대한 연구와 방언 형태론에 대한 연구가 이루어져야 분석할 수 있는 것들입니다. 불행하게도 이 두 분야는 자료의 부족 등으로 아직 많은 성과가 없습니다. 이런 이유로 질문자의 질문에 대해서도 명확한 답변을 드리기가 어렵습니다. 하지만 가능한 대로 질문자의 질문에 대해 몇 가지로 나누어 답하겠습니다.

첫째, '적시다'의 경우 '*적- + -시-'로 분석하여 '-시-'를 사동 파생 접미사로 볼 수 있느냐는 질문입니다. 아마 '-시-'를 파생 접미사의 하나로 세우기는 어려울 듯합니다. '젖다'의 사동형은 중세국어에서는 '저지다'와 '적시다'가 공존합니다. '저지다'의 경우 '젖- + -이-'로 분석하는 데에 어려움이 없습니다. '적시다'의 경우 '적- + -시-'로 분석해야 할지, '*젔- + 이-'로 분석해야 할지, 아예 분석하지 말아야 할지 명확하지 않습니다. '*적-', '*젔-' 등이 모두 문증되지 않기 때문입니다. 현대국어로 오면서 '저지다'는 사라지고 '적시다'만 쓰이게 되었습니다. 공시적으로는 '적-'도 '-시-'도 생산성이 없으므로 '적시다'를 분석할 이유는 없을 듯합니다.

둘째, '없애다'의 경우 '없- + -애-'로 분석이 불가능한 것은 아닙니다. 무엇보다도 '없-'이 공시적으로 쓰이고 있기 때문입니다. 하지만 '-애-'의 경우 다른 어휘에 쓰이는 예가 잘 발견되지 않아 '-애-'를 사동 파생 접미사의 하나로 설정하는 것은 가능은 하지만 큰 의미는 없습니다. '없애다'가 어떤 과정을 거쳐 형성되었는지는 답변자로서는 잘 모르겠습니다. 중세국어 자료에서도 이에 대한 힌트를 얻을 수가 없습니다.

셋째, '놀래키다'의 경우 표준어가 아니라 방언형이어서 표준어와 동일한 차원에서 분석은 어렵습니다. 표준어에서는 주로 자동사로 쓰이는 '놀라다'가 있고 그 사동형이 '놀래다'입니다. 사동 표현으로는 아시다시피 '놀라게 하다'라는 우설적인 사동도 쓰이지요. 방언에서는 '놀래다'가 사동사뿐 아니라 자동사로서 '놀라다'와 같은 의미로 쓰이기도 하는 듯합니다. 따라서 자동사로 쓰이는 '놀래다'가 사동을 표현하기 위해 '-키-'를 더한 것으로 볼 수도 있고 사동형 '놀래다'에 '사동의 의미를 강화하는 기능', 혹은 "강세의 기능"을 더하기 위해서 '-

키-'를 가져 온 것으로 볼 수도 있습니다. 강원도 방언 등에서는 '놀래쿠다'를 쓰기도 합니다. '-키-'의 정체가 정확히 무엇인지, 이 '-키-'가 '일으키다', '돌이키다'의 '-키-'와 관련이 있는지는 명확하지 않습니다. 참고로 '일으키다', '돌이키다'의 '-키-'는 중세국어 'ᅘᅧ-'(引)와 관련이 있는 듯합니다.

(편집위원 구본관)

질의 53
'눕다'의 두 가지 사동형 '누이다, 눕히다'의 차이(5권 2호)

'눕다'의 사동형으로는 '눕히다' 이외에 '누이다'가 쓰이고 있습니다. 그 까닭은 무엇인가요? '누이다'는 '사람을 자리에 눕게 하거나 바닥에 쓰러뜨리다'라는 뜻 말고도 '소변이나 대변을 누게 하다'는 뜻도 가지고 있습니다. '눕다'에는 왜 사동형이 두 개씩이나 존재하는 것일까요?

(2003. 9, 홍익대학교 국어국문학과 02학번 홍연정)

▸ 답변

질문하신 분이 궁금해 하는 것은 왜 '눕다'의 사동형으로 '눕히다'와 '누이다'로 두 개가 존재하는가 하는 것입니다. 어떤 동사의 사동형이 두 개가 존재한다는 것은 언어의 경제성이라는 측면에서 보면 자연스럽지 못합니다. 그러나 동의어 내지 유의어가 존재하듯이 공시적의로 비슷한 기능을 하는 어휘가 둘 이상 존재하는 경우도 있습니다. 이 경우 보통 결합규칙의 변화나 방언의 차용으로 인한 구형과 신형의 관계에 있는 경우가 많습니다. '눕히다'와 '누이다'의 관계도 그러합니다.

중세국어에서 '눕다'의 사동형은 '누이다', '뉘이다'로 나타납니다. 이 동사는 중세국어에서 받침으로 'ㅸ'을 가지고 있었습니다. 중세국어에서 어간의 말음이 'ㅸ'이면(현대국어의 관점에서 보면 'ㅂ' 불규칙 동사이면) 사동파생 접미사는 '-이-'가 결합되었습니다. 따라서 '*누ᄫᅵ다>누이다>뉘다' 등으로 형태가 변했을 것으로 생각됩니다.('누ᄫᅵ다'는 문증되지 않습니다) 한편 중세국어 혹은 현대국어에서 어간의 말음이 'ㅂ'인 경우(현대국어의 관점에서 보면 'ㅂ' 규칙 동사이면) 사동파생 접미사 '-히-'가 결합하는 경우가 보통입니다. '눕다'의 경우 'ㅂ' 규칙 동사가 아니라 'ㅂ' 불규칙 동사이므로 '히'가 결합되지 않고 '-이-'가 결합되어 '누이다'나 '뉘다'가 되어야 합니다. 하지만 '-히-'가 결합한 '눕히다'도 나타나는 것은 'ㅂ' 불규칙 동사에 대해서도 '-히-'가 결합되는 방언이 유입되었거나 결합규칙이 변한 것으로 볼 수 있습니다.(전자의 가능성이 더 큰 듯합니다). 그리하여 구형과 신형의 관계를 이루게 된 것으로 보입니다. 문어나 예스러운 말투에 '누이다'나 '뉘다'가 '눕히다'보다 많이 쓰이는 것은 이 형태가 '눕히다'에 비해 구형이기 때문일 것입니다. 한 가지 보충해서 말씀 드리겠습니다. 지적하신 것처럼 '누이다'가 "바닥에 눕게 하다"의 의미가 아닌 '소변이나 대변을 누게 하다'의 뜻으로도 쓰이는데 이는 우연히 형태가 같아진 동음이의어로 우리의 논의와 관련이 없습니다.

(편집위원 구본관)

질의 54
피동사와 사동사의 구성적 차이점에 대하여 설명을 부탁 드립니다.(5권 2호)

능동형과 피동형 범주만 있는 러시아어와는 달리 한국어에는 능동형, 피동형, 사동형이 있는 것으로 알고 있습니다. 그래서 러시아인들은 피동사와 사동사의 구별이 쉽지 않습니다. 즉 피동사와 사동사의 구성상 차이점, 형태적, 기능적, 의미적인 차이점들을 구별하는 방법이 궁금합니다. 예를 들면 '먹다'(주동사)가 '먹이다'가 될 경우, "엄마가 동생에게 밥을 먹이다"(사동사)라는 문장과 "철수네 소를 먹이다"(피동사)라는 문장의 의미상의 차이가 무엇인지 잘 구별되지 않습니다. 또 '타다'와 '태우다'의 관계도 잘 이해가 되지 않습니다. 그리고 능동사와 주동사란 용어의 차이가 무엇인지도 궁금합니다.

(2003. 9, 꼬미싸로바 빅토리아, 러시아유학생, 고려대학교 대학원 재학)

▸▸ 답변

한국어는 능동 대 피동, 주동 대 사동의 대립 관계를 가지고 있고 피동사와 사동사가 형태상의 공통점을 보이기도 하여 외국어를 모어로 하는 화자들에게 혼동의 우려가 있을 것으로 생각됩니다. 질문자가 제기한 문제는 첫째, 피동사와 사동사가 어떤 차이가 있느냐?, 둘째, 능동사와 주동사의 용어의 차이가 무엇을 의미하느냐의 두 가지로 요약할 수 있을 듯합니다.

먼저 두 번째 질문에 대해 답변을 하도록 하겠습니다. 능동사는 피동사에 대립되는 용어이고 주동사는 사동사에 대립되는 용어입니다. 그런데 능동사와 주동사 양자가 "스스로의 힘으로 행하는 행위나 동작을 나타내는 동사"라는 점에도 의미상 공통점이 있습니다. 다만 능동사는 피동사와 대립되는 용어이기 때문에 주어가 서술어의 행위의 피해자나 수혜자가 되는 것이 아닌 동작주(행동주)라는 의미를 가지고 주동사는 사동사에 대립되는 용어이기 때문에 주어가 남에게 서술어의 행위를 시키는 사동주가 아니라 스스로 행위를 하는 동작의 주체라는 점에서 차이가 있습니다. 많은 경우 능동사는 동시에 주동사가 될 수 있으며 능동사나 주동사를 특징짓는 특별한 표지는 없습니다. 그 이유는 능동사나 주동사가 특별한 의미를 가지는 경우는 각각 피동사와 사동사와 비교되었을 때뿐이기 때문입니다. 따라서 능동사나 주동사를 따로 묶어서 다루지 않습니다.

첫 번째 질문은 피동사와 사동사의 차이에 관한 것입니다. 이에 대해서는 몇 가지로 나누어 논의해 보기로 하겠습니다.

첫째, 피동사는 파생 접미사 '-이-, -히-, -리-, -기-'에 의해서 형성되기도 하고 '-어지다'에 의해 형성되기도 합니다. 반면 사동사는 파생 접미사 '-이-, -히-, -리-, -기-, -우-, -구-, -추-' 등에 의해 형성되기도 하고 '-게 하다'와 같은 통사 구성이 결합하여 형성되기도 합니다. 물론 '-어지다'나 '-게 하다'에 의해 형성된 피동 표현과 사동 표현을 피동사, 사동사로 부르는 데는 어려움이 있습니다.('-어지다'에 의한 피동 표현은 하나의 동사로 볼 수도 있지만 '-게 하다'에 의한 사동 표현은 분명히 하나의 동사는 아니기 때문에 사동사로 부르기는 어렵습니다). 외국인들이 피동사와 사동사가 혼란스러운 이유는 접미사 '-이-, -히-, -리-, -기-'가 피동사와 사동사에 공통적으로 붙기 때문일 것입니다.

둘째, 피동사와 사동사가 경우에 따라 동일한 접미사에 의해 형성되기는 하지만 의미나 기능상의 차이가 있습니다. 피동사는 "다른 사람(혹은 동물이나 사물)의 행동에 의해 이루어지는 동작"을 나타내는 피동문에 쓰이며 기본적으로 자동사입니다. 그렇지만 사동사는 "다른 사람(혹은 동물이나 사물)로 하여금 어떤 동작을 하도록 시키는 일"을 나타내어 사동주(동작을 시키는 사람)과 피사동주(동작의 시킴을 받는 사람)가 나타나는 사동문에 쓰이므로 당연히 타동사입니다.

질문자가 예시한 '먹이다'의 예를 사동사와 피동사로 구별하셨는데 이는 잘못입니다. "엄마가 동생에게 밥을 먹이다"뿐 아니라 "철수네 소를 먹이다" 역시 사동사입니다. '먹다'의 피동사는 '먹이다'가 아니라 '먹히다'입니다.(예: 토끼가 호랑이에게 (잡아) 먹히다). '먹다-먹이다(사동사)-먹히다(피동사)'와 달리 '보다-보이다(사동사, 피동사)'처럼 사동사와 피동사가 같은 형태를 가지는 경우도 많습니다. 질문자가 예시한 '타다-태우다'의 관계는 '타다'는 "주동사"이고 이에 대한 사동사가 '태우다'입니다. 역사적으로 보면 '태우다'는 '타다'에 사동 접미사 '-이-'와 '-우-'가 중첩되어 형성된 것입니다.(물론 '-이-'와 '-우-'가 한꺼번에 붙었는지, 시기를 두고 차례로 붙었는지는 명확하지 않습니다).

한국어에 관심을 가지고 좋은 질문을 해 주셔서 감사드립니다. 질문자의 질문이 주로 "사동사"와 "피동사"에 집중되어 있어 자세하게 논의하지는 않았지만 "사동사"와 "피동사"를 이해하기 위해서는 "사동문"과 "피동문"에 대해서 이해하셔야 합니다. 이에 대해서도 깊이 생각해 보시기 바랍니다. (편집위원 구본관)

▸▸ 추가 답변

구본관 위원의 답변에 대하여 덧붙입니다. 예로 든 "철수네 소를 먹이다"는 "철수네가 소를 먹이다"의 의미인지, 아니면 "철수네가 소에게 (풀을) 먹이다"인지요? 후자라면 예가 잘못되었고 전자라면 주격조사를 붙인 '철수네가'로 고쳐야 합니다. 여기서는 전자라 보고 답변을 드리겠습니다. 이는 구본관 교수의 설명과 같이 사동사입니다. 그러나 일반적 사동사와 같이 사동주와 피사동주를 설정할 수 없기 때문에 이런 경우는 형태만 사동사이지 기능상으로 '사육(飼育)하다'란 의미의 독자적인 타동사입니다. 그래서 최현배(1971)에서는 이런 동사를 "환원본동사"라고 하였습니다. '소를 먹이다'의 '먹이다'는 주동사 '먹다'와 관련시키지 않아도 직접 그 의미를 이해할 수 있다는 점에서 그러합니다. 관련 논의는 고영근(1995, 320)을 보아 주시기 바랍니다.

(편집대표 고영근)

질의 55
'X 되다'와 'X 시키다'의 차이가 궁금합니다.(9권 1호)

'강화되다', '강화시키다'가 표준 어법에 맞는지요? '강화'를 사전에 찾아보니, 뜻풀이가 '① 강하게 함 ② 강하게 됨'으로 나와 있었습니다. '-되다', '-시키다'가 각각 피동과 사동의 뜻이 있으므로 '강화'의 뜻풀이와 의미상 겹치는 부분이 있는 듯합니다. 다시 말해 '강화되다'는 피동의 중복, '강화시키다'는 사동의 중복이라 볼 수 있을 듯합니다. 실제 신문에서는 '강화되다', '강화시키다'를 많이 쓰고 있는데, 과연 표준 어법에 맞는지 궁금합니다.

(이화여자대학교 국어국문학과 김가진)

▸▸ **답변**

『표준국어대사전』에는 '-시키다'를 다음과 같이 기술하고 있다. "「접사」 《서술성을 가지는 일부 명사 뒤에 붙어》 '사동'의 뜻을 더하고 동사를 만드는 접미사. ¶교육시키다/등록시키다/복직시키다/오염시키다/이해시키다/입원시키다/진정시키다/집합시키다/취소시키다/화해시키다." 따라서 서술성 명사가 '-시키다'와 결합하여 사동사가 되는 경우가 많다. 그런데 이때 한 가지 주의해야 할 점은 '-시키다'가 '사동'이 아니라 '타동'의 의미만을 나타낼 때도 있다는 점이다. 먼저 이 둘을 구분하는 것이 필요하다. 먼저 사동사의 경우를 살펴보자. 사동사는 타동사가 전제 조건이다. 즉 타동문만이 사동문이 될 수 있다는 것인데 이것은 사동주와 피사동주가 필수적으로 요구되기 때문이다.

(1) 아이가 밥을 먹는다 ⇒ 엄마가 아이에게 밥을 먹인다.(먹게 한다)

위의 예에서 '엄마'는 사동주가 되고 '아이에게'는 피사동주가 된다 이러한 조건이 성립되어야만 사동문이 되는 것이다. 그렇다면 '-시키다'가 사동문을 만드는 경우를 보자.

(2) 타동문 ⇒ 사동문
아이들을 교육한다. ⇒ 누군가 아이들을 교육시킨다.
⇒ 누군가 아이들에게 교육을 시킨다.

위의 예는 '-시키다'는 '교육하다'는 타동사를 사동사로 바꾸는 역할을 한다. 따라서 '누군가'는 사동주, '아이들에게'는 피사동자가 된다. 그러나 다음의 예에서는 사동문을 형성하지 못한다.

(3) 자동문 ⇒ 타동문

가. 환경이 오염된다 ⇒ 환경을 오염시킨다/*오염했다.
⇒ *환경에(게) 오염을 시킨다.
나. 군인들이 연병장에 집합했다. ⇒ 군인들을 연병장에 집합시켰다/*집합했다
⇒ *군인들에게 연병장에 집합시켰다.
다. 철수가 학교에 등록했다. ⇒ 철수를 학교에 등록시켰다/*등록했다.
⇒ *철수에게 학교에 등록시켰다.

위의 예에서 '-시키다'는 타동문을 사동문으로 만드는 것이 아니라 자동문을 타동문으로 바꾸는 역할을 한다. 따라서 이때는 사동주/피사동주는 성립하지 않는다는 특징이 있다. 이 경우, [명사+시키다]는 [명사+하다]를 대체한다고 볼 수 있다. 실제로 위의 예에서 목적어가 있는 타동문에서는 [명사+하다]가 모두 성립하지 못한다. 따라서 이 경우, [명사+시키다]는 타동사로서 역할을 하고 있다고 할 수 있다. 그러나 다음과 같은 경우는 문제가 된다.

(4) 합격이 취소되었다. ⇒ 합격을 {취소시켰다/취소했다.}
⇒ *합격에(게) 취소를 시킨다.

위의 예는 타동문을 만든다는 점에서는 (3)과 같지만 [명사+시키다]가 [명사+하다]를 대체하지 못한다는 점에서는 차이를 보인다. 즉, '취소하다'라는 단어가 있음에도 굳이 같은 뜻으로 '취소시키다'를 쓸 필요가 없는 것이다. 이제 '강화하다'와 '강화시키다'의 경우로 돌아가보자. 먼저 '-시키다'가 사동의 의미인지 타동의 의미인지를 살펴보자.

(5) 가. 국력을 강화하다. ⇒ *국력에(게) 강화를 시킨다.
나. 탄압을 강화하다. ⇒ *탄압에(게) 강화를 시킨다.
(6) 검문검색이 강화됐다. ⇒ 검문검색을 ?강화시켰다/강화했다.
⇒ *검문검색에(게) 강화를 시켰다.

위의 (5)에서는 '강화시키다'가 사동사를 만들지 못한다는 것을 알 수 있다. 따라서 '강화시키다'는 타동사의 가능성만 존재한다. 그럼 (6)을 보자. (6)에서는 자동사 '강화되다'가 타동사 '강화시키다'로 변할 수 있다는 것을 보인 것인데 그 문법성에 의심이 간다. 필자의 견해로는 자연스럽지 못하다. 그 이유는 '강화'에 이미 '시키다'의 의미가 내포되어 있고 같은 뜻으로 이미 '강화하다'라는 단어가 널리 쓰이고 있기 때문일 수 있다. 실제로 신문 지상에는 강화시키다'를 찾기 어렵다. 이와 관련하여 '약화시키다'는 신문지상에서 쉽게 찾을 수 있다.

(7) 가. 한미 FTA는 공공서비스 전반을 약화시키고
나. 그 의도를 약화시키고 해결책을 찾는 노력을 해야 한다.
다. 대통령의 헌법적 정통성을 약화시킨다.
라. 한국 정부의 입지를 약화시키고 있다.

그렇다면 왜 '강화시키다'와 달리 '약화시키다'는 이렇게 자주 쓰이는 것일까?

(8) 가. 권한이 약화되었다. ⇒ 권한을 약화시켰다/??약화했다.
나. 세력이 약화되었다. ⇒ 세력을 약화시켰다/??약화했다.

그것은 먼저 '강화'와는 달리 '약화'가 피동의 의미를 띠고 있다는 점과 위의 예에서 알 수 있듯이 '약화되다'의 타동사로 '약화하다'가 널리 쓰이지 못하기 때문이 아닐까 한다. 실제로 신문 지상에서 '약화하다'를 찾아보기가 매우 어렵다는 사실이 이를 뒷받침해주고 있다.

(편집위원 시정곤)

6.2. 보조용언

질의 56
'하다'의 처리가 궁금하네요.

'하다'를 자립적인 용언으로 볼 수 있는 경우와, 명사, 의성어나 의태어, 불규칙어근 등의 뒤에 붙어서 접미사로 처리하는 경우가 있다고 하셨는데요. 명사 등 이렇듯 다양한 것들의 뒤에 붙는 것도 '접사'로 볼 수 있는 것인지요.…… '-하다'를 어떻게 분류하면 좋을지 말씀 부탁드립니다.

(2008. 2. 21 김지영)

▸▸ 답변

'하다'의 경우 역시 어려운 문제입니다. 사실 같은 '하다'인데 어떤 경우는 독립용언으로, 어떤 경우는 접미사로 보니 말입니다. 그래서 이를 경동사(light verb)라 부르기도 합니다. 일단은 명사에 바로 붙으면 접사로, 조사를 사이에 두고 분리하면 독립 용언으로 보면 어느 정도 해결이 되는 것 같지만 반드시 그렇지 않습니다. 이는 어디까지나 표기법을 중심으로 한 변별 기준입니다. 그렇다고 의미의 자율성도 문제가 있고 이왕 제기한 질문이니 이 문제를 깊이 해결해 보시기 바랍니다. 서정수(1975)를 보아 주시기 바랍니다.

(고영근의 홈페이지에서)

질의 57
보조용언 '지다'와 파생접사 '지다'에 대하여(3권 1호)

안녕하십니까. 저는 임용고시를 준비하고 있는 학생입니다. 문법 분야를 공부하던 중 도저히 이해가 안 되는 것이 있어 이렇게 메일을 보냅니다. 교수님과 남기심 교수님의 공동저작인 『표준국어문법론』을 보면, '-어지다' 혹은 '-지다' 혹은 '-지-'에 대한 설명이 일치하지 않는 것 같습니다.(우선 제가 본 책은 93년 개정판이라는 걸 말씀드립니다). 위 책 중 보조용언에 대한 설명, 구체적으로 124쪽을 보면 -어지다'를 분명히 보조용언이라고 설명하고 있습니다. 또, 12장의 피동에 대한 설명에서도 '-어지다'에 의한 피동이라는 항목 아래 설명이 되어 있습니다. 그런데 10장에서 파생법에 의한 단어의 형성을 보면 '-지-'를 파생접사로 처리하고 있으며 그 예로 202쪽에 '깨지다'를, 그리고 226쪽의 문제풀이에서는 '떨어지다'를 예로 제시하고 있습니다. 그리고 202쪽에서는 '-지-'를 '-히-', '-리-' 등과 함께 피동접사라고 밝히고 있습니다. 그러나 학교문법에서 피동접사로 인정하는 것은 -이, 히, 리, 기-' 인 것으로 알고 있습니다.

이 점에 대한 설명을 좀 부탁드립니다. 그리고 이건 책에는 없지만 개인적으로 '-어지다'를 고민하다가 생각난 것인데요, '좋아지다, 싫어지다'와 같은 경우의 '-어(아)지다'는 어떻게 분석을 해야 하나요?

(장준호, 부산 가락중학교 교사, 전자우편 주소: jk0115@hanmail.net)

▸▸ 답변

회답이 늦어 대단히 죄송합니다.

좋은 질문을 해 주신 데 대하여 우선 고마운 인사를 드립니다. 두 사람이 책을 같이 짓다 보니 본의 아니게 설명이 충분하지 못하였습니다.

'지다'를 보조동사와 접미사로 처리한 것은 까닭이 있습니다. '지다'가 보조적 연결어미 '-어'를 매개로 하여 규칙적인 어근(품사가 분명한 어근)에 붙을 때에는 분명히 보조동사입니다. 요즈음은 '먹히어지다'와 같이 피동사에 '-(어) 지다'가 붙어 이중의 피동을 만드는 일이 보편화되어 가고 있고 자동사에도 '가(아)지다'와 같이 붙는 일이 있습니다. 그리고 질문하신 대로 형용사에도 '더워지다, 싫어지다'와 같이 붙습니다. 동사나 형용사에 붙는 경우는 피동이라기보다는 "기동"(起動)이라는 편이 타당합니다. 기동이란 "종료 동사"의 일종인데 동작이나 상태의 변화를 표시할 때 쓰이기 때문에 "변화동사"라고도 합니다. 그러나 '-(어) 지다'가 '-(어) 뜨리다'와 계열관계를 이룰 때는 자동성을 부여받아 '이, 히, 리, 기'와 같은 접미사의 역할을 합니다. 곧 '깨뜨리다: 깨지다'와 같이. 그러나 완전한 접미사가 아니고 "준접미사"입니다. 그것은 보조적 연결어미 '-어'를 취하기 때문입니다. 다시 말하면 '-(어) 지다'는 보조동사와 접미사의 중간지대에 놓여 있다고 하겠습니다.

'-(어) 지다'의 처리에 대하여는 본인이 고영근(1999, 508-9, 592,

644)에서 준접미사로 처리해야 하는 이유를 자세히 밝혔습니다. 그리고 '-(어) 지다'의 중세어 형태인 '-(어) 디다'를 중심으로 한 동사의 성격에 대하여는 고영근(1998: 197, 207쪽)에서 자세히 베풀었습니다.

귀하가 질문하신 내용과 답변은 본인이 편집하고 있는 『형태론』3권 1호의 게시판의 '질의응답난'에 싣겠으며 아울러 『형태론』의 홈페이지에도 올려 놓겠습니다. 앞으로도 계속하여 좋은 질의를 해 주시기 바랍니다. 질문자의 주소와 전화번호, 그리고 소속을 알려 주시기 바랍니다.

(편집대표 고영근)

질의 58
어떤 경우에 보조용언을 사용하는지요?(5권 2호)

보조용언과 불규칙용언을 적절하게 사용하는 것은 매우 복잡합니다. 저뿐만 아니라 다른 불가리아 학생들도 '두다, 놓다, 가지다' 등의 보조용언들이 실제 문장에서 어떤 차이를 가지고 사용되는지 잘 구별하지 못합니다. 어떤 경우에 어떤 보조용언을 사용해야 하는지 잘 모르겠습니다. 예를 들면 '이 시조를 외워 가지고/두고/놓고 학교에 가야지'라고 하는데 이 세 가지를 구별할 수 있는 방법이 궁금합니다.

(2003. 9, 고려대학교 불가리아 유학생, 토도로바 로시짜)

▸▸ 답변

한국어의 보조용언은 대체로 화자의 심리상태나 문법적 개념을 표현하는데 그 의미가 추상적이거나 미묘하여 설명이 쉽지 않은 경우가 많습니다. 답변자도 외국인에게 한국어를 가르치면서 보조용언의 용법 때문에 고민을 한 적이 한두 번이 아니었음을 털어놓지 않을 수 없습니다.

이해를 쉽게 하기 위하여 다른 예로 기능 차이부터 설명해 드리겠습니다.

(1) 가. 국을 끓여 가지고 학교에 갔습니다.
나. 국을 끓여 놓고 학교에 갔습니다.
다. 국을 끓여 두고 학교에 갔습니다.

(1)은 '-어 가지고'와 '-어 놓고', '-어 두고'가 모두 '앞말이 가리키는 행위를 끝내고'의 뜻을 가지고 있지만 '-어 가지고'만 '국을 학교에 가져갔다'는 뜻을 지니고 있음을 보여 줍니다. (1나, 다)의 '-어 놓고'와 '-어 두고'는 국을 끓이기는 했지만 학교에 가져간 것은 아닙니다. 제시하신 예문에서처럼 시조를 외우는 행위는 그 결과 시조가 머리 속에 암기된 상태이므로 이러한 차이가 분명히 드러나지 않는 것으로 보입니다. 이어서 다음 예를 보도록 하겠습니다.

(2) 가. 철수가 약을 잘못 먹어 가지고 병원에 갔어요.
　　나. *철수가 약을 잘못 먹어 놓고/두고 병원에 갔어요.
(3) 가. *공부는 하나도 안 해 가지고 그렇게 말할 수 있니?
　　나. 공부는 하나도 안 해 놓고 그렇게 말할 수 있니?
(4) 일을 망쳐 놓았으니(까) 아무 말도 못 하지.

(2가)에서 '-어 가지고'에는 '가지다'의 의미가 없으며 뒷말의 상황에 대한 원인이나 이유를 뜻할 수 있음을 확인할 수 있습니다. (2나)는 '-어 놓다'나 '-어 두다'가 뒷말의 상황에 대한 원인이나 이유를 뜻할 수 없음을 보여 줍니다. (3)에서 보듯이 '-어 놓고'는 앞말의 상황이 뒷말의 배경으로 제시될 때에 자연스러우며 이 경우 '-어 가지고'는 부적절합니다. 한편 (4)에서 보듯이 '-어 놓다'도 뒷말의 원인이나 이유를 뜻하는 것처럼 보이는 예가 있기는 하지만 이 예의 앞말이 뒷말의 원인이나 이유로 해석되는 것은 '-어 놓다'에 의한 것이라기보다는 뒤에 오는 연결어미 '-(으)니까'에 의한 것이라고 하겠습니다.

다음은 '-어 놓다'와 '-어 두다'의 차이를 보여 주는 예입니다.

(5) 가. 고양이가 꽃밭을 망쳐 놓았습니다.
　　나. *고양이가 꽃밭을 망쳐 두었습니다.
(6) 가. 철수가 그 사람들의 차를 고장내 놓았어.
　　나. 철수가 그 사람들의 차를 고장내 두었어.

(5)와 같은 표현에서는 '-어 놓다'만 가능하고 '-어 두다'는 불가능합니다. 이러한 차이는 '-어 놓다'는 '상태의 변화'를 뜻하지만 '-어 두다'는 '상태를 유지하려는 주어의 의도가 있음'(이기동 1979: 77) 또는 '그 행동이 어떤 다른 일에 대비하기 위한 것임'(『표준국어대사전』)을 뜻하기 때문이라고 하겠습니다. 한편 (6가)에서는 철수가 그 사람들의 차를 실수로 고장냈을 수도 있고 의도적으로 고장냈을 수도 있으나 (6나)에서는 의도적으로 고장냈다는 의미만 드러나는데 이 역시 '-어 두다'에 '상태를 유지하려는 주어의 의도'의 의미가 있음을 말해 준다고 하겠습니다.

끝으로 이들 보조용언들의 결합 제약에 대해서 간단히 말씀드리겠습니다.

(7) 가. *철수가 국을 끓여 가졌습니다.
　　나. 철수가 국을 끓여 놓았습니다/두었습니다.
(8) 가. *국을 끓여 가졌는데, 드시고 가시지요.
　　나. 국을 끓여 놓았는데/두었는데, 드시고 가시지요.

(7), (8)에서 확인할 수 있듯이 '-어 가지다'는 '-어 놓다', '-어 두다'와는 달리 '-고'를 제외한 다른 어미 앞에서는 쓰일 수 없습니다.

다음의 (9)는 '-어 가지다'나 '-어 놓다'와는 달리, '-어 두다'는 형용사와 결합할 수 없음을 보여 주는데 이는 앞에서 살펴본 '-어 두다'의

'주어의 의도'를 뜻하는 기능과 무관하지 않은 것으로 보입니다.

(9) 가. 너무 어두워 가지고 일을 할 수 없겠어.
나. 너무 어두워 놓아서 일을 할 수 없겠어.
다. *너무 어두워 두어서 일을 할 수 없겠어.

문법형태의 용법을 파악하려면 다른 형태와의 의미 차이를 비롯하여 제약관계를 잘 따져 보아야 합니다. 한국어 문법의 깊은 곳까지 관심을 가져 주어서 고맙습니다. (편집위원 최동주)

6.3. 시제, 동작상

질의 59
현재 반복상과 현재 습관상의 구별에 대하여(5권 1호)

형태론을 공부할 때 가장 어려운 점은 시제와 상이었습니다. 불가리아어에서는 현재 반복상과 현재 습관상을 구별하지 않고 사용하기 때문에 이 둘을 확실하게 구별하는 것이 어렵습니다. 예를 들면 "그 애는 수업시간에 말을 한다"는 반복상이라고 하고 "그 사람은 요즘 회사에 나간다"는 습관상이라고 하는데 이 둘을 구별하는 이유가 무엇인지 궁금합니다. 이 두 문장을 불가리아어로 번역하였을 때 상적인 차이는 나타나지 않습니다.

(2003. 3, 토도로바 로시짜, 불가리아유학생, 고려대학교 대학원 국문과 재학)

▸▸ 답변

제시하신 예의 '반복상', '습관상'은 의미 범주를 말한 것으로 이해하시면 될 것입니다. 이들을 불가리아어로 번역하였을 때 상적인 차이가 나타나지 않는다고 하셨는데 한국어에서도 위의 예에서 확인되듯이 형태상으로는 구별되지 않으며, 단지 의미만 그렇게 해석될 뿐입니다. "반복상"과 "습관상"의 의미는 구별할 필요가 있는데 어떤 행위가 몇 차례 반복되었다고 하여 습관상이라고 하기 어려운 경우도 있으며 "The Temple of Diana used to stand at Ephesus"와 같은 예에서 보듯이 반복상의 의미가 없는 상황도 습관상에 의해서 표현될 수 있기 때문입니다. 습관상이란 상당한 기간 동안의 특징적인 상황을 의미하며 반복상은 그러한 상황이 아니라 어느 시점에서 반복되고 있는 상황만을 의미한다고 하겠습니다.(콤리 1976: 26-29). 설명을 덧붙인다면 콤리(1976: 24-25)에서는 언어에 따라서 "비완료상"(imperfective)이라는 단일한 범주를 갖는 언어도 있고 비완료상이 몇 가지 하위 범주로 나누어지는 언어도 있는가 하면 비완료상의 하위 범주에 대응하는 범주만을 갖는 언어도 있다고 하였습니다. 그가 제시한 하위 범주는 다음과 같습니다.

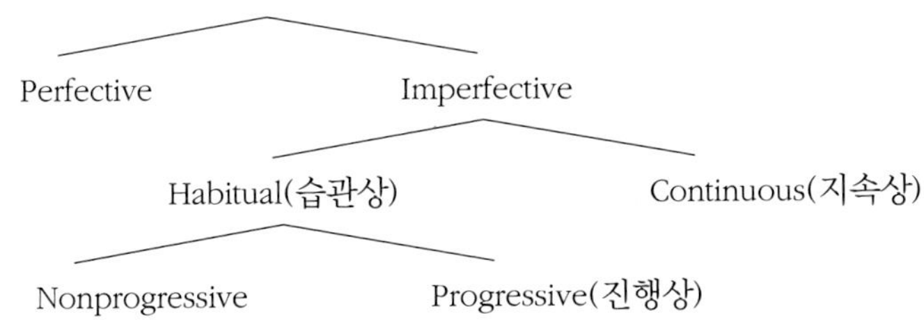

콤리 스스로 밝히고 있듯이 위의 표에 제시된 하위 범주들은 의미 범주이며 모든 언어가 이들을 표시하는 형식을 별도로 가지고 있는 것은 아님을 유의하실 필요가 있습니다. 예를 들어 영어에는 과거시제에서의 습관상을 표시하는 별도의 형식이 있지만('used to'), 현재시제에서는 습관상을 표현하는 별도의 형식이 없습니다. 그렇다고 하여 영어에서 현재의 습관적인 상황을 표현하지 못하는 것은 아닙니다. John goes to work at eight o'clock (every day)."에서 보듯이 단지 별개의 형식이 없을 뿐 습관상을 표현하는 것은 아무런 문제가 없습니다. 한국어도 위의 하위 범주가 모두 별도의 형식을 가지고 있는 것은 아니며 '-고 있-'이나 '-어 있-'과 같이 "진행상" 또는 "결과지속상"을 표현하는 형식이 있기는 하나 "지금 밥 먹어"에서 보듯이 현재시제로도 진행상의 의미를 표현할 수 있습니다.

(편집위원 최동주)

질의 60
'-던'의 용법에 관하여(6권 1호)

'-던'은 "비완결"과 "반복"의 용법이 있습니다. 따라서 (1'), (2')는 다 비문이 됩니다.

(1) 지난 주에 보낸 메일을 잘 받으셨죠.
(1') *지난 주에 보내던 메일을 잘 받으셨죠.
(2) 내가 어제 먹던 밥인데 네가 마저 먹어라. 좀 식기는 했지만.
(2') *내가 어제 먹은 밥인데 네가 마저 먹어라.

그런데 이외에도 '-던'은 "회상"을 의미하는 표현으로 나타납니다. 이런 쓰임은 항상 "과거"를 표시하는 관형사형 'ㄴ'과 헷갈리게 됩니다 말하자면 다음과 같은 문장들은 다 문법적인 문장이라고 할 수 있는 가요?

(3) 이 남자는 바로 내가 어제 얘기한 그 남자다.
(3') 이 남자는 바로 내가 어제 얘기했던 그 남자다.
(4) 이 집은 어렸을 때 살던 집이야.
(4') 이 집은 어렸을 때 산 집이야.
(5) 이 커피숍은 바로 전에 갔던 그 커피숍이잖아.
(5') 이 커피숍은 바로 전에 간 커피숍이잖아.

이것들의 차이가 무엇인가 하는 문제는 중국 학생들한테 골칫거리입니다. 차이점을 설명하여 주시기 바랍니다.

(2004. 3, 대만 정치대학 곽추문)

답변

'-(으)ㄴ'과 '-던'이 동사에 결합된 경우 둘 다 과거의 일을 나타낸다는 점에서 공통적입니다. 그러나 '-던'은 지속성 동사와 결합하는 것이 자연스럽고 '도착하다, 시작하다' 등의 순간성 동사와 결합하는 것은 자연스럽지 않다는 점에서 '-(으)ㄴ'과 차이를 보입니다.

(1) 가. 한 시간 늦게 도착한 사람들이 있다.
나. ??한 시간 늦게 도착하던 사람들이 있다.

지속성 동사에 결합되면 '-던'은 '-(으)ㄴ'과 비슷한 의미를 나타냅니다. 그러나 '-던'은 '-(으)ㄴ'에 비하여 과거에 지속되었던 일임을 강조하는 경향이 있습니다. 다음 (2가)와 (2나)는 둘 다 과거의 일을 표현한 것이지만 (2나)처럼 '-던'을 사용하면 일정한 기간 동안 동작이 지속되었음을 강조할 수 있습니다.

(2) 가. 이 집은 어렸을 때 산 집이야.
나. 이 집은 어렸을 때 살던 집이야.

한편 '-었던'은 일정 기간 동안 반복되어 지속된 동작을 나타내는 데 사용되는 경향이 있습니다. 따라서 반복되어 지속된 동작을 나타내는 다음의 예문에서는 '-(으)ㄴ'을 사용한 (3가)나 (4가)보다 '-었던'을 사용한 (3나)나 (4나)가 더 자연스럽다고 할 수 있습니다.

(3) 가. 이 커피숍은 전에 자주 간 커피숍이다.
　　나. 이 커피숍은 전에 자주 갔던 커피숍이다.
(4) 가. 이 책은 내가 자주 읽은 책이다.
　　나. 이 책은 내가 자주 읽었던 책이다.

그런데 다음과 같이 지속성보다는 순간성의 속성을 지니는 동사와 결합된 경우에는 '-(으)ㄴ'과 '-었던'의 의미 차이가 거의 없습니다.

(5) 가. 이 커피숍은 바로 전에 간 커피숍이잖아.
　　나. 이 커피숍은 바로 전에 갔던 그 커피숍이잖아.
(6) 가. 이 남자는 바로 내가 어제 얘기한 그 남자다.
　　나. 이 남자는 바로 내가 어제 얘기했던 그 남자다.

(5)의 '가다'나 (6)의 '얘기하다'는 과거에 일정한 기간 동안 지속되었던 동작이라고 보기 어렵습니다. 따라서 (5가)의 '간'과 (5나)의 '갔던'은 과거에 동작이 끝났음을 표현할 뿐입니다. (6가)의 '얘기한'과 (6

나)의 '얘기했던'도 마찬가지이다.

(동경외국어대학 객원교수 이은경, 현재 홍익대 국어교육과 교수)

질의 61
한국어의 개시상 표현 '-기 시작하다'에 대하여(8권 1호)

아주 기초적인 질문입니다만 답변 부탁드립니다. '-기 시작하다'의 '시작하다'는 보조용언으로 구별할 수 없는지요. '-기' 는 명사형 어미가 맞는지요. '동사의 명사형 + 시작하다' 문형은 동작이나 변화의 개시상을 나타내는 상적 요소가 아니라 개시라는 동작 양식을 나타낼 뿐이라는 논문을 보았습니다만 한국어에서 동작/변화의 개시를 나타내는 상적 요소는 무엇이 있는지요. 감정의 변화의 개시의 경우 '-어 오다' 의 의미 요소 중 일부가 개시를 나타낸다고 압니다만. 이 경우의 '-어 오다'는 보조용언으로 개시상을 나타낸다고 볼 수 있겠지만 위의 '-기 시작하다'는 어떻게 구별해야 하는지요. 부탁드립니다.

(2006. 3, 최숙희, 일본 이시카와현 가나자와대학 박사과정)

▸▸ 답변

좋은 질의해 주셔서 고맙습니다. 제가 아는 대로 답변을 드리겠습니다. '-기 시작하다'를 흔히 기동상의 동작상을 표시하는 요소로 보기도 합니다만 나는 이에 동의하지 않습니다. 기동의 의미는 어디까지나 '시작하다'란 동사 자체에 내재해 있는 동작류(Aktionsart), 곧 어휘적 자질입니다. 우리말의 동작상은 보조동사에 의하여 표시됩니다. '시작하다'는 본동사이기 때문에 보조동사의 목록에 들 수 없습니다. 귀하가 질문하신 '-어 오다'는 '-어 가다'와 함께 "접근성 진행"의 범주에 들어갑니다. 우리말에서 동작 변화의 개시를 나타내는 동작상에는 '-어 지다'가 있습니다. 본인은 이를 "변화성 완료"로 처리하였습니다. 그리고 '-기 시작하다'의 '-기'는 물론 명사형입니다. 우리말에는 동사의 종류에 따라 어미가 달리 선택되는 일이 많습니다. '바라다'의 앞에는 '성공하기 ~ '와 같이 명사형 어미가 오는 것과 같은 현상입니다. 자세한 내용은 졸저인 고영근(2004: 286-326)에 우리말의 동작상에 대한 총체적 분석이 있고 오늘 말씀 드린 것은 307쪽에 나옵니다. 앞으로는 질의하실 때 반드시 현재 하는 일이나 소속 등을 밝혀 주시기 바랍니다. (편집대표 고영근)

답변을 할 당시에는 '-기 시작하다'가 동작상의 요소가 아니라고 하였으나 뒤에 후학들의 연구 결과를 본즉 동작상 형태임이 옳다고 생각하였습니다. 이 문제에 대하여는 본인과 구본관 교수가 함께 지은 『우리말 문법론』, 집문당, 420쪽에서 그 사이 견해가 달라진 점을 밝힌 바 있습니다.

(편집고문 고영근, 2010. 2. 12)

질의 62
시제를 어떻게 가르치면 좋을까요?(6권 1호)

안녕하세요, 저는 중학교에서 국어를 가르치고 있는 김윤희입니다. 이렇게 글을 올리는 것은 아이들과 문법을 공부하다 보니 풀리지 않는 점이 있어서입니다. 시제 표현에서 시제를 표시하는 선어말 어미를 설명하고 나니 학습 활동에 시제를 묻는 문제가 있었습니다. 다음 문장의 시제를 알고 싶습니다.

(1) 나는 내일 기차로 서울에 간다.
(2) 철수는 오늘 결석했다.

제가 생각하기에는 (1)은 현재시제의 예외적 표현으로 시제는 현재라고 생각합니다. 그리고 (2)는 과거라고 생각합니다. 그런데 지도서에는 (1)의 문장을 미래로, (2)의 문장을 현재완료로 답을 달아 놓았습니다. 지도서의 답이 맞다면 어떻게 아이들에게 설명을 해야 하는지 모르겠습니다. 여러 참고서들을 찾아보았으나 납득될 만큼 충분한 설명의 책이 없었습니다. (2004. 3. 김윤희)

▸▸ 답변

지도서를 직접 확인해 보지 않아서 어떤 의도로 그렇게 답을 달아 놓았는지는 잘 모르겠으나 제가 생각하는 바를 말씀드리겠습니다.

“시제”와 같은 문법 범주를 다룰 때 주의해야 할 것은 문법 범주로서의 “시제”와 의미로서의 “시간 개념”을 구별하는 일입니다. 한 언어에서 “시간 개념”이 문법적으로 일정한 방식에 의해 표현될 때, 그 언어는 “시제”를 가지고 있다고 말합니다. 모든 언어가 시제를 가지고 있는 것은 아닙니다. 중국어는 시제가 없는 언어의 대표적인 예인데 그렇다고 하여 중국어에서 시간 개념을 표현하지 못하는 것은 아닙니다.

국어는 시제를 가지고 있다고 보는 것이 일반적인 견해인데 학교문법에서는 종결형의 경우 현재는 ‘-ㄴ/는-’, 과거는 ‘-었-’, 미래는 ‘-겠-’에 의해 표현된다고 하고 있습니다.

말씀하신 대로, 예문 (1)의 경우는 의미상 미래의 일이지만 현재를 표시하는 ‘-ㄴ/는-’이 쓰이고 있어서(간다: 가+ㄴ+다) 문제가 될 수 있습니다. 그러나 이 경우도 “현재” 시제라고 하는 것이 옳습니다. 그러니까 “현재”를 뜻하는 ‘-ㄴ/는-’이 문맥상으로 미래의 일을 표현하는 데 쓰이기도 한다고 보는 것입니다. 바로 이런 점에서 문법 범주로서의 “시제”와 “시간 개념”을 구별하는 것이 반드시 필요하다고 하겠습니다.

예문 (2)는 오늘의 상황을 표현하고 있지만 과거의 ‘-었-’이 쓰이고 있는데 이 역시 동일한 방식으로 이해하시면 되겠습니다. 즉, “과거” 시제로 표현했지만 현재의 상태를 나타낸다고 보는 것입니다. 이러한 현상은 대개 행위의 결과 상태가 유지되는 특성을 가지는 동사의 경우에만 나타납니다. 예를 들어 "철수는 노란 셔츠를 입었다"와 같은 문장은 과거 시제를 나타내는 '-었-'이 결합해 있지만 현재의 상태를 표현한 것으로 해석할 수도 있는데 이는 '셔츠를 입은 결과'가 현재에도 유지되고 있기 때문에 가능한 것입니다. 이러한 의미를 "완료"라고 부르기도 합니다. 일반적으로 동사는 "움직임"을 표현하기 때문에 동사가 서술어인 문장의 경우 현재의 상태를 나타내기 위해서는 이미 이루어진 일로 표현하게 됩니다.

참고로 재미있는 예를 하나 더 들어드리면, "네가 철수 동생이었구나"와 같은 문장에서의 '-었-'도 과거의 의미를 뜻하지 않고 있는 것은 아니며 그런 사실을 모르고 있었다는 어감을 표현하고 있습니다. '-었-'이 과거 시제를 나타내는 문법 형태소이기는 하지만 '-었-'이 쓰인 문장, 즉 과거 시제의 문장이 항상 과거의 일로 해석되는 것은 아니라고 하겠습니다.

결론적으로, 예문 (1)을 미래로 보는 것은 의미상으로는 가능하나 미래 시제라고 부르는 것은 부적절하다고 하겠습니다. 또한, (2)의 문장을 현재 완료라고 하는 것도 역시 의미상으로 그렇다는 것이며 "현재완료 시제"라고 부르는 것은 옳지 않습니다. 특히 "완료"라는 개념은 시제가 아니라 "동작상"에 속한다는 점을 유의하시기 바랍니다.

(편집위원 최동주)

06 문법 범주

질의 63
시제와 서법은 어떤 관계를 맺고 있는가요?

1. 선생님의 『한국어의 시제 서법 동작상』을 읽고 질문 드립니다. 선생님의 시제에 관한 서술은 서법 체계에 기반하여 설명하고 계신 것으로 알고 있는데 가령, '-었-'에 대해서는 과거시제를 나타내는 형태소이면서 직설법, 회상법, 원칙법, 확인법 등의 서법에서 실현되며(245쪽), 양태적 의미도 포착된다(250쪽)고 하였으며 '구'는 감탄법의 서법이면서 인식양태를 나타내고(238쪽), '-더-'는 회상법과 관련되면서 인식양태와 관련시키고 있습니다. 그리고 동사에 관해서는 동작상/동작류로 서술하고 계신데 이와 같이 하나의 문법 형태소에 대해서 서법과 양태성, 시제와 서법, 그리고 서법과 동작상으로 복합적으로 기술하는 방법에 대해서 일부에서는 문법체계를 지나치게 복잡하게 기술하는 것이 아닌가하는 비판도 있는 것 같은데 이에 대해서 어떻게 생각하시는지요.

(2005. 5. 12. 한국외국어대학 박사과정 수료, 이미자)

▸▸ 답변

좋은 질문 잘 받았습니다. 아시는 바와 같이 나는 국어의 시제가 서법을 바탕으로 표시된다고 봅니다. '-었-'의 지배적인 기능이 과거이기는 하나 특정한 환경에서는 시제와는 거리가 먼 확실성의 양태적 의미가 표시됩니다. 양태성이란 화자의 주관이 강하게 작용하는 의미 범주를 가리킵니다. '구'는 형태소가 아니라 '구' 계열의 어미라고 해야 합니다. 감탄법에 속하기는 하지만 그 나름의 양태성을 표시하는 것으로 보았습니다. 서법은 형태통사적인 범주이고 양태는 의미론적 범주입니다. 양자는 결코 1:1의 대응을 이루지 않습니다. 양자의 관계에 대하여는 고영근(2004: 247)에 자세합니다. 동작류와 동작상은 다른 개념입니다. 전자는 동사 내지 용언에 내재해 있는 어휘적 의미이고 후자는 문법형태에 의해 표시되는 완료와 미완료와 같은 동작의 양상을 의미합니다. 시제나 동작상이 동작류와 긴밀한 관계를 맺고 있기 때문에 늘 같이 다루어집니다. 문법체계를 복잡하게 만든다는 비판은 서법과 동작상에 대한 이해가 올바르지 못한데 이유가 있다는 것을 말해 둡니다. (고영근의 홈페이지에서)

6.4. 부정법

질의 64
두 가지 부정법의 차이에 대하여 알고 싶습니다.(3권 2호)

한국어는 부정형이 두 가지가 있다. 한 가지는 부정 부사 '안, 못'에 의한 짧은 부정형이고 또 한 가지는 동사 어간에 보조적 연결 어미

'-지'를 덧붙여서 부정 기능 동사 '않다, 못하다'로 이뤄진 긴 부정형이다. 두 가지 부정형은 의미나 사용법에 있어서 차이가 나는 것 같기도 하고 아닌 것 같기도 하다. 한국인의 직관으로 따져볼 때도 한 가지는 적당하고 자연스럽지만 또 한 가지는 어색하고 부자연스럽다고 한다. 그러나 그렇다고 해도 직관을 설명해 주는 사람마다 의견도 조금씩 달라서 습득에 도움이 될 정확한 규칙을 세우기가 힘들다. 두 가지 부정형이 의미나 분포 면에서 다른 점은 무엇인가? 그리고 어떤 경우에 어느 쪽이 적당하고 어느 쪽이 어색한가에 대해 구분해 낼 수 있을까?

(2001. 3. 런던대 SOAS, 한국학과 박사과정, Stefan Knoob)

(Question 1: Korean has two patterns of negation: a short negative (an ha-, mos ha-) and a long negative (ha · ci anh-, ha · ci mos · ha-). Although there are cases in which either one of the two, particularly the short negative, is judged to be questionable or anomalous, it seems difficult to establish any clear general guidelines for their use. This problem is exacerbated by the fact that opinions vary widely across speakers. Can anything be said about differences in meaning, negation scope, or distribution? Can we establish any clear guidelines as to under which circumstances one of them is less than acceptable?)

▸▸ 답변

단형 부정과 장형 부정에 대한 논란은 수없이 많았지만 그 차이에 대한 시원스런 해답이 나오지 않았으니 계속적인 연구의 대상이라고 할 수 있겠지요. 또 한국 사람들의 직관도 사람마다 조금씩 달라서 외국인이 한국어를 학습할 때 규칙을 세우기가 힘들다는 점에 동감합니다. 사람마다 문법성/적합성의 판단에 차이가 많아서 문제 해결이 쉽지 않은데 일반적으로 다음과 같은 세 가지 입장이 있다고 할 수 있습니다. 하나는, 전혀 의미 차이가 없다는 입장이고 둘째는 의미 차이가 뭔지를 꼭 집어서 말하기는 어렵지만 있다는 입장, 셋째는 문체상의 차이만 있고 의미 차이는 없다는 입장입니다. 첫째 입장을 주장하는 사람들은 주로 형식 문법(formal approach)을 하는 사람들이나, "의미"라는 개념을 "논리적 진리치"(logical truth value)로만 생각하고 화용론적 의미나 담화상에서의 차이점은 의미 차이가 아니라고 생각하는 사람들이고 둘째 입장을 주장하는 사람들은 기능 문법이나 담화 화용론적 연구를 하는 사람들로서 형식이 다르면 의미가 다르다는 볼린저(Bolinger)의 입장을 따르는 기능주의자들이라고 할 수 있지요. 셋째 입장을 주장하는 사람들은 그냥 의미 차이를 정확하게 파악하기 힘드니까 문체상의 문제라고 생각하는 사람들이라고 할 수 있겠지요. 우리 답변자들의 입장은 두 번째 입장에 가까운데 다음과 같은 경우에 두 부정형이 차이를 보인다고 생각합니다.

첫째, 부정의 초점이 단순히 어떤 행위가 일어났는지 일어나지 않았는지에 있는 경우에는 장형 부정보다는 단형 부정이 선호되는 경향이 있습니다. 예를 들면

가: 오늘 아침 먹었어요?
나: 아니요, 안 먹었어요. (?아니요, 먹지 않았어요.)

첫 번째 입장을 취하는 사람들은 이 경우에도 장형 부정이 똑같이 자연스럽다고 주장하는 경향이 있는데 문맥의 의미에 예민한 사람이라면 위와 같은 상황에서는 장형 부정보다는 단형 부정이 더 자연스럽고 일반적으로 사용된다는 것에 동의할 겁니다. 물론 이 경우에 장형 부정이 전혀 불가능하다거나 사용되지 않는다고 우리가 주장하는 것은 아닙니다.

둘째, 대화상에서 어떤 가정이나 추정이 전제되어 있을 때, 말하는 이가 이 전제된 가정이나 추정을 부정하고자 하는 경우에는 단형 부정보다는 장형 부정이 사용되는 경향이 강합니다. 예를 들어 볼까요.

스테판: 영수씨, 한국은 겨울에 많이 춥지요?
영수: 그렇게 춥지(는) 않아요.

위의 경우에 단형 부정이 전혀 불가능한 것은 아니지만 듣는 이의

의식 속에 들어 있으리라 생각되는 명제를 부정할 때나 상대의 행동이나 모습으로 봐서 나와 다른 인식을 가지고 있다고 생각할 때는 장형 부정이 효과적이고 더 분명히 말하는 이의 의도를 전달해 줄 수 있다고 생각합니다. 물론 여기에도 명확한 경계나 규칙이 있는 것이 아니기 때문에 이 문제를 질문자의 의도대로 속시원히 해결해 드리기는 어렵습니다. 이 밖에 단형 부정과 장형 부정의 부정 영역(scope)의 차이에 대한 문제 등은 그동안 논의가 많이 이루어졌고 질문자께서도 익히 잘 알고 계시리라 생각되어 여기서는 자세한 설명을 생략하기로 하겠습니다. (편집자문위원 이효상, 편집위원 연재훈)

7 단어 형성과 어휘

07 단어 형성과 어휘

7.1. 어근과 접사

질의 65
복수의 '들'은 어떻게 처리하면 좋을까요? (1)(3권 2호)

학생들을 가르치다 보면 복수를 나타내는 데 쓰이는 '-들'을 접미사로 처리하는 게 무난할 경우가 많습니다. 그런데 "조사", 혹은 "보조사"로 설정해야 설명이 가능한 용례 또한 있는 걸로 압니다. 설명의 일관성을 위해서는 어떤 잣대가 필요할까요? (2001. 3, 추인수)

▸▸ 답변

'들'의 용법을 하나로 설명하기는 어렵습니다. 다음 예를 보시기 바랍니다.

(1) 제가 이 방들에 안내문을 붙여 놓았어요.
(2) 가. 너희는 이 방에들 들어가서 쉬어라.
 나. 너희는 이 방에 들어가서들 쉬어라.

1. (1)의 '들'은 바로 앞에 있는 명사 '방'이 복수임을 뜻합니다. 그러나 (2)의 '들'은 '방'이 복수임을 뜻하지 않으며 주어가 복수일 때 나타날 수 있습니다.

2. (1)의 '들'은 바로 앞의 명사가 복수임을 뜻하기 때문에 반드시 셀 수 있는 명사의 뒤에만 쓰이지만 (2)의 '들'은 (2나)에서 보듯이 용언의 활용형 뒤에도 쓰일 수 있으며 셀 수 있는 명사는 물론이고 셀 수 없는 명사, 부사 등의 뒤나 문장의 끝에도 나타날 수 있습니다.
3. '이, 그, 저'와 같은 지시 관형사가 있을 때에는 복수이면 '들'이 반드시 나타나야 하기 때문에, (1)의 '들'은 생략될 수 없습니다.(만일 생략되면 복수로 해석되지 않고 단수로 해석됩니다). 반면 (2)의 '들'은 생략되어도 해석이 달라지지 않으며 (2나)에서 보듯이, 다른 성분에 나타날 수도 있습니다.
4. (1)에서는 '들'이 조사 '에'의 앞에 위치하고 있습니다. 반면 (2가)에서는 '들'이 조사 '에'의 뒤에 위치하고 있습니다.

앞의 4에서 확인한 바 있듯이, (2)의 '들'이 조사 뒤에 나타날 수 있다는 사실은 (2)의 '들'을 접미사로 볼 수 없음을 말해 줍니다. 접미사는 조사의 뒤에 나타날 수 없기 때문입니다. 따라서 (2)의 '들'은 보조사로 간주하는 것이 합리적이라고 하겠습니다. 셀 수 있는 명사는 물론이고 셀 수 없는 명사, 부사, 용언의 활용형 등의 뒤나 문장의 끝에도 나타날 수 있기 때문입니다. 일부 학자들은 '들'을 모두 조사로 보기도 하지만 1~4에서 확인한 바 있듯이 (1)의 '들'과 (2)의 '들'이 다른 특성을 가지고 있다는 사실을 부인할 수는 없습니다.

(편집위원 최동주)

질의 66
복수의 '들'은 어떻게 처리하면 좋을까요? (2)

일반적으로 '-들'은 복수 표시의 접미사로 처리되어 왔습니다. 선생님께서는 '들'을 접미사와 보조사의 두 가지 용법을 가진 것으로 보셨습니다. 그러나 학계에서는 모든 '-들'을 조사로 보는 견해가 우세합니다. '들'을 어떻게 보는 것이 좋을까요?

(2005-11-08, 서울여대 국문과 석사과정, 김지영)

▸▸ 답변

답변을 드리겠습니다. '-들'은 전통적으로 셀 수 있는 명사에 붙는 '들'에 한하여 접미사로 처리해 왔고 고영근(1999: 495, 534)에서 셀 수 있는 명사에 붙는 것은 접미사로, 그렇지 않은 부사 등에 붙는 '들은 조사로 처리해 왔습니다. 최근에는 둘 다 조사로 처리하고 있고 북한에서도 그렇게 합니다. 조사로 처리하면 북한처럼 복수의 범주를 따로 세워야 하는데 그것이 쉽지 않습니다. 접미사로 처리해도 보통의 '들'은 반드시 조사 앞에 놓이니 조사라고 하기도 어렵습니다. 접미사로 보면 파생법에 속하니 그것도 문제이고 그래서 나는 접미사와 조사의 중간에 자리잡는 것으로 보되 일단은 명사에 붙는 접미사로 처리하였습니다. 어떤 현상이건 중간적 존재가 가장 문제가 큽니다. 어디에 넣는 것이 문제점을 줄이는가 하는 문제를 생각하여 결

정해야 합니다. (고영근 홈페이지에서)

질의 67
접미사의 성립 조건을 알려 주십시오.(5권 1호)

사전에 따라 아니면 학자에 따라 접미사를 설정하는 기준도 다르고 접미사의 목록도 차이를 보입니다. 그런데 고영근(1999)에 설정된 '준접미사'나 김창섭(1996)에 설정된 '단어 형성 전용 요소' 등도 역시 접미사가 아닌데 접미사처럼 기능하는 경우들이라고 생각됩니다. 그렇다면 이런 예들이 접미사라는 큰 영역 안으로 들어올 수 있는지 아니면 순수한 접미사의 밖에 위치해야 하는 것인지 궁금합니다. 이런 예들이 완전한 접미사가 되기 위해서 어떤 조건이 필요한지 궁금합니다. (2003. 3, 고려대학교 박사과정 정재은)

▸▸ 답변

접미사가 무엇인지의 기준을 정하는 것은 그리 쉬운 일이 아닙니다. 파생 접미사는 일반적으로 '자립성은 없으면서 어기(어근 혹은 어간을 포함하여)와 결합하여 새로운 단어를 형성하는 부류'입니다. 그런데 어떤 요소들은 파생 접미사와 굴절 접미사(어미 혹은 조사)와의 경계에 있으며 어떤 요소들은 파생 접미사와 어기(어근, 어간을 포함하여)의 경계에 있으며 심지어 단어와의 경계가 모호한 것들도 있습니다. 이와 같이 경계에 있는 요소들에 대해서는 최근 여러 논문에서 논의된 바 있습니다. 임홍빈(1989)의 "통사적 접사", 김창섭(1996)의 "단어 형성 전용 요소", 송원용(2000)의 "임시어 형성 접사" 등이 그런 논의들입니다.

질문자가 문의하신 "단어 형성 전용 요소"의 경우는 주로 단어(혹은 어간)와 파생 접미사의 경계에 있는 요소들입니다. 이 요소들은 공시적으로 단어로서의 용법도 있으면서 의미적인 특수화를 경험하여 파생 접미사로서 쓰이기도 하는 것들입니다. 이런 요소들을 파생 접미사로 보게 되면 동일한 형태를 가진 것들을 단어와 파생 접미사의 두 가지 동음 이의어로 기술해야 합니다. 반대로 이들을 단어로만 보게 되면 파생 접미사처럼 쓰이는 용법을 잘 포착해 주기 어렵게 됩니다. 이런 문제가 생겨나게 된 것은 아마 통시적인 변화를 공시적으로 기술하는 과정에서 생겨나는 어려움일 것입니다. 이들 요소 중에서 시간이 지나면 접미사로만 고정되는 것들도 생겨날 것입니다. 이처럼 통시적인 변화 과정에 있는 요소들을 공시적으로 기술하려다 보니 어떤 범주에 소속시키기도 어려운 것들이 있는 것입니다.

이런 문제에 대해 어느 정도 명확하게 답변을 하기 위해서는 연구자 나름의 파생 접미사에 대한 기준을 세울 수밖에 없습니다. 파생 접미사의 기준은 음운론적인 기준, 통사론적인 기준, 조어론적인 기준, 의미론적인 기준 등이 세워질 수 있을 것입니다. 그리고 공시적인 기술과 통시적인 기술도 구분해야 할 것입니다. 아마 질문에 명확한 답변이 되지는 못했을 것입니다. 질문자께서는 임홍빈(1989)의 "통사적 접사", 김창섭(1996)의 "단어 형성 전용 요소", 송원용(2000)의 "임시어 형성 접사"를 찾아 보고 계속하여 고민하여 보시기 바랍니다.

(편집위원 구본관)

질의 68
'방'을 어떻게 처리해야 합니까?(5권 2호)

근래에 '방'이라는 말이 붙어서 영업소(가게)의 의미를 가지는 단어(사전에 등재되지 않은 임시어적 성격을 가지는 단어가 많음)가 만들어지고 있습니다. '노래방', 'PC방' 등이 그 예입니다. 이 때 '방'을 '가게'를 의미하는 접사로 보는 경향이 많은데 '방'의 의미가 확대된 것으로 보고 합성어로 간주할 수는 없습니까? '방'이 독립적으로도 '가게'의 의미로 쓰일 수 있어야만 합성어가 되는 건가요?

(2003. 9. 고려대 박사과정 정재은)

▸▸ 답변

우리가 보통 합성어로 인정하는 것들 중에는 그 제2 요소가 독립적인 단어로 쓰이지 않는 것들도 많습니다. 예를 들어 '버팀+목', '거북+

선'('통통+선', '여객+선')의 '목'과 '선'도 독립된 단어로 쓰이지 않지만 이들의 '목'과 '선'을 접미사라고 하기는 어려울 것이고 따라서 '버팀목'이나 '거북선'을 파생어라고 하기도 어려울 것입니다. 이 문제와 별개의 문제로서, '노래방'의 '방'을 접미사로 볼 수 있느냐 하는 데 대해서는 저는 명사로 보지만 접미사로 보는 것도 가능하다고 생각합니다. 이 '방'은 명사 '방'에서 접미사화의 변화를 겪고 있으니 변화 과정의 어느 점에서부터 접미사라고 볼 것이냐 하는 것은 관점에 따라 달라질 것이기 때문입니다. (편집자문위원 김창섭)

질의 69
어근과 접사를 어떻게 분간합니까?(5권 2호)

학생들에게 설명하다 보면 '맨 + 발/손/주먹/입' 등의 경우는 '맨'이 접두사이며 뒤에 오는 것은 어근으로 분류될 수 있는데 '새/헌/쉰/풋 + 내기'의 경우는 어근과 접사 부분이 어떻게 분석되는지 어렵습니다. 그리고 '뜨내기, 시골내기, 동갑내기'와는 어떻게 다른지요?

(2003. 9, 전라중 이순선)

▸▸ 답변

질문자께서 질문하신 문제들은 조어법 기술에서 가장 해결하기 어려운 문제들과 관련이 있습니다. 파생법에서 어떤 구성 요소가 어근인지 접사(접두사와 접미사)인지를 판단하는 것은 매우 어려운 문제입니다. 접사는 대체로 자립적인 용법이 없고 어근에 비해 상대적으로 문법적인 의미가 강한 요소입니다. 하지만 이런 기준은 절대적으로 적용하기 어려운 경우가 많습니다. '새/헌/쉰/풋 + 내기'의 경우는 대체로는 선행 요소가 어근에 가깝고 '-내기'가 접사에 가까운 듯합니다. 하지만 특히 '풋-'의 경우 자립적인 용법이 없어 과연 어근으로 보아야 하는지 의문스럽기도 합니다. '풋내기'는 '헛짜' 류와 같이 보기에 따라서는 '접두사+접미사'의 결합으로 볼 수도 있습니다. 질문자의 질문과 직접 관련은 없지만 '새/헌/쉰'의 경우, '-내기'에 선행하는 어근의 품사가 명사가 아닌 관형사이고 '풋-'은 접두사인 것도 파생법 기술을 어렵게 합니다. 하지만 '-내기'는 대체로 명사와 결합하는 접미사로 보입니다.

왜 어근과 접사의 구분이 경우에 따라 이처럼 어려울까요? 여러 가지 원인이 있겠지만 한 가지 이유는 이미 존재하는 기존 단어의 분석 과정과 새로 생겨나는 단어의 형성 과정이 일치하지 않는 경우가 있다는 사실과도 관련이 있습니다. 아마 '-내기'가 처음 접미사가 되었을 때는 명사에 결합하여 또 다른 명사를 만드는 것이 기본적인 방식이었을 것입니다. 그러다가 이런 용법에 유추되어 명사가 아니라도 명사와 유사한 의미를 가질 수 있는 일부의 관형사나 접두사에도 결합되는 것으로 용법이 확장되었을 것입니다. 단어 형성에 있어서는 이처럼 의미만 보장되면 원래의 규칙에서 벗어나는 경우가 상당히 많습니다. 좀 단순화시켜서 말씀드리면 '시골내기, 동갑내기'와 같은 명사를 어근으로 하는 용법에서 '새/헌/쉰/풋 + 내기'의 형성이 유추되었을 것으로 생각됩니다. '뜨내기'의 경우는 동사 어간이 어기인데, 이 역시 '의미'가 '-내기'에 의한 단어 형성에 적합하여 새로운 단어로 만들어진 것으로 보입니다.

선생님의 질문에 명확한 답변이 되지 못한 것 같습니다. 계속해서 우리말에 대해 관심을 가져주시기 바랍니다.

(편집위원 구본관)

질의 70
접사가 문법 형태소인 이유는 무엇입니까?(5권 2호)

수업 시간에 궁금해서 적어 놓은 질문입니다. 먼저 파생어 설명에서요. '왕모래'에서 '왕'은 '王'이라는 의미가 있는 것이 아니라 '크다, 많다'의 의미이며 접사로 볼 수 있다고 하셨는데요. 그래서 생각해 보건대 우리가 일반적으로 '왕'을 앞에 붙이면 '크다, 많다'의 의미이고 뒤에 붙이면 '제일이다, 왕이다'의 의미를 가지고 있는 것 같아요. 만화책 제목에는 '초밥왕'이 있는데 그 때의 '왕'은 '초밥을 잘 만드는 제일가는 요리사'를 표현해 주는 것이죠. 하지만 '왕초밥'이라고 했을 때는 '초밥이 크다'의 의미가 될 거예요. 속어인 '왕짜증'은 '짜증이 많이 난다'의 뜻으로 쓰이죠. 이런 것들을 보면 '왕-'이라는 접사가 앞에 붙으면서 새로운 파생어를 만드는 것을 알 수 있습니다. 그런데 진짜 궁금한 것은요. 접사가 왜 문법 형태소인지 알 수가 없어요. 우리가 의미를 알고 있는데 왜 접사는 실질 형태소가 안되는 것이죠? 자립은 되지 않아도 실질 형태소는 될 수 있지 않습니까?

(2003. 9. 전북대 국어교육과 강혜민)

▸▸ 답변

'왕짜증'에서 '왕'처럼 의미를 가진 접두사의 경우, 형식 형태소라고 하기보다는 실질 형태소로 보는 것이 더 타당하지 않은가 하는 질문이라고 봅니다. 먼저 답변자도 질문자의 의견에 동감한다는 점을 밝히며 그렇다면 문제가 어디에서 비롯된 것인지를 살펴볼 필요가 있다고 봅니다. 현재 학교문법에서는 실질 형태소는 '실질적인 의미를 지닌 형태소로 구체적인 대상이나 동작을 표시하는 형태소'로 되어 있고 형식 형태소는 '문법적인 관계를 나타내 주는 형태소로 말과 말 사이의 관계를 형식적으로 나타내는 형태소'를 말합니다. 후자를 문법 형태소라고 부르는 것도 그러한 이유 때문입니다. 그런데 가만히 보면 실질 형태소에 해당하는 것은 주로 체언이나 용언과 같은 단어(또는 어근)에 해당하고 형식 형태소는 이들에 붙는 조사나 어미 등을 뜻합니다. 따라서 명사나 동사 등이 실질 형태소이고 조사와 어미가 형식 형태소라는 것은 명확히 구분이 됩니다. 그러나 파생어 '왕짜증'에서 '왕'의 경우는 고민이 되는 것이죠. '왕'이 접사라는 점으로 보면 즉 단어가 아니라는 점으로 보면 실질 형태소로는 볼 수 없어 형식 형태소로 규정한 것이라고 봅니다. 실제로 파생어의 정의를 보면 '실질 형태소(어근)에 형식 형태소(접사)가 붙어 이루어진 말"이라고 되어 있지 않습니까. 이것은 결과적으로 파생 접사나 소위 굴절 접사(조사와 어미)가 의미적으로 모두 같은 범주에 속해야 하는 부담이 있습니다. 따라서 답변자의 생각으로도 파생 접사의 경우는 실질과 형식의 구분에 있어 사각지대에 있는 것이 아닌가 생각해 봅니다.

(편집위원 시정곤)

질의 71
'공부하다'의 '하다'는 어떻게 처리합니까?(10권 1호)

안녕하십니까.

중등 임용을 준비하는 사람입니다. 형태론을 공부하다가 궁금한 점이 있어 질문을 올립니다. '공부하다'에서 '하다'가 접사로 인정되어 파생어로 봅니다. 그리고 '힘들다'는 '힘'과 '들(다)'의 '어근+어근'으로 보아 합성어로 규정합니다. 제가 보기에는 '하다'도 동사로 보아 '공부하다'를 '어근+어근'의 합성어로서의 자격을 주어도 큰 무리가 없을 듯한데 '하다'를 접사로 보아야 하는 이유를 알고 싶습니다. 덧붙여 『표준국어문법론』(1993)을 보면 '-하다'를 문법가에 따라서는 단순한 동사로 보는 일도 없지 않으나 '-되다'와 대립하여 능동사와 피동사를 형성한다는 점에서 접사로 보는 것이 합리적이라고 되어 있습니다. 이에 대한 설명을 부탁드립니다.

(2008. 3, 김주형)

▶▶ 답변

'하다'를 접미사로 처리한 것은 첫째 동사의 경우 '되다'와 대립하여 능동사를 형성하기 때문이고 둘째로는 '하다'가 명사에 붙어 형용사를 만들기도 하고(예: 가난하다), 부사, 의성 의태어, 불규칙적 어근에 붙어 동사와 형용사를 만드는 조어법이 많기 때문에 동사에 붙는 '하다'에 한하여 동사로 보는 것이 형평에 맞지 않습니다. 생성문법가들은 요즈음 '하다'를 "경동사"(light verb) 또는 "기능동사"(verbe support)라고 하여 지정사, 존재사 등과 같이 동사의 일종으로 보기도 합니다. 접미사 '하다'의 예는 졸저 『국어형태론연구』(증보판, 서울대학교 출판부, 1999)를 참고하시기 바랍니다. 공부하는 도중에 의문 나는 점이 있으면 질의해 주시기 바랍니다.

(편집대표 고영근)

07 | 단어 형성과 어휘

질의 72
'가속화하다'는 어떻게 처리합니까?

'가속화되다'는 합성어인가, 파생어인가요? 그리고 형태소를 분석하여 각 형태소의 자립성 여부와 실질성 여부에 대해 알고 싶습니다.

(서울 남공고 이종덕)

▸▸ 답변

먼저, '가속화되다'가 과연 자연스러운 표현인지 묻고 싶습니다. 사전에는 '가속화되다'가 나오지 않습니다. 이는 적절한 표현이 아니기 때문일 수도 있고 사전에 등재되지 않는 임시어적인 표현이라고 볼 수도 있습니다. 일단 자연스럽지는 않으나 가능한 표현으로 보고 질문에 답하도록 하겠습니다.

합성어와 파생어를 구별하기 어려운 것들이 있는데 대체로는 "직접구성요소"(immediate constituent, IC)의 개념을 도입하면 해결이 됩니다. '가속화되다'는 일차적으로 직접 구성 요소로 분석하면 '가속화+되다'일 것입니다. 이 때 '되다'의 성격이 문제인데 파생 접미사로 볼 수도 있고 어근적인 요소로 볼 수도 있습니다. 이처럼 명사 내지 "명사성 어근"과 결합하는 '되다'와 비슷한 것이 '명사+하다'의 '하다'입니다. 의견이 꼭 일치하는 것은 아니지만 많은 문법서들에서 이런 용법의 '-되다, -하다'는 파생 접미사로 보고 있습니다. 따라서 '가속화되다'는 일단 파생어로 보는 것이 좋을 듯합니다.

'가속화'와 '되다' 중 '가속화'는 다시 '가속+화'로 분석이 되고, 이때 '가속'은 명사성 어근이고 '-화'는 파생 접미사입니다. 더 깊이 분석하면 한자어 '가속'도 어근 '가'와 '속'으로 분석이 되겠지요. '가'와 '속'은 어근이므로 의존 형태소로 볼 수 있고 '가속'은 접미사 '화'와 결합한다는 점에서 여기에서는 어근이지만 '가속을 시키다'와 같은 문장이 가능하므로 명사로서 자립 형태소로 볼 수도 있습니다. 사전에도 명사로 실려 있습니다. 한자어 어근의 경우 이처럼 단어인지 판단이 어려운 경우가 많습니다. '가'와 '속', '가속'은 모두 실질 형태소인 셈이지요. '화'는 파생 접미사이므로 의존 형태소이고 형식 형태소입니다. '가속화' 전체는 '되다'의 어근이 되는데 자립적인 용법으로는 잘 쓰이지 않고 '가속화되다, 가속화하다'와 같은 표현에서만 가능한 것으로 생각됩니다. 따라서 어근으로 의존 형태소이고 실질 형태소로 볼 수 있습니다. '되다'(사실은 '되-')는 파생 접미사로 쓰일 때는 의존 형태소이고 형식 형태소입니다. 물론 동사로 쓰이는 '되-'는 의존 형태소이지만 실질 형태소로 보아야겠지요.

(편집위원 구본관)

질의 73
'폰'과 '팅'을 어떻게 처리합니까?(5권 2호)

'휴대폰', '핸드폰' 등에서 외국어 '폰'이 다른 단어와 합성어를 형성하는 것처럼 보이는데 국어에서 '-폰'은 홀로 쓰이지는 않고 항상 다른 단어와 결합하여 쓰이므로 자립성이 없다고 생각됩니다. '폰'을 단어라고 볼 수 있는지요?

한편 '폰팅', '미팅', '소개팅' 등의 단어들은 어근에 접사화된 '-팅'이 결합한 파생어로 분석될 수도 있을 것 같은데 '007팅', '쪽팔려팅'(미팅에서 파트너를 정할 때 맘에 드는 상대방을 손으로 지목하는 방식의 미팅), '학고팅'(학력고사팅의 준말. 미팅에서 파트너를 정할 때 종이에 1지망, 2지망, 3지망 등을 쓰는 방식의 미팅)에서는 '-팅'의 앞에 결합하는 요소의 양상이 다양하게 나타납니다. 이러한 경우들은 어떻게 분석할 수 있는지 궁금합니다.

(2003. 9, 고려대 박사과정 김혜영)

▸▸ 답변

'휴대'는 국어의 단어이니 '휴대폰'에서 '-폰'이 분석될 수 있겠고 '-팅'은 '소개팅'에서 분석되므로 그 '팅'이 들어간 '폰팅'에서 또 '폰'이 분석될 수 있겠군요. 이 '폰'은 복합적인 단어의 제1요소로도 제2요소로도 쓰였으나 자립성이 없으므로 그저 '어근'이라고 하면 좋을 것 같습니다.

'폰팅', '소개팅', '공공칠팅', '쪽팔려팅', '학력고사팅'의 '팅'은 과연 파생 접미사로 볼 수 있을 듯도 하고 또, '폰'과 같은 어근으로도 볼 수 있을 듯합니다. 어쨌든 그 뜻은 '미팅'이고 '폰'과 같은 어근과 '소개', '공공칠', '학력고사'와 같은 명사와 '쪽팔려'와 같은 문장 뒤에 결합했습니다. 그런데 '쪽팔려'와 같은 인용된 요소는 보통 명사적인 성격을 가지게 됩니다. 그렇다면 '팅'은 어근이나 명사 뒤에 '미팅'의 뜻으로 결합하는 접미사 혹은 어근이라고 하는 것이 좋겠습니다.

'팅'에 대해 "어근"일 가능성을 말하는 것은 '학고팅'과 같은 축약어가 있기 때문입니다. 이러한 방식의 축약은 보통 한자어에서 볼 수 있습니다. 혹시 우리들 머리 속에서는 '팅'이 이른바 3자 어류(語類)를 만드는 한자 형태소들과 비슷한 자격으로 존재하지 않을까 생각됩니다. 늘 다른 요소를 앞세우고 자신은 그 뒤에 온다는 제약을 가지고서요. (그리고 이러한 '폰'이나 '팅'은 애초에 정규 문법의 형태소가 아니고 화자가 신어를 만든다는 것을 의식하면서 운용하는 특수한 형태소라는 전제 아래 다루어야 할 것이라고 생각됩니다. 또, '핸드폰', '미팅'은 외래어이므로 분석이 가능할 것 같지 않습니다. '핸드폰'이 한국에서 만들어진 가짜 영어라고 해도 마찬가지일 것입니다).

(편집자문위원 김창섭)

질의 74
'접미사와 띄어쓰기' 문제 그리고 '-스럽다'의 사용이 궁금합니다.

첫째, 고영근(1999: 502)에서는 어근에 접미되는 경우에 한정하여 접미사로 처리하는 예들을 보여 줍니다. 그런데 이들이 어근에 직접 통합되지 않고 조사를 매개로 하여 분리될 때는 단순한 용언으로 처리되어 온 경우에 대해 반론을 제기하면서 이 경우에도 접미사로 처리를 해야 한다고 하셨습니다. 그런데 접미사의 특성상 띄어쓰기가 가능하지 않은 경우에도 모두 접미사로 처리를 할 수 있는지 궁금합니다.

둘째, '-스럽다'는 예전에 비해 최근 들어 많이 사용되고 있는 접미사입니다. '-롭다', '-답다' 등의 다양한 의미로 사용되고 있는데 이렇게 '-스럽다'라는 접미사가 큰 제약 없이 많이 사용되고 있는 현상에 대해 어떻게 생각하시는지 궁금합니다.

셋째, 'ㅂ' 받침을 지닌 용언의 어근이 모음 접미사와 통합될 때는 사적 요인이 많이 작용하여 'ㅂ'의 탈락과 함께 어근의 끝 모음과 접미사가 융합된다고 하였습니다.(고영근 1989: 558). 무겁+이 - 무게', '덥+이우다 - 데우다' 등이 그 예가 되겠는데 어떤 과정을 거쳐 이렇게 단어가 형성되는지 알고 싶습니다.

(2005. 11. 25, 서울여자대학교 대학원 이선영)

▶▶ 답변

첫째, 접미사라고 해서 띄어쓰지 말라는 법이 없습니다. '다정도 스럽다'와 같은 데서는 보조사가 들어가서 어근과 접미사가 분리됩니다. 그러나 일음절로 된 어근의 경우는 보조사가 들어가지 않습니다. 예: *착도 하다(비교: 따뜻도 하다)

둘째, 조어법의 세계는 전혀 예측할 수 없습니다. '알뜰예금'이란 말이 만들어지는 것을 보면 알 수 있습니다. 말뭉치에서 자료를 찾아 그 의미를 분석하는 것도 그 정체를 아는 한 방법입니다. 이 문제는 고영근(1993)에서 자세히 다루었습니다.

셋째, '무겁-'에 명사 형성의 접미사 '-이'와 결합되면 '무거비'(순경음)가 되고 다시 순경음이 탈락되어 '무거이'가 되면서 '무게'로 축약된 것으로 보입니다. 다른 대안이 있는지 생각해 보십시오. '데우다'도 같습니다. '더븨(순경음)우다'에서 '더이우다'가 나오고 다시 '더와이'가 축약되어 '데우다'기 됩니다.

(고영근 홈페이지에서)

7.2. 고유어의 단어 형성

질의 75
'샛별'의 처리?(5권 2호)

학교 문법 시간에 설명하신 접두사와 관형사의 차이에서 '예'와 '허는 뒤에 체언이 와서 '옛이야기'와 '헛소리'처럼 되면서 사이 'ㅅ'이 첨가된다고 하였는데 '새'에도 이처럼 'ㅅ'이 들어가는 단어가 있지 않습니까? '샛별'이 그렇다고 보는데, 이것도 '새'와 '별'이 붙은 것으로 이런 형태가 되었다고 생각됩니다. 그런데 왜 다른 체언에 붙을 때는 그냥 '새'로 쓰이면서 '샛별'에만 유독 사이 'ㅅ'이 들어가는지 궁금합니다.

(2003. 9, 전북대 국어교육과 공종현)

▸▸ **답변**

우선 다음 예에 나타나는 '새'를 보기로 하지요.

새 옷, 새 신, 새 세상, 새 기계

위의 예처럼 '새'가 다른 체언과 자유롭게 결합할 경우, 이때 '새'는 관형사로 '새로운'이라는 의미를 갖습니다. 따라서 쓸 때도 띄어 써야 하고 발음할 때도 어느 정도의 휴지가 동반됩니다. 그러나 '샛별'의 '새'는 '새 옷'의 '새'와 의미와 품사가 같지 않습니다. '샛별'은 "새벽에 동쪽 하늘에서 반짝이는 '금성'(金星)을 이르는 말로서 그 어원을 보면 'ᄉᆡ(東)+별(星)'로 이루어진 것이라고 생각하는 사람들이 있습니다.(김민수 편 『우리말 語原辭典』 참조). 여기에 사이시옷이 들어가서 오늘날 '샛별'이 된 것입니다. 동풍(東風)을 의미하는 '샛바람'도 마찬가지의 어원과 단어 구조를 가지고 있다고 볼 수 있습니다.

(편집위원 시정곤)

▸▸ 추가 답변

시정곤 교수의 답변에 대하여 추가로 말씀 드립니다. '샛별'의 '샛'은 동쪽을 의미하는 접두사로 보아야 합니다. 역사적으로는 'ᄉᆡ'에 사이시옷이 붙었다고 볼 수 있으나 현대에 와서는 접두사화하였습니다. 다른 접두사와는 달리 '별' 앞에서만 나타납니다. 그래서 사전에 안 실려 있는지도 모릅니다. 원래 다른 어근과 결합되는 빈도가 낮으면 사전에 실리지 않습니다. 역사적으로 아무리 자립 형태소라 하더라도 현대에 와서 자립성을 잃으면 그것은 접사로 보아야 합니다.

(편집대표 고영근)

07 | 단어 형성과 어휘

질의 76
'반갑다'와 '즐겁다'는 단일어인가, 파생어인가?(7권 1호)

어원적으로 '반갑다'와 '즐겁다'는 각각 동사 '반기다', '즐기다'의 어근에 접사 '-압-/-업-'이 결합하여 형용사로 파생된 말로 보입니다. 그런데 현대국어에서 파생어가 아닌 단일어로 처리하는 이유가 궁금합니다. 이와 관련하여 '달갑다(⇐달다), 차갑다(⇐차다) ; 무겁다(⇐무게<무긔), 두껍다(⇐두께<둗긔)'의 형태소 분석이 가능한가요.

(2005. 3, 수원태장고등학교 교감, 백문식)

▸▸ 답변

형태소 분석은 계열관계와 통합관계의 원리 즉, 대치와 결합의 원리에 의해 이루어지는 것으로 설명할 수 있지만 실제 자료의 분석에서는 어려움을 겪게 되는 경우가 많습니다. 질문자께서는 우리말에 대해 깊이 생각하고 고민하시는 분인 것 같습니다.

우선 질문자께서 제시한 예를 검토해 보기로 하겠습니다.

'반갑다', '즐겁다'의 경우 '반기다', '즐기다'에서 형용사 파생 접미사 '-압/-업-'이 결합한 것으로 볼 수 있습니다. 중세국어 자료를 보면 '-압/업-'에 의한 파생어가 더 많이 나타나 이런 분석이 타당하다는 것을 입증해 줍니다. 그런데 질문자께서는 '반갑다'와 '즐겁다'를 현대국어에서 '파생어가 아닌 단일어'로 처리하는 이유가 궁금하다고 했는데 어떤 논문이나 사전을 근거로 했는지 궁금합니다. 국립국어연구원의 『표준국어대사전』의 경우 '반갑다'가 기원적으로 '반기-'와 '-압-'의 결합이라는 것을 명시하고 있습니다. 따라서 질문자의 주장처럼 현대국어에서 '반갑다'와 '즐겁다'를 반드시 단일어로 취급하고 있다고 말할 수는 없습니다.

'달갑다'와 '차갑다'의 경우, 공시적으로 '달-', '차-'에 '-갑-'이 결합한 것으로 분석할 수 있을 것 같습니다만 명확하지 않습니다. 중세국어에서 '-갑-'은 형용사 어근에 결합하여 다시 형용사를 만드는 것으로 알려져 있지만 그리 활발하게 쓰이는 접미사가 아니고 학자들마다 이견이 있어 이 예의 경우 '-갑-'의 기능이 무엇인지 밝혀지지 않아 '달갑다'와 '차갑다'의 분석에 대해서는 명시적으로 말하기는 어렵습니다.

'무겁다'의 경우, 중세국어에서는 '믁-' 혹은 '므기-'와 '-압/업-'의 결합으로 볼 수 있는데 현대국어의 경우, '믁-'이나 '므기-'가 없어 분석하기가 쉽지 않습니다. '두껍다'의 경우도 중세국어나 그 이전 단계에서 '*둗기-' 정도를 상정하여 분석할 수도 있지만 중세국어나 현대국어에서 이런 예를 실제로 발견할 수 없어 분석이 쉽지 않습니다.

이제 왜 연구자마다 분석 여부의 차이가 있는지에 대해 간략하게 말씀드리겠습니다. 계열관계와 통합관계에 의한 분석은 주로 구조주의자들에 의해 이루어졌는데 이들은 공시적인 연구에 주력했습니다. 따라서 이런 관점에서, 구조주의적인 관점의 형태소 분석도 어근이나 접사의 공시적인 용법에 의존해서 이루어집니다. 따라서 어근이나 접사가 공시적으로 활발하게 쓰이지 않을 경우, 분석 여부는 언제나 의견이 달라질 수 있습니다. 이와 달리 어원론적인 분석을 하는 경우, 공시적인 쓰임과 무관하게 가능한 한, 최대로 분석을 하고 필요한 경우 실제 쓰임이 발견되지 않아도 재구형을 만들어 분석하기도 합니다. 따라서 어원론적인 관점이라면 질문자가 예시한 대부분의 예들은 분석이 될 것입니다. 다만 공시적인 입장의 분석에서는 '무겁다', '두껍다'는 분석이 거의 어렵고 나머지도 의견의 차이가 있을 수 있습니다.

최근에는 공시적인 관점에서 분석하고 그 결과를 형태소로 정의하는 것의 여러 가지 문제점을 지적하고 이를 극복하기 위해서 새로운 시도를 하는 경우도 있습니다. 고영근(1993)과, 남기심 · 고영근(1993) 4장의 구성소와 형성소의 개념도 이와 관련이 있습니다.

(편집대표 고영근)

질의 77
사이시옷은 문법 형태소가 아닌가요?(7권 1호)

합성명사의 구조 [N+ㅅ+N]인 '냇가, 촛불, 콧등, 나뭇잎' 등에서 사이시옷은 후행 자음을 경음화하는 기능을 가지면서 형태음소적 표기를 반영합니다. 아울러 체언에 붙어 속격(관형격)을 나타내는 조사 '의'와 같은 기능도 있으므로 통사상 문법 형태소로 처리해야 하지 않을까요. (2005. 3, 수원태장고등학교 교감, 백문식)

▸▸ 답변

사이시옷과 관련된 논의는 사실 쉽지가 않습니다. 한글맞춤법에서 규정하고 있는 사이시옷 표기는 주로 발음을 기준으로 해서 후행 자음이 경음화되면 사이시옷을 적도록 하고 있습니다. 따라서 사이시옷 표기만으로 문법적인 기능을 알기는 어렵습니다. 합성명사이면서도 음운론적인 이유로 사이시옷을 표기할 수 없는 형태들이 많기 때문입니다.

역사적으로 보면 사이시옷은 합성어 구성보다는 '의'처럼 속격조사로 주로 쓰였습니다. 중세국어를 대상으로 한 연구에서는 사이시옷을 존칭체언이나 무정체언 뒤에 쓰이는 속격조사로 보고 있습니다. 그러나 근대국어를 지나 현대국어로 넘어오면서 사이시옷은 속격조사로서의 기능을 잃고 합성어 구성에서만 쓰이게 되었습니다. 따라서 현대국어에서는 더 이상 속격조사로서의 기능을 가지지 않는 것으로 볼 수 있습니다. 의미만을 기준으로 사이시옷이 '의'와 비슷한 의미를 보인다고 해서 사이시옷을 속격조사로 처리하는 것에는 문제가 있을 것 같습니다.

현대국어에 쓰이는 사이시옷은 오히려 합성어 표지로 볼 수 있을 것 같습니다. 하지만 이런 경우에도 문제가 있습니다. 사이시옷은 쓰는 사람에 따라 의견이 다릅니다. 즉, 사이시옷을 적어야 할지 적지 말아야 할지에 대한 의견이 쓰는 사람에 따라 다릅니다. 국립국어연구원에서 간행한 『표준국어대사전』을 기준으로 사이시옷 표기를 결정하고 있기는 하지만 아직 사이시옷을 적어야 하는 단어와 적지 말아야 하는 단어가 확정되지는 않았습니다. 따라서 사이시옷이 표기되는 단어를 확정하고 그 단어를 중심으로 사이시옷의 의미를 연구한 후에 사이시옷의 문법적 성격을 논의해야 할 것 같습니다.

이처럼 사이시옷이 문법 형태소로 되기 위해서는 문법적 기능과 의미가 확실하게 정해져야 하는데 현재로서는 그런 문법적 기능이나 의미가 확실하게 정해지지 않은 것 같습니다. 사이시옷이 일정한 문법적 기능을 담당하는 것은 사실이지만 앞으로 사이시옷에 대한 연구가 더 진행되어야 그 기능이나 의미가 정해질 것이고 그 후에 문법 형태소인지 아닌지가 판정날 것 같습니다.

(편집대표 고영근)

질의 78
'-이'와 '-기'의 의미 차이는 어떻게 설명해야 합니까?(7권 2호)

"놀이"와 "놀기" 모두 "놀다"에서 파생한 명사형인데 "-이"와 "-기"

는 어떤 의미 차이가 있는지, 그리고 "공부하기"는 성립되지만 "공부하이"는 성립되지 않는데 용법상으로 어떤 차이가 있는지 등이 궁금합니다. (2005. 9, 양지고, 고재현)

▸▸ 답변

질문하신 분은 국어 파생법에 대해 관심이 많은 것 같습니다. 질문에 대해 몇 가지로 나누어 간략하게 답하겠습니다.

첫째, '놀이'는 파생명사이고 '놀기'는 명사형입니다. '놀이'는 파생명사이므로 국어사전에 명사로서 표제어로 등재되어 있지만 '놀기'는 명사형이므로 사전에 따로 등재되어 있지 않습니다. 잘 아시겠지만 명사형이란 동사나 형용사가 명사형 어미, '-음, -기'와 결합하여 문장에서 명사와 같은 기능을 할 뿐, 실제 품사는 동사나 형용사입니다.

둘째, '-이'와 '-기'의 의미 차이는 쉽게 말하기 어렵습니다. 우선 '-이'는 파생 접사로서의 기능만 있고 '-기'는 파생 접사와 명사형 어미로서의 기능이 있기 때문에 명사형 어미로서의 기능을 분리해서 파생 접사로서의 기능만 가지고 '-이'와 '-기'의 의미 차이를 생각해 보아야 할 것 같습니다. 우선 파생 접사 '-이'의 의미를 살펴보면 '봄맞이, 털갈이'와 같은 경우 '… 하는 일', '재떨이, 옷걸이'의 경우 '… 하는 도구', '구두닦이, 신문팔이'의 경우 '… 하는 사람' 등 다양한 의미를 가지고 있습니다. 파생접사 '-기'의 의미도 '달리기, 읽기, 쓰기'의 경우

'… 하는 일', '돋보기, 턱받기'의 경우 ' … 하는 도구', '양치기, 소매치기'의 경우 ' … 하는 사람' 등 다양한 의미를 가지고 있습니다. 이런 의미는 '-이'와 '-기'가 공통되지만 '-이'의 경우 '먹이, 떨이'처럼 ' … 하는 행위의 대상'의 의미를 가지기도 합니다. 전체적으로 보면 파생 접사 '-이'와 '-기'는 매우 유사한 의미를 가지고 있는데 이는 역사적으로 이들이 관련을 가진 형태이기 때문입니다. 다만 차이는 '-이'가 더 다양한 의미를 가지고 있다는 점, '-이'는 더 ' … 하는 사람'이나 ' … 하는 도구'의 의미로 많이 쓰임에 비해, '-기'는 " … 하는 행위"의 의미로 더 많이 쓰인다는 점 등입니다.

셋째, 명사형 어미는 대부분의 동사나 형용사와 결합이 가능합니다. 그러나 파생 접사의 경우, 특별한 경우만 동사나 형용사와 결합합니다. 그리하여 '공부하기'의 경우 '-기'가 명사형 어미이므로 성립이 가능합니다. 하지만 '공부하이'의 경우 '-이'가 명사형 어미가 아니므로 성립되지 않습니다. 물론 파생 명사 '공부하이'가 불가능한 것은 아니지만 파생 명사는 가능하다고 항상 성립하는 것이 아닙니다.

국어에 관심을 가지고 질문을 해 주어 감사합니다. 이런 태도로 국어에 흥미를 가진다면 우리말에 대해 많은 것을 알게 될 것입니다.

(편집위원 구본관)

질의 79
'-답-', '-롭-', '-되-', '-스럽-'의 공통점과 차이점?(7권 2호)

명사에 결합하여 형용사를 만드는 파생 접미사 중에는 '-답-', '-롭-', '-되-', '-스럽-' 등이 있다고 합니다. 이들의 관계와 의미 차이에 대해 자세하게 알고 싶습니다.

(2005. 9, 이화여자대학교 국어국문학과 김현경)

▸ 답변

'-답-', '-롭-', '-되-', '-스럽-'은 차이점보다는 공통점이 더 많습니다. 우선 명사 어기와 결합하여 형용사를 만든다는 점에서 같습니다. 또 의미도 서로 비슷비슷하여 얼핏 보면 잘 구분이 가지 않습니다. 그러나 그렇다고 해서 이 네 가지 접미사가 모두 같다고 볼 수는 없습니다. 먼저 이들 접미사는 화자의 주관적 판단이라는 기본적인 조건을 모두 공유하고 있다는 점에서 공통점이 있습니다. 즉, 화자는 '-답-', '-롭-', '-되-', '-스럽-'과 결합하는 어기(명사)에 대해 나름대로의 가치 판단을 하고 있다는 점에서 같습니다. '꽃답다, 보배롭다, 세련되다, 어른스럽다' 등은 모두 'X(기)처럼 ~하다'는 가치 판단이 들어가 있습니다. 만약 이 네 접미사가 비슷하다고 느껴진다면 바로 이러한 공통점 때문일 것입니다. 그러나 더 자세히 보면 넷은 조금씩은 차이가 납니다. 먼저 '-답/롭/되-'와 '-스럽-'을 나누기로 합니다. '-답/롭/되-'가 '(어기)의 속성이 풍부함'이라는 의미를 가져 "가치성"이라는 자질을 갖는다면 '-스럽-'은 '(어기)의 속성에 가깝게 접근했음'이라는 의미를 가져 "접근성"의 자질을 갖고 있다고 할 수 있습니다.

(1) 가. 꽃답다 = 향기와 같은 꽃의 속성이 풍부하다
나. 보배롭다 = '가치'와 같은 보배의 속성이 풍부하다
다. 세련되다 = '멋'과 같은 세련됨의 속성이 풍부하다

'-답-'은 중세국어의 '-ᄃᆞᆸ-'에서 유래했고 '-되-'는 중세국어의 'ᄃᆞᄫᆡ'에서 발달된 것이니 '-되'-와 '-답-'의 의미가 유사한 것은 그 뿌리가 같기 때문이라고 할 수 있다. 굳이 이 세 접미사의 의미를 다시 구분한다면, '-답-'은 어기가 지닌 속성 가운데 가치 있는 요소를 긍정적으로 평가하는 "긍정적 가치성"으로, '-되-'는 '-답-'과 같으나 반드시 긍정적은 아니라는 점에서 그냥 "가치성"으로(헛되다, 참되다, 그릇되다, 허황되다 등 참조), '-롭-'은 화자의 주관적 가치 평가 가운데 그 가치를 인정하는 데 더 무게를 두고 있어서 "인정성"의 자질을 갖고 있다고 할 수 있다. 또한 '-롭-' 형용사는 모두 '-이' 부사를 가지나(평화로이, 명예로이, 권태로이…), '-되-' 형용사는 그렇지 않다는 차이점도 있다.(헛되이, 외람되이, *욕되이, *복되이, *세련되이).

한편 '-스럽-'은 '-답/롭/되-'와는 달리 "접근성"의 자질을 갖고 있다는 점에서 확연한 차이를 보인다.

(2) 가. 그 아이는 어른스럽다.
나. ??그 어른은 어른스럽다.
(3) 가. 그 어른은 어른답다.
나. *그 아이는 어른답다.

위의 예에서 알 수 있듯이 '-스럽-'은 어기의 의미에 가까운가에 대한 판단이지, 어기 자체의 속성을 판단하는 것이 아니다. 즉, '어른스럽다'는 '어른의 속성에 가깝게 접근했다'는 것을 뜻하는 것이지, '어른' 자체의 속성을 뜻하는 것이 아니다. (2)와 (3)을 비교해 보면 그 차이를 한 눈에 알 수 있다. 한편 접미사 '-하-'의 경우는 '어기의 의미를 그대로 투영'할 뿐 어떤 가치 판단이 적용되는 것이 아니라는 점에서 이네 접미사와 차이가 있다. (편집위원 시정곤)

7.3. 한자어의 단어 형성

질의 80
한자 '씨(氏)', '가(哥)'의 문법적 지위는 무엇입니까?(4권 2호)

고등학교『문법』교과서의 60-61쪽에서, '씨(氏)', '가(哥)'는 고유어 '-님'과 같은 계열에 해당하는 접미사라고 하였는데『한글맞춤법』제48항에서는 '씨'를 호칭어로 보고 있습니다. '가(哥), 군(君)'도 이와 같으리라 봅니다. '씨, 가, 군'은 접미사인가요, 단어인가요? 그리고 '님'은 인명 뒤에 쓰이는 호칭어로 선호되는데 의존 명사로 보아야 하는지요?(『표준국어대사전』에서는 '씨'보다 높이는 말이라 했습니다)

(2002. 9, 서울남공고, 이종덕)

▸▸ **답변**

질문자는 평소 국어 생활에 아주 관심이 많으신 것 같습니다. 질문하신 '씨, 가, 군, 님'의 경우 분류하여 처리하기 어려운 것들입니다.

고등학교 문법 교과서에서 '씨, 가, 님'을 접미사로 보고 있는 것은 이들이 자립 명사로 쓰이지 않는다는 점에 주목했기 때문이라 생각됩니다. 그리하여 전통문법에서는 주로 이들을 접미사로 다루어 왔습니다. 그런데 이들이 접미사라면 마땅히 파생 접미사나 굴절 접미사일 터인데 이들은 파생 접미사로 보기도 어렵고 굴절 접미사로 보기도 어렵습니다. 차라리 이들을 의존적인 특성을 가지는 명사의 일종으로 본다면 의존 명사로 볼 수 있을 것입니다. 물론 의존 명사로 보게 되면 대부분의 의존 명사가 용언의 관형사형 뒤에 오는데 이들은 그렇지 못하므로 의존 명사의 정의를 다시 내려야 하는 문제가 발생합니다. 따라서 이들은 접미사로 처리하기도 어렵고 의존 명사로 처리하기도 어려운 부류입니다. 최근의 형태론 이론에서는 이런 유형의 접미사를 기존의 파생 접미사와 다른 부류로 보려는 경향도 있습니다.

『한글맞춤법』 48항에서는 '씨'만 언급하고 있고 '가, 군, 님'에 대해서는 언급하고 있지 않습니다. 또한 호칭어라고 애매하게 지적하고 있을 뿐 '씨'를 접미사로 보는지 의존 명사로 보는지 언급하지 않고 있습니다. 하지만 질문자가 지적하신 것처럼 '가, 군, 님'도 마찬가지로 처리될 수 있을 것이고 접미사로 보고 있지 않는 것으로 보아 (명확하지는 않지만) 의존 명사 정도로 보고 있는 듯합니다.

국민의 언어생활에 영향을 미치는 한글맞춤법과 학교문법 체계는 이 점에서 다른 처리를 하고 있는 셈인데, 이는 논의를 통해 어느 한 쪽으로 정리가 되어야 할 것으로 생각됩니다. (편집위원 구본관)

질의 81
한자어의 형태소 분석 기준(5권 2호)

한자의 형태소 분석에서 한자어 하나하나를 나누는 까닭은 무엇인가요? 뜻을 가진 글자라서 그런 것이라면 우리나라 말의 체계와는 다른데 왜 중국어 그대로 한 자 한 자 나누어서 분석하는지 이해할 수 없습니다. 한국어의 언어 체계 내에서 형태소 분석을 해야 하지 않을까요? 예를 들면 '소녀' 같은 경우는 '소'와 '녀'로 나누어도 타당하지만 '공부'와 같은 낱말은 한자 각각의 뜻과 전체 의미가 통한다고 보기 어렵습니다.

이런 경우 '공부'를 하나의 형태소로 보아야 하지 않을까요?

(2003. 9, 홍익대학교 국어국문학과 99학번 김지혜)

▸▸ 답변

질문하신 분은 형태소 분석에 있어 몇 가지 중요한 사실을 지적하고 있습니다.

첫째, 한자어를 한국어의 문법 체계 내에서 분석해야 한다는 견해입니다. 한자어가 우리말에 들어 온 이상 우리말의 체계로 다루어야 한다는 점에서 질문자의 견해에 대부분의 연구자들이 동의할 것입니다. 다만 한자어는 우리말로서의 속성과 중국어로서의 속성을 모두 가지고 있어 형태소 분석에 있어 적용할 때 이 점을 고려해야 할 것입니다.

둘째, 한자어 중에서 '少女'와 같이 구성 요소의 의미로 나눌 수 있으면 각각을 형태소로 나누고 '工夫'처럼 각각의 의미가 전체의 의미로 이해되지 않으면 하나의 형태소로 보아야 한다는 견해입니다. 이 말도 수긍할 수 있습니다. 한자어 형태소 분석에서 한자 하나하나를 무조건 나누는 견해는 오늘날에는 널리 받아들여지지 않고 있고 질문자처럼 한자어에 따라 달리 적용되어야 한다는 견해가 받아들여지고 있습니다. 다만 질문자의 견해 중에서 다음 몇 가지에 대해서는 지적해 두어야 할 듯합니다. '각각의 뜻과 전체 의미가 통한다'가 형태소 분석 근거가 될 수 있을까 하는 것입니다. 예를 들어 '葛藤', '矛盾'과 같은 이른바 융합합성어의 경우 분석을 해야 할지 하지 말아야 할지에 대해서는 견해가 다를 수 있습니다. "구성요소의 의미와 전체의 의미의 연관성"의 관점에서 보면 분석이 어렵지만 각각이 형태소임이 분명한 이상 어원적인 목적의 논의라면 분석을 할 것입니다. 이 경우, 형태소 분석은 공시적인 용법과 관련된다는 제약이 주어져야 할 듯합니다. 비슷한 어려움이 고유어의 형태소 분석에도 많이 발견될 수 있을 것입니다. 그 밖에도 형태소의 분석과 공시성의 문제는 구성소와 결합소의 구분 문제 등으로 나아가게 됩니다.

최근에는 한자어의 각각의 형태소 분석에 대한 논의보다는 '强硬', '貴重' 등과 같은 요소가 어근이냐 단어냐 등에 대한 논의, 한자어계 어근의 생산성에 대한 논의, 한자어계 접사의 목록 등에 대한 논의가 많습니다. 한자어에 관한 논의는 노명희(2004), 송기중(1992)를 보아 주시기 바랍니다. (편집위원 구본관)

질의 82
한자어의 형태소의 분석상의 문제점(5권 2호)

'낙엽'(落葉)과 같은 한자어는 하나하나가 의미를 가지고 있어 '낙'은 '떨어지다', '엽'은 '잎'이라는 실질 형태소로 구성되어 있다고 볼 수 있다. 이는 형태소가 최소의 유의적 단위라는 개념에 충실한 분석이다. 하지만 '낭만적'(浪漫的)의 '-적'(的)과 같은 한자어는 접미사로 사용되고 있다. 한자어가 모두 실질적인 의미를 가지고 있다고 할 수 없다는 점에서 한자어의 형태소 분석은 어떻게 해야 하나?

(2003. 9, 이화여대 교육대학원 국어교육전공 최경미 nirvana_108@hanmail.net)

▸▸ **답변**

말씀하신 대로 '낙엽'(落葉)은 '낙'(落)과 '엽'(葉)이라는 형태소로 분석됩니다. 이들 각각은 독자적인 의미를 지니고 있고 '고엽(枯葉), 낙과(落果), 엽산(葉酸)' 등에서 보듯이 계열관계와 통합관계도 만족시키기 때문입니다. 질문하신 '낭만적'(浪漫的)은 '낭만(浪漫)'과 '적(的)'으로 형태소 분석이 됩니다. '낭만'(浪漫)은 영어 'romantic'에서 'roman' 부분을 표기한 음차(音借)이므로 한 형태소로 처리할 수 있고 (한자가 비중국어의 단어를 표기하기 위해 쓰여서 2음절 이상이 한 형태소로 처리되는 예에는 '巴里, 攝氏, 菩薩' 등의 예가 있습니다) '적'(的)은 '앞말이 가리키는 사물의 속성을 지닌'의 뜻을 나타내므로 역시 하나의 형태소로 판단됩니다.(현대국어에서 '的'은 관형격조사와 비슷하게 '…의'의 기능을 표시하는 경우와 '…스러운'의 의미를 나타내는 경우로 갈라볼 수 있는데 '浪漫的'의 '的'은 후자에 속합니다

형태소 분석은 그것이 실질적인 의미를 지니지 못한 경우에도 이루

어집니다. 형태소를 “의미를 지닌 최소의 단위”라고 했을 때의 “의미”는 실질적인 의미만 가리키는 것이 아니라 추상적이고 형식적인 의미나 문법적 기능을 아울러 가리킵니다. 그래서 형태소는 그것이 나타내는 의미의 성격이 무엇이냐에 따라 어휘 형태소(lexical morpheme)와 문법 형태소(grammatical morpheme)로 나뉘기도 합니다. 이러한 논의를 ‘낙엽(落葉)’과 ‘낭만적(浪漫的)’에 적용하면 ‘낙(落), 엽(葉), 낭만(浪漫)’은 실질적인 의미가 뚜렷한 어휘 형태소로 분류되고 ‘적(的)’은 “… 스러운”과 비슷한 뜻의 실질적인 의미를 지니기도 하고 선행어의 문법적 속성을 바꾸는 기능을 발휘하기도 하여(‘N＋的’의 품사를 명사로만 처리하더라도 ‘的’이 선행어의 분포를 제약시키기 때문에 ‘的’은 선행어의 문법적 속성을 바꾼다고 볼 수 있습니다) 어휘 형태소와 문법 형태소의 중간적 성격을 지닌다고 판단됩니다. 요컨대 형태소의 분석은 그 형태소가 나타내는 의미의 실질성 여부와 무관하다고 볼 수 있습니다.

참고로 사족을 덧붙이자면 어휘 형태소와 문법 형태소의 구분은 그리 분명하지 않습니다. 서법(mood)이나 시제, 성, 수, 격 등과 같은 문법적 기능을 표시하는 경우는 문법 형태소로 쉽게 판정이 되나 파생 접사나 전치사, 접속사, 대명사 등은 문법 형태소로 단정짓기가 쉽지 않습니다. 이들은 대체로 폐쇄 부류에 속하기 때문에(파생 접사는 새로 생겨나는 경우가 있습니다만 이러한 경우는 그리 흔하지 않습니다) 문법 형태소로 보는 것이 일반적이나 일부는 그 의미의 실질성이 뚜렷하여(예컨대 영어 전치사 중에는 *overdose*, *underfeed* 에서 보듯이 합성어 형성에 참여하는 경우도 있습니다) 어휘 형태소에 가까운 모습을 보이기도 합니다.(이 점에서 전치사, 접속사, 대명사 등을 가리킬 때에는 문법 형태소보다 "기능어"라는 용어가 더 선호됩니다).

(노명희, 서울대학교 강사, 현재 성균관대학교 교수 myenghi@yahoo.com)

7.4. 어 휘

질의 83
'펄럭펄럭'의 구성에 대하여(5권 1호)

학생들에게 국어를 가르치는 교사입니다. 다름이 아니라, 『국어』(하) 2에 나오는 「언어와 생활」을 가르치던 중 한 가지 궁금증이 생겨 질문을 드립니다. 통사적 구성에 의한 합성법의 예를 찾던 가운데, '펄럭펄럭'이라는 단어를 보았습니다. 그런데 참고서마다 다르게 설명하고 있더군요. 비통사적 구성인지, 통사적 구성인지 아이들에게 정확하게 가르칠 수 있도록 도와주세요. 좋은 설명 기다리겠습니다. 안녕히 계십시오.

(2003. 3. 대전 한밭고등학교 이윤희)

▸▸ 답변

회신이 늦어 죄송합니다. '펄럭펄럭'은 전통적으로 반복 합성어로 처리해 왔습니다. 반복 합성어가 통사적 합성어냐 아니냐를 굳이 구분할 필요가 있는지 의문이 갑니다. 일반적으로 합성어는 대개 통사적 합성법으로 되어 있고 드물게는 비통사적 합성법으로 되어 있는 것도 있습니다. 그러나 반복 합성어는 같은 또는 비슷한 소리의 반복으로 이루어져 있기 때문에 통사적, 비통사적이라는 구분기준에 들어맞지 않습니다. 참고서에 어떻게 처리되어 있는지 모르지만 의성 · 의태어는 이런 구분을 적용할 필요가 없다고 생각합니다. 사실 '펄럭펄럭'은 '구석구석'과 같이 자립 형태소의 결합으로 이루어진 것이 아닙니다. '펄럭' 자체가 자립성이 없기 때문에 사실 엄격한 의미의 반복 합성어라고 하기가 어렵습니다. 그래서 우리는 "의사 반복 합성어"라 부른 일도 있습니다. 관련되는 내용은 남기심 · 고영근(1993: 218)을 참고하여 주시기 바랍니다. (편집대표 고영근)

질의 84
외국어와 외래어의 구분 문제(7권 2호)

중학교 1학년 1학기 『생활국어』에 외래어와 외국어가 나오는데 다음과 같이 정의되어 있습니다.

외래어: 다른 나라에서 온 말이지만, 상당히 우리말처럼 느껴져 다른 나라에서 온 말이라는 사실을 쉽게 느낄 수 없는 말. 예: 빵, 담배

외국어: 다른 나라에서 온 말이라는 것을 금방 알 수 있는 말. 예: 댄스, 레스토랑

그럼, 기준이 너무 주관적이지 않나요? '커피, 버스'는 다른 나라에서 온 말이라는 것을 쉽게 알 수 있어서 그럼 외국어라야 하는데 우리 느낌에 너무 친숙해서 외래어처럼 쓰이고 있지 않나요? 몇몇 참고서에는 위의 기준 외에 외래어는 대체할 우리나라 말이 없고 외국어는 쉽게 우리말로 바꿀 수 있다고 했는데 그럼 이때는 버스나 커피는 외래어에 속하게 되죠. 한자어도 외래어인지 외국어인지 여기저기 설명이 다르더군요. 한글단체 사이트도 봤지만 틀린 설명이 있어 믿음이 가지 않고요. 답변 부탁드려요.

(2005. 9. 수원 수성중학교, 윤미진)

▸▸ **답변**

외래어는 대체할 우리나라 말이 없어서 외국에서 온 말을 그대로 가져다 쓴 것이고 외국어는 대체할 우리말이 있는 것입니다. 전자는 쓸 수밖에 없는 것들이지만 후자는 쓰면 안 되는 것들입니다. 그러므로 버스나 커피는 외래어가 됩니다. 한자어의 경우는 일단 외국어는

아닙니다. 삼국시대부터 들어왔는데 후기 중세국어 때(16세기 경) 문물과 함께 들어온 것들이 대부분이고 우리 어휘 체계에 들어와서 음운이나 형태 변화를 겪어 귀화어가 된 것도 많고요. 이러한 귀화어는 우리말로 취급합니다. 차용어라는 큰 범주에 서구 외래어와 한자어를 구분하여 나누기도 하고 외래어를 서구 외래어와 한자어로 나누기도 합니다. (숙명여자대학교 국어국문학과 교수, 문금현)

질의 85
외국인에게 유의어를 어떻게 설명해야 합니까?(7권 2호)

외국인에게 "한국어 유의어"를 어떻게 설명해야 하는가요? 한국어를 배우고 있는 외국인에게 한국어 문법을 가르칠 때 비슷한 단어가 많아서 어려움을 겪습니다. 직관이 없기 때문에 단어 설명이 제대로 전달이 안 되고 영어나 제3언어를 통해 배우는 경우가 많습니다. 그건 정확하지 않아서 실수를 많이 합니다. 이와 관련해서 한국어 "유의어와 동의어"의 의미 차이를 쉽게 알 수 있는 방법이 필요합니다. 예를 들어 '사용하다, 이용하다, 쓰다, 애용하다, 채용하다' 등입니다. 특히 초급자의 경우 한국어 문법에서 같은 뜻으로 쓰이는 말을 어떻게 구별하여 설명해야 합니까?

(2005. 9, 서울대학교 국문과 박사과정, 몽골유학생, 항가이)

▸▸ 답변

한국어 유의어의 의미 변별에 대한 설명 방법과 기준은 매우 다양하며 이는 비교되는 유의어 쌍에 따라서 달리 적용됩니다. 예를 들어 '쓰다'와 나머지 단어의 경우는 고유어와 한자어의 차이 즉 어종의 차이라고 설명할 수 있고 '채용하다'와 나머지 단어의 경우는 적용 범위의 차이로 설명할 수 있으며 나머지 '사용하다, 이용하다, 애용하다'는 결합 구성의 차이로 설명할 수 있습니다. 결합 구성의 차이는 말뭉치를 이용한 조사 결과와 같은 객관적인 증거 자료가 구축되어 있어야 객관적으로 설명할 수가 있습니다. 해당 단어가 가장 많이 결합하는 구성을 예문으로 제시해 줌으로써 어색하거나 잘 쓰이지 않는 다른 단어와의 차이점을 밝혀 주는 것입니다. 제가 이러한 문제를 다룬 논문이 있어서 알려 드립니다. 참고하시기 바랍니다. 필자의 「한국어 유의어의 의미 변별과 교육 방안」, 『한국어 교육』 15.3, (국제한국어교육학회, 2004)를 참고해 주시기 바랍니다.

(숙명여자대학교 국어국문학과 교수, 문금현)

8 문장의 성분과 짜임새

08 | 문장의 성분과 짜임새

질의 86
보어 및 보격 조사의 문제(4권 1호)

보통 보어를 '되다', '아니다' 서술어의 앞에 오는 성분이라고 합니다. 그런데 '좋다, 싫다' 앞에 오는 성분도 보어의 성분과 아주 비슷합니다. 예를 들어

나는 빵이 좋다. / 나는 커피가 싫다.

에서 서술어 앞에 오는 성분은 통사적으로 보어와 비슷하게 보이는데 이러한 현상을 어떻게 설명해야 합니까? 그리고 현행 학교문법에서는 서술어 '되다/아니다' 앞에 오는 성분을 보어로 설정하고 있는데, 거기에 붙는 조사가 바로 보격 조사 '이/가'입니다.

가. 물이 얼어 얼음이 된다.
나. 물이 얼어 얼음으로 된다.

(가)에서 '이'는 보격 조사입니다. 그러나 (나)는 보격 조사로 처리하지 않습니다. '닮다, 비슷하다'에 필수적으로 따라 붙는 공동 부사격 조사 '와'처럼 필수적 부사어로 취급하고 있습니다. 그런데 (나)의 '-으로'도 '되다/아니다' 앞에 위치하여 보어의 역할을 수행하고 있으므

로 보격 조사로 처리하는 것이 타당하지 않을까요?

(2002. 3, 조선대학교 교육대학원생: 정훈탁, junghuntag@hanmail.net; 정인남, innam1004@hanmail.net)

▶▶ 답변

'되다'와 '아니다'는 두 자리 서술어입니다. 따라서 '갑이 을이 되다/아니다'에서 '갑이'와 '을이'는 모두 '되다, 아니다'가 요구하는 성분이며 서술절의 주어가 될 수 없습니다. 한편 이들의 뒤에 결합하는 '이/가'는 부사격 조사로 쓰이는 일이 없습니다. 학교문법에서 이들을 보어로 규정하는 것은 이러한 점을 중시하였기 때문이라고 하겠습니다.(남기심 · 고영근 1993: 261)

한편 학교문법에서는 '나는 빵이 좋다', '나는 커피가 싫다'의 경우, 좋다, 싫다'의 바로 앞에 오는 성분은 보어로 인정하지 않고 있습니다. 그러나 '좋다, 싫다'를 비롯하여 '그립다, 무섭다' 등 사람의 감정이나 심리 상태를 뜻하는 이른바 "느낌 형용사"도 두 자리 서술어입니다. 이는 이들 서술어의 바로 앞에 오는 성분이 서술절의 주어가 될 수 없음을 의미합니다. 또한 이들의 바로 앞에 오는 성분에는 일정하게 '이/가'가 결합합니다. 따라서 이들 서술어의 바로 앞에 오는 성분도 '되다, 아니다'와 마찬가지로 보어로 규정하는 것이 합리적이라고 하겠습니다. 결국 학교문법에서 '나는 빵이 좋다', '나는 커피가 싫다'

의 '빵이, 커피가' 등을 보어로 인정하지 않은 것은 일관성을 상실한 처리라고 할 수 있습니다. 이와 관련하여, 남기심 · 고영근(1993: 264쪽, 각주 10)에서는 1985년 학교문법 단일본의 취지에 따라 이들 구문을 서술절을 안은 문장으로 처리하기는 하나 1) 항상 '말하는 이+이/가 - 체언+이/가 - 느낌형용사'의 꼴을 취하고 2) 말하는 이의 감정, 느낌을 나타내며 이때 두 번째 성분인 '체언+이/가'는 말하는 이가 갖는 어떤 감정의 대상을 나타내기 때문에 보어로 규정할 수 있다고 지적하고 있습니다.

한편 '물이 얼음으로 된다'의 '얼음으로'는 사정이 다릅니다. '(으)로'는 부사격조사로도 쓰이기 때문입니다. 만일 '얼음으로'를 보어로 인정한다면, '(으)로'를 동시에 보격조사와 부사격조사로 분류하는 바람직하지 않은 결과를 낳게 되며 '(으)로'가 붙은 성분의 통사적 특징을 한 가지로 묶기가 어렵게 됩니다. 따라서 학교문법에서는 부사격조사가 붙은 성분은 일률적으로 부사어로 보고 부사어가 필수적으로 요구되는 것은 용언의 개별적인 어휘적 특성으로 간주하는 것이 더 합리적이라고 보고 있습니다. '닮다, 비슷하다' 등이 서술어인 문장에서 '와'가 결합하여 쓰이는 필수 성분을 보어로 인정하지 않고 필수적인 부사어로 간주하는 것과 다르지 않다고 하겠습니다.

그러나 학자에 따라서는 서술어가 요구하는 필수 성분 가운데에서 주어와 목적어를 제외한 모든 성분을 보어로 간주하기도 합니다. 이러한 견해에 따르면 학교문법의 보어를 비롯하여 앞에서 살펴본 느낌 형용사의 바로 앞에 오는 성분과 필수적 부사어가 모두 보어라고 할 수 있습니다. 결국 학교문법에서처럼 '되다, 아니다' 앞에 오는 성분만 보어로 간주하는 견해도 있으며 느낌 형용사의 바로 앞에 오는 성분을 보어에 포함하는 견해도 있고 주어와 목적어를 제외한 필수성분은 모두 보어로 간주하는 견해도 있다고 정리할 수 있겠습니다. 학교문법의 설명만 옳은 것은 아닙니다. 어떠한 문법도 완전하다고 할 수 없으며, 학교문법도 이 점에서 예외가 아닙니다. 따라서 일단 학교문법의 내용을 숙지하도록 하되 지나치게 어렵지 않은 범위 내에서 달리 분석할 가능성은 없는지 탐구해 보도록 지도하는 것이 좋지 않을까 합니다. 보어와 같은 문제는 그러한 탐구의 대상으로 적절한 주제라고 하겠습니다. (편집위원 구본관)

▸▸ 추가 답변

학교문법의 "보어"에 대하여는 최근에 나온 최호철(1995), 양명희(2006)의 두 업적을 들 수 있습니다. (편집대표 고영근)

질의 87
의존 명사와 명사절의 문제(4권 1호)

한 문장이 다른 문장을 안을 때, 명사절로 안기는 경우에 명사형

어미 '-(으)ㅁ', '-기' 또는 의존명사 '것'을 취합니다. 그런데 의존명사 '것' 이외의 다른 의존명사 '바, 데, 수'가 오는 경우에도 명사절로 볼 수 있는지 궁금합니다.

(2002. 3. 정인남, 조선대학교 교육대학원생, innam1004@hanmail.net)

▸▸ 답변

질문자처럼 명사절과 의존명사의 관련성을 생각해 보신 분이라면 이런 질문을 하는 것이 당연하다고 생각됩니다. 하나의 문장을 포괄하여 더 큰 문장을 이루는 구성이 만들어질 때, 그 문장에 안기는 문장은 명사절, 서술절, 부사절 등의 절로 안기게 됩니다. 이 중 명사절과 부사절의 범위는 문법가들 사이에 일치를 보지 못하고 있습니다. 명사절의 범위를 어디까지로 잡느냐에 대한 견해들을 중심으로 질문에 대해 간략하게 답변하도록 하겠습니다.

일단 질문자의 물음에 대해 먼저 답을 말한다면 학교문법에서는 '것'을 가진 구성만을 '-(으)ㅁ', '-기'를 가진 구성과 같이 명사절로 안기는 구성을 이룬다고 보고 나머지 '바, 데, 수'가 오는 구성은 명사절로 안기는 구성을 이루는 것이 아니라고 본다고 말할 수 있습니다. 하지만 학교문법이 아닌 문법서에서는 많은 문법가들이 의존명사 '것'을 취하여 형성된 것을 명사절로 안기는 구성이 아닌 것으로 보기도 합니다. 물론 일부에서는 '-(으)ㅁ, -기', 의존명사 '것'에 의한 구성뿐 아니라 '-는지, -을지'에 의한 것까지를 명사절로 안기는 구성으로 보기도 합니다. 이런 견해를 제외한다면 의존 명사 '것' 구성을 명사절로 안기는 구성으로 보느냐 보지 않느냐가 문제의 핵심입니다.

학교문법처럼 '것'을 '-(으)ㅁ', '-기'와 같이 명사절로 안기는 구성을 이룬다고 보는 견해에 대해서는 다음 몇 가지의 반론이 가능합니다. 첫째, '것'은 명사절을 만드는 어미가 아니라 그 자체로 명사이다. 따라서 '-(으)ㅁ, -기'와 구별되어야 한다. 둘째, 질문자가 의문을 가진 것처럼 '것'을 명사절을 만드는 것으로 본다면 비슷한 기능을 가지는 줄, 자, 데, 리' 등도 동일하게 다루어야 한다. 셋째, '-음, -기' 앞에는 관형사형 어미 '-(으)ㄴ, -(으)ㄹ'이 올 수 없지만 '것' 앞에는 가능하므로 이들은 통사적인 특성이 달라 동질적으로 보기 어렵다. 넷째, '-(으)ㅁ, -기' 구성과 '것' 구성이 항상 자유 교체가 이루어지는 것이 아니므로 동일하게 보기 어렵다.

이처럼 '-(으)ㅁ', '-기'를 갖는 구성과 '것'을 가진 구성의 차이가 있는데 왜 학교문법에서는 같이 묶어서 명사절로 안기는 구성을 이루는 요소로 보았을까요? 그리고 특별히 '것'만을 이런 구성에 포함시켰을까요? 이는 주시경이나 최현배 등에서 이어지는 우리나라의 전통 문법 학자들 중 많은 사람들이 '것'을 가진 구성만을 '-(으)ㅁ', '-기'와 더불어 명사절로 안기는 구성을 이룬다고 보았다는 점과 '것' 구성이 현대국어에서 점차 -(으)ㅁ, -기' 구성을 대체해 나간다는 점을 고려한 것입니다. 잘 관찰해 보시면 아시겠지만 현대국어에서 '-(으)ㅁ' 구성은 문어체에서 주로 쓰이고 구어체에서는 '-기' 구성이나 '것' 구성으로 대체되어 간다는 것을 알 수 있습니다. '것'과는 달리 '줄, 수, 데, 바' 등은 '-(으)ㅁ', '-기' 구성을 대체해서 쓰이는 경우가 그리 많지 않습니다. 전통 문법 학자들의 견해와 '것'이 '-(으)ㅁ', '-기' 구성을 쉽게 대치하여 쓰인다는 두 가지가 학교문법에서 '것'만을 명사절로 안기는 구성을 이루는 요소로 보게 된 이유일 것입니다.

아울러 학교문법이란 규범문법이어서 여러 주장을 다 나열할 수 없고 쟁점이 되는 문제에 대해서 한 가지 견해로 결정해야 한다는 점과 우리의 전통 문법을 계승하려는 입장을 가져야 한다는 점을 기억해 두시기 바랍니다. 만일 질문자가 규범문법적인 입장이 아닌 기술문법적인 태도로 이 문제에 대해 접근하신다면 자유롭게 자신의 견해를 펼칠 수 있을 것입니다. 명사절과 관련되는 다양한 논의는 서울대 국어연구회의 『국어연구 어디까지 왔나』(동아출판사, 1990), 서태룡 밖에의 『문법 연구와 자료』(태학사, 1998) 등에 정리되어 있으니 참조하시기 바랍니다. (편집위원 최동주)

질의 88
보어의 설정 문제(5권 2호)

현행 학교문법에서는 (1)과 같이 '되다, 아니다' 앞에 오는 성분만 보어로 보고 있는데 (2), (3), (4)에 나타나는 성분도 보어로 볼 수 있을 것 같다.

(1) 물이 얼음이 되다/ 그것은 책이 아니다.
(2) 철수가 유리창을 깨뜨린다.
(3) 영희는 머리 색깔이 다르다.
(4) 순이가 간다.

(2)의 '깨뜨린다'는 도구를 나타내는 명사구를 필요로 하고 (3)의 '다르다'는 대칭을 나타내는 대상을 필요로 한다. 그리고 (4)의 '간다'도 출발점이나 지향점이 필요하다. 이렇게 보면 '되다, 아니다' 앞에 오는 성분만이 보충어가 아니라는 점에서 문제가 되고 있다. 보어를 하나의 문장 성분으로 설정하는 것과 설정하지 않는 것 중에서 합리적인 것이 무엇인가?

(2003. 9. 이화여대 교육대학원 국어교육전공 최경미 n108@hanmail.netmail.net)

▸▸ **답변**

학교문법의 보어는 "서술어가 요구하는 필수적 성분"으로서 '되다, 아니다'와 같은 서술어를 필요로 하는 문장성분"(고등학교 『문법』 152쪽)을 말합니다. 질문자는 보어를 "불완전 용언을 보충하여 주는 필수적인 문장성분"이라고 정의하셨으나 이는 학교문법의 보어와는 다른 개념임을 분명히 하실 필요가 있습니다. 질문자의 견해처럼 보어를 "불완전 용언을 보충하여 주는 필수적인 문장성분"으로 보는 학자들도 물론 있으며 이는 생성문법의 "보충어"(complement) 개념과 매우 유사한 것으로 판단됩니다.

학교문법에서 보어와 목적어, 필수적 부사어 등을 하나의 문장 성분으로 묶지 않고 별도로 설정한 것은 뒤에 결합하는 조사가 다르다는 점을 중시한 것으로 이해할 수 있습니다.(이에 대한 자세한 것은 남기심 · 고영근(1993: 263-64)을 참고하시기 바랍니다). 이들을 하나의 문장 성분으로 묶더라도 조사가 달리 실현되는 현상에 대한 설명은 필요할 것입니다. 보어를 하나의 문장 성분으로 설정하는 것이 합리적인지를 말하기는 쉽지 않습니다. 학교문법은 학교문법대로의 기본적인 전제 위에 입각하여 있으며 생성문법이나 선생님의 견해도 그 나름대로의 기본적인 전제 위에 입각하여 있기 때문입니다. 다만 각각의 전제 위에서 다양한 언어 현상을 얼마만큼이나 일관성 있게 설명하고 있는지가 판단의 기준이 될 수는 있다고 봅니다. (편집위원 최동주)

질의 89
겹문장과 홑문장의 구분에 관하여(6권 1호)

다음 문장의 짜임새에 대하여 알고 싶습니다.

중세에 연극은 유럽 여러 나라에서 교회의 주관으로 온 국민을 위한 행사로서 공연되었다.

이 문장이 겹문장인지 홑문장인지요? 겹문장이라면 어떤 문장이 안겨 있는지요? 통사론적으로, 의미론적으로 분석을 한다면 어떻게 되는지 궁금합니다.

(2004. 3, 충주고등학교 국어교사 이상수)

▸▸ **답변**

질문하신 문장의 짜임새를 나타내면 다음과 같습니다.

중세에 연극은 유럽 여러 나라에서 교회의 주관으로 [온 국민을 위한] 행사로서 공연되었다

〈관형절〉

└ (수식) ┘

중세에	연극은	유럽 여러 나라에서	교회의 주관으로	[온 국민을 위한] 행사로서	공연되었다
부사어	주어	부사어	부사어	부사어	서술어

위 문장은 관형사절인 '온 국민을 위한'이 명사 '행사'를 수식하고 있는 겹문장입니다. '중세에', '유럽 여러 나라에서', '교회의 주관으로', '온 국민을 위한 행사로서'는 모두 부사어의 역할을 하고 있으며, 이 중 '온 국민을 위한 행사로서'에 관형절 '온 국민을 위한'이 안겨 있는

것입니다. 문장의 짜임새는 기본적으로 통사론적인 개념이며, 의미론적으로도 달리 분석할 만한 특별한 점은 없습니다.

(편집위원 최동주)

9 옛말

질의 90
모음조화 변천에 관한 질문입니다.

7차 『고교문법자습서』 222쪽에 보면 "16-18세기 아래아의 소실로 'ㅡ'가 중성모음이 되어 예외가 더 많아진다. 현대국어에는 상징어에 흔적이 남아 있다"라고 쓰여 있습니다. 여기서 "아래아의 소실로 'ㅡ'가 중성모음이 되었다"라고 한 부분을 좀 더 설명해 주시면 대단히 감사하겠습니다. 읽어 주셔서 감사합니다.

(2005. 3. 21. 교사 임용 준비생, 길경배)

▸▸ 답변

아래 아는 15세기와 16세기에 걸쳐 비어두에서 'ㅡ'로의 변화를 겪습니다. 18세기 후반에 와서 어두 음절에서도 소실을 겪어 완전히 없어지게 됩니다. 그런데 중성 또는 중립모음(neutral vowel)은 모음 조화가 부분적으로 파괴되어 대립되는 두 계열의 모음 중, 둘 이상이 합류한 결과 생기는 것입니다.(이기문 · 김진우 · 이상억 1984: 185). 위에서 설명한 바와 같이 16세기에 아래아의 소실로 · 와 ㅡ가 부분적으로 합류되어 ㅡ가 특정한 환경에서 중립모음으로 역할을 하게 된 것입니다. 즉 ㅡ는 어두음절에서 음성모음, 비어두음절에서 중성모음이었던 것입니다.

(고영근의 홈페이지에서)

질의 91
정과정곡의 한 구절의 해석에 대하여(5권 1호)

고려가요 「정과정」에 '벼기더시니 뉘러시니잇가'라는 구절이 있습니다. 이 구절에 대해 고영근 · 남기심 공편(1997), 『중세어 자료 강해』에서는 '벼기던 사람이 누구였습니까'로 풀이하고 인칭 대명사 '누'의 회상 의문형이라고 부연해 놓았습니다. '벼기다'는 다른 용례로 보아 '굳게 말하다, 우기다'의 뜻으로 보입니다. 그런데 '벼기더시니'를 '벼기시던 이'로 보고 '뉘러시니잇가'의 '누'를 의문 대명사['誰'를 뜻하는 말]로 보면 중세국어의 어법에 따르면(수사적인 의문문이라 하더라도) 형식상 설명 의문문이므로 '뉘러시니잇고'가 되어야 할 것으로 여겨집니다. 이 문제를 접어 두면 이 구절은 '넋이라도 님은 한대 녀져라 (하고) 누누이 말씀하시던 이가 누구였습니까?'로 반문하는 것으로 보아야 할 듯합니다만 '벼기시더니'를 연결형으로 보고 '뉘러시니잇가'를 판정 의문문으로 볼 가능성은 없을까 하는 생각이 듭니다. '뉘러다'라는 단어가 문증되지 않으므로 더 문제가 많을 듯합니다만, "(지난 날에) 님께서 함께 살아가자꾸나 하고 누누이 말씀하시더니 (지금) 뉘우치시는(후회하시는) 것입니까?"와 같은 해석의 가능성은 없을지요? 그렇게 보면, '말힛마리신뎌'의 의미도 앞 내용과 관련한 화자의 생각을 드러낸 것으로 볼 수 있을 듯합니다.

(서울남공고 교사, 이종덕)

▸▸ **답변**

우리의 고전을 합리적으로 해석하기 위하여 이 선생이 많은 노력을 기울이고 있다는 것을 알고 있습니다. 제기하신 질문은 타당성이 인정됩니다. '버기더시니'를 연결형으로 보면 끝의 설명 의문형 '뉘러니니잇가'와 호응되니 상당한 설득력을 지니고 있습니다. 그러나 중세어에는 ᄒᆞ야써체와 ᄒᆞ쇼셔체에서는 두 가지 의문법이 잘 지켜지지 않습니다.(남기심 · 고영근, 『표준중세국어문법론』, 339쪽), 「정과정」의 '뉘러니시니잇가'도 그런 규칙에 이끌린 것으로 보면 큰 문제가 없을 듯합니다. 질문이 있는데 이 선생이 든 '뉘러다'는 어떻게 해서 책정된 어형인지 회신 바랍니다. 그리고 「정과정」의 해석에 대하여는 유동석 교수(부산대학교 국어교육과)가 새로운 견해를 제안하였는데 참조하시기 바랍니다. (편집대표 고영근)

질의 92
근대국어의 '-엇ᄂᆞ-'의 형성이 궁금합니다.(5권 1호)

중세국어 선어말어미 중 과거형으로 알려진 '-엇-'과 현재형으로 알려진 '-ᄂᆞ-'의 근대국어 시대에 결합된 현상을 어떻게 설명할 것입니까? 예를 들면

가. 제 술에 즐기면 醉ᄒᆞᆫ 사ᄅᆞᆷ을 앗긴다 ᄒᆞ엿ᄂᆞ니라 (몽어노걸대 3권 5장)

나. 내 네 ᄆᆞ음을 이믜 알앗노라 (삼역총해, 17장)

와 같은 예입니다.

(2003. 3, 서울 시립대학교 몽골 유학생 울지바트)

▸▸ 답변

15세기 국어에서 '잇-'은 어간이었습니다. 어간 뒤에 현재시제 표지 '-ᄂᆞ-'가 결합하는 것이 자연스러웠지요. 문제는 '-어 잇-'이 근대국어에서 과거시제 표시인 '-엇-'으로 바뀌었음에도 불구하고 15세기 당시의 현재시제 표지였던 '-ᄂᆞ-'가 그대로 나타난다는 데에 있습니다. 이 때의 'ᄂᆞ'가 여전히 현재시제라고 주장한다면 '과거+현재'라는 시제 모순에 빠지게 됩니다. 이러한 근대국어의 '-엇ᄂᆞ-'를 상대적으로 파악하여 '과거 속의 현재'라고 할 수는 있습니다만 오로지 '-엇ᄂᆞ-'의 문제만을 해결하기 위하여 새로운 시제 체계를 도입하는 것은 바람직하지 못합니다. 문법 기술의 간결성, 경제성 등의 기본 원칙에 어긋나기 때문입니다. 현재시제가 아니라면 '-ᄂᆞ-'의 기능은 무엇일까요? 세 가지 방법으로 설명해 보겠습니다.

첫째, '-엇ᄂᆞ-'는 하나의 형태이며 그 기능은 과거 시제이다. 둘째, '-엇'은 과거시제이고 '-ᄂᆞ-'는 직설법 어미이다. 셋째, '-엇-'은 과거

시제이고 '-ᄂᆞ-'는 아무런 문법범주적 기능이 없는 공형태(空形態)이다.

첫째 방법은 공시적인 처리 방법으로는 문제가 없지만 '엇ᄂᆞ'의 변화에 대한 아무런 설명을 제공하지는 못합니다.

둘째 방법은 서법의 관점에 의지하여 '-ᄂᆞ-'를 재해석하는 것입니다. 15세기에는 '-ᄂᆞ-'가 현재 시제와 직설법 등의 기능이 있었지만 '-엇ᄂᆞ-'의 구성에서는 현재시제의 기능이 사라지고 직설법의 기능만 살아있다고 하는 것입니다. 위의 예문 (가), (나)에서도 '직설법'에 의한 문장 해석이 가능합니다. 그러나 문제의 핵심은, 하필이면 '-엇ᄂᆞ-'의 경우에만 현재시제 기능이 사라지고 서법 기능만 살아있는지에 대한 설명을 어떻게 합리적으로 할 수 있느냐에 달려 있습니다. '-엇-'이 과거시제이므로 그 뒤의 '-ᄂᆞ-'는 현재시제가 될 수 없으므로 '-ᄂᆞ-'의 현재시제 기능은 사라지고 직설법만 남아있다는 식의 공허한 순환논리로는 문제가 해결되지 않을 것입니다. 요컨대 개별적인 예문 중심의 임시 방편적인 기술은 국어학적인 의미가 크지 않은 것으로 생각됩니다.

셋째 방법은 '-ᄂᆞ-'의 존재에 대한 문법사적 설명을 할 수 있습니다. '-엇ᄂᆞ-'의 '-ᄂᆞ-'는 통사론적 구성이 형태론적 구성으로 바뀌는 과정에서 나타나는 무의미 형태(meaningless morph)입니다. 이러한 형태가 존재할 수 있는 이유를 "형태 배열의 보수성"이라는 형태론적 현상에 의해 설명할 수 있습니다. 말하자면 이전 시대의 형태 배열 질서에 대한 흔적인 셈입니다. (편집주간 김영욱)

▸▸ 추가 답변

근대국어의 '-엇ᄂᆞ-'는 중세어의 직설법 완료상 '-어 잇ᄂᆞ-'가 '-엇ᄂᆞ-'로 형태가 변화함에 따라 직설법 과거로 기능이 변질된 것으로 조금도 이상해 할 것이 없습니다. 중세어와 현대어가 모두 그 바탕에 서법이 깔려 있다고 생각하면 모든 문제가 잘 풀립니다. 관련 논의는 고영근(2007: 413)를 참고하여 주시기 바랍니다.

질의 93
관형사형에 나타나는 '-오-'에 대하여 여쭙니다.(10권 1호)

안녕하세요.

국어지식이 매우 부족하여 혼자 공부를 하는 데 어려운 부분이 있어서 질의를 드립니다. 다름이 아니라 중세어의 선어말어미 '-오-'에 대한 것입니다. '-오-'가 사용된 관형사형은 서술격조사에서도 나타납니다. 다음 예는 고영근 교수의 『표준중세국어문법론』, 2005, 집문당, 324쪽에서 인용한 것입니다.

가. 내 겨지비론(겨집이론) 젼ᄎᆞ로
나. 道理 ᄒᆞᆫ 가지론 고ᄃᆞᆯ 니르시니라
다. 부톄샨 고디

이 부분에서 서술격조사가 나타나는 부분과 -오- 활용형이 나타나는 부분을 정확하게 알고 싶습니다. 잘은 모르겠지만 (가)의 '겨지비론'은 '겨집 + 이 (서술격조사) + (-오-활용형)'으로 분석되고 (나)의 '흔 가지론'은 '가지 + 이 (서술격조사) +(-오-활용형)'으로 분석하면 되는지요? 서술격 조사 '이' 뒤에 '오'가 오면 그것이 '로'로 바뀌는 것까지는 알겠는데 그럼 (다)의 경우는 어떻게 봐야 하는 걸까요? '부텨+ㅣ'에서 서술격 조사를 'ㅣ'로 본다면 -오-는 어떻게 나타나는 것인지요. 선생님의 책에서는 '샨'에 줄이 쳐져 있는데 이걸 어떻게 봐야할지 모르겠습니다. 가르침을 바랍니다.

(2008. 3, 서울대학교 국문과 대학원, 권상현)

▸▸ **답변**

관형사형에 나타나는 '-오-'에 대하여는 미묘한 문제가 많아 아직도 해결되지 않은 것이 많습니다. 질의하신 '부톄샨 곧'은 먼저 '부텨+ㅣ 샨 곧'으로 분석됩니다. '샨'은 '시+온'으로 분석되는데 '샤'는 '오'가 '시' 뒤에서 교체되어 만들어진 것입니다. '-오-'가 서술격 조사에 직접 붙으면 '-로-'로 교체되지만 중간에 '-(으)시-'가 개재되면 그대로 '-샨'이 됩니다. 이해가 되셨는지 모르겠습니다. 최근에 이루어진 '-오-'의 연구로 참고할 만한 것은 양정호(2003)이 있습니다. 정진을 바랍니다.

(편집대표 고영근)

질의 94
능격동사가 쓰인 자동사문과 능격문을 어떻게 구별하나요?

능격동사가 쓰인 자동사문과 능격문이 어떻게 구분되는지요? 선생님의 『표준중세국어문법론』 142쪽의 예문 (20)에 동작주를 설정하면 타동사 구문으로 해석할 수 있다고 하였는데 그러면 이때 (20)은 자동사문이 아니라 능격문에 해당하는 것이 아닌지요?

(2004. 11, 서울대학교 국문과 박사과정, 김선영)

▸▸ 답변

옳습니다. 책에 나온 바와 같이 동작주를 '이세민'으로 설정할 수 있기 때문에 능격 구문으로 볼 수 있습니다. 능격 구문은 왕 등의 절대자가 등장하는 상황에서는 언제든지 성립할 수 있습니다.

(고영근의 홈페이지에서)

질의 95
'-옷-, -ㅅ-' 등의 시제 해석

선생님의 논문 「고려가요에 나타난 문법형태」(『단어 문장 텍스트』, 1994/ 2004)에서 '-옷-', '-ㅅ-'이 직접 어간에 붙을 수 있으며 이 때

동사의 경우 과거 내지 완료로 해석이 된다고 설명되어 있습니다. 현대국어에서는 동사의 경우, '-는-, -았/었-'은 시제 어미가 결합되어야 하는데 반해 중세국어에서는 그렇지 않은 예들이 존재하는 것 같습니다. 이런 예들에서 시제 기능을 담당하는 것을 무엇으로 설명할 수 있는지요? zero 형태소를 설정하거나 '-옷-, -ㅅ-' 등이 시제의 기능을 아울러 담당한다고 해야 하지 않을는지요?

(2004. 11, 서울대학교 국문과 박사과정, 김선영)

▸▸ **답변**

한 형태에 두 가지 기능을 주는 것이 국어의 유형적 특성에 어긋나기 때문에 제로(∅) 형태를 설정한 것입니다. 이때의 제로는 반드시 다른 기본서법 '-ᄂᆞ-, -더-' 등과 계열관계를 이루어야 합니다. 졸저 『한국어의 시제 서법 동작상』, 2007, 170쪽에 제로를 설정해야 하는 당위성을 진술하였습니다.

(고영근의 홈페이지에서)

질의 96
중세국어의 사이시옷의 용법에 관한 질문입니다.

안녕하십니까? 중세국어에 대해 의문이 있습니다. 선생님이 쓰신 책으로 공부하는 중에 문법에 대해 많은 것을 배우고 있습니다. 홈페이지가 개설되어 있다는 것을 일찍 알았다면 더 좋았을 것을 매우 아쉽습니다. 중세 국어를 공부하던 중 궁금한 점이 있어 이렇게 방문하였습니다. 『용비어천가』를 보면

가. 狄人ㅅ 서리예 가샤
나. 野人ㅅ 서리예 가샤

라는 구절이 나오는데 여기 왜 'ㅅ(사이시옷)'이 쓰인 겁니까? 앞의 대상이 높임의 대상은 아닌 것 같은데 높임의 관형격 조사 'ㅅ'이 쓰였습니다. 아니면 사잇소리로 쓰인 것입니까? 사잇소리로 쓰인 것이라도 『용비어천가』라면 'ㄷ'이 쓰여야 하지 않습니까? 『훈민정음』의 君(군)ㄷ 字' 같은 예처럼 말이죠. 그리고 7차 고등학교 『문법』 교과서 부록 중세 부분 287쪽에 서술격 조사 설명 부분 있는데 예시 중에 齒ᄂᆞᆫ 니라' 가 있습니다. 그런데 전 보조사 '는'이라고 생각하는데 왜 책에는 'ᄂᆞᆫ'으로 나옵니까? 잘 모르겠습니다. 'ᄂᆞᆫ'은 체언의 모음이 양성모음일 때 오는 거 아닙니까? 아니면 '齒'가 중성모음이기 때문에 아무것이나 올 수 있다는 것 때문에 그런 겁니까? 의문점이 있으면 여쭈러 오겠습니다. 안녕히 계십시오.

(2006. 8. 2, 김종백)

▸▸ 답변

내가 그 사이 홈페이지의 방명록을 열어 보지 않아 회신이 늦었습니다. 답변해 드리겠습니다.

1. '狄人'과 '野人'은 높임의 대상이 아닌 데도 'ㅅ'이 붙은 것은 예외로 처리할 수밖에 없습니다. 'ㅅ'이 존칭명사와 무정명사에 붙는다고 하여도 예외가 많이 있습니다. 그래서 'ㅅ'에 관형격의 기능을 주는 것을 반대하는 사람도 있습니다. 어쩌면 『용비어천가』 작자가 '狄人'과 '狄人'을 무정물로 간주하여 'ㅅ'을 붙인 것인지도 모르지요. 보다 확실한 답변은 며칠 후에 드리겠습니다,

2. '齒ᄂᆞᆫ 니라'에서 'ᄂᆞᆫ'이 사용된 것은 모음조화규칙에 따른 표기로 맞습니다. 명사의 끝모음이 중성모음 'ㅣ'일 때에는 '는'과 'ᄂᆞᆫ'이 다 붙을 수 있습니다. 일반적으로는 '는'이 붙는 것이 많지마는 훈민정음 언해본과 같이 'ᄂᆞᆫ"을 취하는 일도 있습니다. 앞으로도 공부하는 중에 질의가 있으면 기탄없이 질의해 주시기 바랍니다.

(고영근의 홈페이지에서)

▸▸ 추가 답변

그 사이 확인한 바에 의하면 지난번 답변한 것이 확실합니다. 예외일수도 있고 '야인'과 '적인'을 무정물로도 보았을 수 있습니다. 후자가 개연성이 있어 보입니다, 우리는 전통적으로 여진족을 돌이나 다름없는 흉악무도한 오랑캐라고 생각해 왔으니까요.

질의 97
『용비어천가』의 시가화 과정에 대한 질의입니다.

안녕하세요. 저는 국어학을 전공하는 이성현이라고 합니다. 선생님이 남기심 선생님과 같이 엮은 『중세어자료강해』를 공부하던 중 『용비어천가』의 연습문제에 질문이 있어서 이렇게 글을 올립니다. 제7장의 배경 설화가 어떤 과정을 거쳐 시가화(詩歌化)했는지를 생각해 보라고 하셨는데요. 위 질문에 답변 부탁드립니다.

(2007. 1. 27, 이성현)

▸▸ 답변

죄송합니다. 내가 그 사이 해외 여행을 다녀오느라고 회신이 늦었습니다. 길잡이를 잘 읽어 보면 풀 수 있는데 어렵게 생각하시는 것 같습니다. 우선 배경 설화부터 보겠습니다.

전련은 중국 주나라 문왕 때 천명을 받은 표시로 붉은 새가 글을 물고 문왕 침실의 지게문에 앉으니 이는 성자인 무왕이 혁명을 일으키려 하매 천제가 내리신 복을 보인 것이라는 배경 설화를 시가화한 것입니다. 후련은 이태조의 조부인 도조가 군영에 있을 때 두 마리의 까치를 활로 쏘아 떨어지자 큰 뱀이 이를 다른 나뭇가지에 올려 놓고 먹지 않았으니 이는 도조의 손자인 이성계가 장차 나라를 세운다는 상서가 이미 나타났다는 이야기를 시가화한 것입니다.

전련에서는 동작주 '무왕'이 이미 3장에서 도입되었기 때문에 생략된 것이고 후련에서도 이미 3장에서 이성계의 선조('우리 시조')가 도입되었기 때문에 생략된 것입니다. 배경 설화의 시가화 과정에서는 새로운 정보만 반영되어 있습니다. 전련과 후련의 결속은 서로 대구를 이루고 있기 때문에 쉽게 찾을 수 있습니다. 이를테면 '블근새'와 'ᄇᆡ야미' 등이 그것입니다. (고영근의 홈페이지에서)

질의 98
품사의 통용에서의 어휘들의 문법적 기능

안녕하세요, 선생님. 부산대학교에서 국어교육을 전공하고 있는 학부생입니다. 매체라는 게 묘하게도 이렇게 글을 쓰다보니 선생님과 가까워진 느낌입니다.

다름이 아니라 제가 저희 학과에 개설되어 있는 〈옛말의 이해〉라는 강좌에서 선생님의 『표준중세국어문법론』으로 공부하고 있습니다. 얼마 전에 '형태론'을 다 배우고 연습문제를 풀어보다가 난관에 부딪혀 한 번 찾아왔습니다. 9장의 연습문제 2번(172쪽)이 아무리 생각해도 갈피를 못 잡겠습니다. [길잡이]에 일러두신 책도 찾아봤으나 실마리가 잡히지 않습니다. 어떤 식으로 접근해야 합니까?

(2008. 6. 1. 부산대학교 국어교육과, 서명현)

▸▸ 답변

얼마 동안 홈페이지를 열어 보지 않아 회신이 늦었습니다. 허웅 선생은 '이, 그, 뎌'를 명사로 봅니다. 우리말에는 '철수 책'과 같이 명사 다음에 관형격조사가 오지 않는 일이 있으니까 이에 유추하여 '이, 그, 뎌'를 명사로 보는 것입니다. 그런데 보통의 명사는 뒤에 '의'가 오기도 하고(철수의 책), 안 오기도 하지만(철수 책), '이, 그, 뎌'는 결코 관형격 조사가 오는 일이 없습니다. 그러니 대명사와 관형사로 통용된다고 설명할 수밖에 없지요. 그렇게 본다면 유창돈 선생의 견해가 더 일반성을 얻을 수 있습니다. 요즈음에 와서 품사 통용을 반대하는 사람도 있습니다. 관련 정보는 고영근 · 구본관(2008, 49-51, 56, 58)을 보아 주십시오. 앞으로도 질의가 있으면 기탄없이 홈페이지에 올려 주시기 바랍니다. (고영근의 홈페이지에서)

질의 99
성조는 형태소가 될 수 있습니까?

중세국어를 공부하던 중 형태론 부분에서 성조에 대한 설명을 보았습니다. 관형격 조사가 결합한 '내'와 주격 조사가 결합한 '내'의 경우 성조가 다릅니다. 즉, 조사와 결합하는 과정에서 성조가 달라졌다는 것인데요, 이때 성조가 형태소로서 기능한다고 할 수 있을까요? 보통은 비분절 음운으로 생각하지만 말입니다. 생각을 조금 달리해서 1인칭 대명사 '나'의 이형태로 '내'를 설정한다면 성조만으로 문법적 자질을 부여하는 것으로 볼 수 있지 않을까 했습니다. 그럼 성조는 형태소로 볼 수 있을 것도 같다는 생각을 했습니다. 여기에 대해 생각하던 중 현대국어에 대한 의문도 생겼습니다. 현대국어에서 '내가'라는 주어는 주격조사가 두 번 붙은 것인가요? 아니면 통시적으로 보아 'ㅣ'가 붙은 형태를 한 단어로 처리하고 뒤에 주격조사 '가'가 붙은 형태인지 알고 싶습니다. 그렇다면 현대국어에서는 '내'를 어떻게 처리하고 있는지도 알고 싶습니다. '나'의 이형태입니까, '나'에 주격조사가 붙은 것입니까? 후자라면 현대국어에서 '이/가' 말고 'ㅣ'라는 주격조사가 하나 더 있다고 볼 수 있는 것인가요?

중세국어에서 영(零) 조사가 결합하여 성조가 달라지는 경우가 있는지 궁금합니다. 만일 영조사가 결합해 문법적 자질이 달라지고 성조가 달라진다면 성조가 형태소로 기능한다고 볼 수 있을지도 궁금합니다.

(2008. 8. 22. 김완희)

▸▸ 답변

차례로 답변하여 드리겠습니다.

1. 성조의 형태소 여부

성조는 음장과 같이 형태소를 분화하는 기능을 하지 그 자체가 형태소는 아닙니다. 이는 분절음소 'ㅂ, ㅃ'이 '불, 뿔'과 같이 단어의 의미를 분화하는 것과 같습니다.

2. '내가'는 역사적으로는 주격조사가 둘 붙었다고 할 수 있으나 공시적으로는 '나를'과 비교하면 '가' 앞에서 '내'로 바뀌니 '내'는 '나'와 형태론적으로 제약된 이형태입니다. 형태소의 교체에 대하여는 『國語學』46(2004)에 실린 「형태소의 교체와 형태론의 범위」를 참조 하시기 바랍니다. 본인의 홈페이지에서도 내려 받을 수 있습니다.

3. 중세어에 영의 주격조사가 붙으면 상성으로 변하는 예가 있습니다.(『표준중세국어문법론』, 집문당, 1997, 100쪽). 다 그런 것은 아니고 'ᄃᆞ :리, 너 :희'와 같이 평성으로 된 음절에 영의 주격(거성)이 붙으면 상성으로 교체합니다. 이것도 성조가 단어의 의미를 분화하는 것이지 그 자체가 형태소가 아닙니다. 언어에 따라서는 성조가 형태소의 노릇을 하는 일이 있다고 하는데 자세한 정보는 서울대 국문과의 이상억 교수에게 문의하시기 바랍니다.

(고영근의 홈페이지에서)

질의 100
높임법에 대하여 다시 질문 드립니다.

1. 『표준중세국어문법론』에 약간 이상한 점이 있는 듯하여 이렇게

질문을 드립니다. 저는 1판 8쇄를 가지고 있는데, 308 쪽에는 '저숩다(절하다)'가 객체높임의 어휘로 되어 있습니다. 그런데 301쪽에는 객체 높임 선어말어미에 의한 높임에 '저숩다'가 있으니, 이것은 잘못이 아닌가 합니다.

2. 그리고 이 점에 관하여 의문점이 하나 있습니다. 높임법은 문법 범주이므로 선어말어미에 의한 것만 높임법으로 봐야 한다고 알고 있습니다. 따라서 개별적인 어휘에 의한 높임 표현은 "높임법"이 아니라 '높임 표현'으로 봐야 하지 않습니까? 물론 시험에서는 이 점을 확실하게 명시해 주겠지만 '객체 높임법이 쓰인 횟수는 몇 번인가' 라고 물어보았을 때, 객체높임 어휘에 의한 높임 표현도 포함시켜야 하는지, 제외시켜야 하는지 궁금합니다.

3. 문법 교과서에는 '나뭇잎'이 합성어의 예로 언급되어 있는데 『표준국어문법론』에는 이에 대한 설명이 없는 듯합니다. 저는 사이시옷이 관형격 조사이므로 통사적 합성어인 것 같은데 일부 학자들이 비통사적 합성어라고 주장하는 것을 들었습니다. 무엇으로 봐야 하는지 가르쳐 주신다면 정말 감사하겠습니다.

4. ㄹ 탈락에 관한 것입니다. 저는 단어 형성 시 중세에선 'ㄹ ⇒ ∅ /__ㄴ,ㄷ,ㅍ,ㅅ', 현대에선 ㄹ ⇒ ∅ /__ㄴ,ㄷ,ㅅ,ㅈ 의 현상이 일어난다고 알고 있었습니다. 그런데 한글맞춤법해설 28항에서는 ㄹ ⇒ ∅ /__ㄴ,ㄷ,ㅅ,ㅈ 현상을 역사적인 현상으로 보고 있는 듯합니다. 그렇다면 현대 국어에서 단어 형성 시 ㄹ 탈락은 일어나지 않는 것으

로 보는 것입니까? '쌀집' 같은 예를 봐도 현대국어에선 일어나지 않는 것 같기도 한데 확실하지 않아 이렇게 질문 드립니다.

5. '붓, 배추, 김치' 등의 단어를 김광해 밖에 지은 『국어지식탐구』에서는 중국어 차용어로 귀화어 즉, 외래어로 보고 있는 것 같습니다. 그런데 또 다른 선생님께서는 중국에서 온 단어이기 때문에 한자어라고 하시는데 어떤 입장에 서는 것이 좋을지 잘 모르겠습니다.

갑자기 많은 질문을 드려 너무 죄송합니다. 위의 문제 말고도 몇몇 의문점이 있었는데 대부분 해결하였습니다. 그런데 위의 문제들은 책마다 의견이 다르고 결론이 잘 서지 않아 이렇게 부득이하게 질문을 드립니다. 짧게라도 답변 주신다면 그것을 토대로 공부해보겠습니다. 감사합니다.

(2008. 10. 7. 지현웅)

▸▸ 답변

1. '저숩다'는 형태상으로만 '숩'이 들어갔을 뿐이고 명사 '절'에 '숩'이 붙어 이루진 말이므로 객체높임의 선어말어미에 넣은 예는 당연히 빼야 합니다. 이 책이 나온 지 20년이 넘었는데 처음으로 잘못을 지적해 주셨습니다. 그리고 개별 어휘에 의한 것은 "높임표현"으로 고치는 좋습니다. 잘못이라는 것을 시인합니다.

3. 사잇소리는 중세국어는 관형격조사이며 '빗믈'과 같이 굳어진 것

은 합성어로 볼 수 있습니다. 이런 예는 두 명사의 병치에 의한 명사의 합성이므로 당연히 "통사적 합성어"입니다. 우리말에는 통사적 구성에서 '서울 부산'과 같이 두 명사가 병치되는 일이 흔합니다.

4. 『한글 맞춤법』 해설에서 역사적으로 본 것은 현대어의 'ㄹ' 탈락은 활용형에 나타나는 'ㄹ' 탈락과 그 조건이 다르다는 사실을 중시한 것입니다. 원래 조어법의 형태음운론은 불규칙합니다. 관련 논의는 졸저 『국어형태론연구』(1989/1999: 535쪽 이하)를 참고하시기 바랍니다.

5. 한자어가 아니고 귀화어입니다. '배추, 붓', 김치'는 중국의 어느 시대에 쓰인 말이 우리나라에 들어와서 굳어진 것이므로 한자와 대응이 안 됩니다. (고영근의 홈페이지에서)

*** 인사

선생님 감사합니다. 번거로우셨을 텐데 이렇게 자세하게 답변해 주셔서 몹시 감사합니다. 말씀하신 대로 방향을 잡아 공부하겠습니다. 환절기에 감기 조심하십시오. (2008.10. 19, 지현웅)

질의 101
중세 간접의문문과 현대 품사 통용에 대해 질문드립니다.

선생님 안녕하십니까? 지난번 자세하게 답변해 주셔서 정말 감사합니다. 이번에도 몇 가지 의문이 생겼습니다. 첫 번째는 『표준중세국어문법론』 341쪽의 간접 의문문에 관한 것입니다. 간접 의문형어미 '-ㄴ가, -ㄴ고'는 화자의 상념을 표시한다고 하셨는데 아무리 생각해도 이해가 가지 않습니다. 제 생각에는 화자의 상념이 아니라 주체의 상념을 표시하는 듯합니다. 예로 드신 월인석보 '희 이 브를 보고 더븐가 너기건마른 … '(10: 14) 같은 경우도 덥다고 여기는 것은 화자가 아니라 행위 주체인 '너희'인 듯합니다. 그 밖에 다른 예문들도 다 이렇게 해석되는데 제가 잘못 생각하는 것인지 궁금합니다.(나와 있는 예문의 전문을 찾아서 해석해 보아도 이해가 가지 않아 결례를 무릅쓰고 이렇게 질문 드립니다. 죄송합니다)

두 번째는 품사 통용에 관한 것입니다. 형태와 기능의 1:다(多) 대응을 인정하는 품사의 통용과 형태와 기능의 1:1 대응만을 인정하는 품사의 전성 입장이 있다고 알고 있습니다. 그리고 그 중간적인 입장으로 예외적인 '체언 수식 부사'라는 개념이 있는 것으로 알고 있습니다. 그런데 목적격 조사의 보조사적 용법'도 이와 관련 있는 개념인지 궁금합니다.

그는 나를 책을 주었다

에서 '를'은 목적격 조사라는 본래의 품사를 유지하면서 강조의 보조사라는 기능을 하지 않습니까? 그런 점에서 체언 수식 부사와 같은 원리를 가지는 개념인 것 같다는 생각이 듭니다. 하지만 격조사와 보조사가 조사라는 하나의 품사 안에 있는 것 때문에 다른 개념인 것 같다는 생각도 듭니다. 말이 너무 복잡해졌는데 목적격 조사와 보조사 사이의 넘나듦을 명사와 관형사 사이의 넘나듦(품사의 통용)과 연관시켜 봐야 할지 궁금합니다.

마지막으로, 『표준국어문법론』(1993) 349쪽을 보니, 의문문을 판정, 설명, 수사 의문문으로 나누신 듯합니다. 그리고 수사 의문문은 반어, 감탄, 명령 의문문으로 나누신 것 같습니다. 그런데 364쪽 "부정문" 부분에서는 부정 의문문과 확인 의문문을 다루셨는데 이 두 형태는 부정문으로 봐야 할지 아니면 의문문으로 봐야 할지 궁금합니다. 되도록 질문을 적게 드리려고 했는데 알아보고 공부해 보아도 잘 풀리지 않아 많은 질문을 드리게 되었습니다. 죄송합니다. 조금이라도 가르침 주신다면 대단히 감사하겠습니다. 갑자기 추워진 날씨에 감기 조심하시길 바랍니다. 안녕히 계십시오. (2008. 10. 25, 지현웅)

▸▸ **답변**

차례대로 답변 드리겠습니다.

1. 화자의 상념으로 보는 것이 옳습니다. 주체가 덥다고 생각하는 것은 화자이기 때문입니다. 너무 문장 구조에만 매어서는 안 됩니다. "상념"과 같은 양태적 의미는 특별한 경우("나무가 넘어지려고 한다")

ㅏ 아니면 화자와 관련시키는 것이 옳습니다.

2. 현행 학교문법의 품사의 통용은 홍기문 선생의 『朝鮮文法硏究』ㅔ서 가져온 것인데 최현배 선생의 『우리말본』의 "씨몸바꿈"(品詞轉ㅏ)에 많은 문제점이 있어서 그렇게 해 본 것입니다. 통용으로 처리해ㄷ 주요 기능과 부차 기능이 생깁니다. 조사 '를/을'에 간취되는 격조ㅏ와 보조사의 기능을 품사통용에서 다룰 수 없느냐는 것인데 품사ㅌ용은 주요 범주인 실질어에 국한하는 것이 좋습니다. 앞으로는 조ㅏ도 어미와 같은 범주로 처리해야 합니다. 현재 남북이 공동 편찬하ㄱ 있는 『겨레말 큰사전』에서는 조사와 어미를 '토'의 범주에 넣고ㅅ습니다. 이는 주시경 선생이 그렇게 처리하였고 북한에서도 그렇게ㅓ리하고 있으며 본인의 『우리말의 총체서술과 문법체계』(일지사, 993)에서도 그렇게 보았습니다.

3. 『표준국어문법론』 364쪽의 부분은 남기심 교수의 소관입니다만ㅓ가 대신하겠습니다. "확인 의문"은 의문문입니다. 이는 영어의 "Tag uestion"에 해당합니다. 관련 내용은 나와 구본관 교수가 같이 쓴 우리말문법론』, 2008, 433-4쪽에도 나와 있습니다.

(고영근의 홈페이지에서)

** 인사

ㅏ사합니다. 공부가 부족해 부끄럽습니다. 말씀해 주신대로 공부해ㅗ겠습니다. (2008. 11. 8. 지현웅)

질의 102
한국어의 "progresive aspect marker"에 대해서 질의 드립니다.

안녕하세요. 저는 언어학 박사 과정 공부를 준비하고 있는 학생입니다. 최근 한국어와 Hawaiian Creole 내 "progrssive aspect marker"에 대한 논문을 준비하고 있는데 교수님 연구를 알게 되었습니다. 그래서 혹시 교수님께서 쓰신 논문이나 책 중 Progrssive aspect marker인 'nun cwung'이 포함된 내용을 제가 알 수 있을까 해서 이렇게 글 남깁니다. 지금 미국에서 머물고 있어 한국에 있는 책이나 논문들을 쉽게 구하는 것이 힘든 상황이라 이렇게 부탁드립니다. 정말 감사드립니다. 저도 열심히 해서 교수님과 같은 존경받는 학자가 되도록 하겠습니다. 감사합니다. 건강하시고 행복하세요.

(2009. 3. 28 미주 유학생, 김지영)

▸▸ **답변**

질의를 해 주셔서 고맙습니다. 진행상 표지의 '중'에 대하여는 내가 1980년 『어학연구』 16권 1호에 발표한 「국어 진행상 형태의 처소론적 해석」에서 논의한 것이 있습니다. 이 글은 남기심 교수와 같이 편찬한 『국어의 통사 · 의미론』(탑출판사, 1983, 151-70쪽)과 나의 책 『단어 문장 텍스트』(보정판) 한국문화사, 2004, 213-233쪽에 실려 있습니다. 진전된 논의는 나의 최근 저서 『한국어의 시제 서법 동작상』, 태학사

2004, 315-319쪽)와 보정판(2007)의 '붙임말' 564쪽에 있습니다.

질의 103
중세국어 'ㄱ' 탈락에 대하여 질문 드립니다.

주신 메일 확인하고 올립니다.

선생님께서 지으신 『표준 중세국어문법론』에서 기초적일지 모르나 질문을 드리고자합니다.

'ㄱ' 덧생김 체언에 속하는 '나모'에 관한 것인데요. 단독형이거나 자음으로 시작하는 조사 앞에서는 '나모'로, 모음으로 시작하는 조사 앞에서는 '남ㄱ'의 형태로 나타나는 것으로 알고 있습니다. 위의 정리대로라면 자음으로 시작하는 조사 '과' 앞에 '나모'가 나타나서 '나모과'로 표기되어야 할 것으로 보이는데 왜 '나모와'로 표기되는 이유가 궁금합니다. 그렇다면 '남ㄱ+와(모음으로 시작하는 조사)' 구성의 '남과'의 표기는 없는지요.

이와 별개로 다른 쪽으로 생각해 보아 {'ㄱ' 덧생김 체언 '나모'}를 잠시 미뤄 두고 공동 부사격 조사 '과/와'만을 생각해 보았을 때, '과'와 '와'는 선행 체언의 음성 환경에 따라 구별되므로 체언 말음이 자음일 때(남ㄱ)에는 '과'가, 체언 말음이 모음일 때(나모)에는 '와'가 오는 조건과, {'ㄱ' 덧생김 체언 '나모'} 뒤에 오는 공동 부사격조사 '과/와'의 조건이

상충되는 것이 아닌가하는 비약적인 생각도 해보았습니다. 책에서 자음으로 시작하는 조사 '와'[wa]를 제시하셨는데요. 이 부분이 잘 이해가 가지 않아서 질문 드립니다. 이것을 'ㄱ' 계열의 조사 '과, 곳, 곰, 가, 고'가 'ㄹ' 말음명사와 모음 명사 뒤에서 'ㅇ' 계열의 조사 '와, 옷, 옴, 아, 오'로 교체되는 것으로 보아야 하는 것인지요. 아니면 자음으로 시작하는 조사에 대한 개념을 반모음(반자음)으로 시작하는 조사도 포함하는 것으로 보아야 할는지요. 무지함에서 비롯된 질문들이라 생각은 되지만 답변 주시면 정말 감사하겠습니다. 조악한 글 끝까지 읽어주셔서 감사합니다. 환절기 감기 조심하세요. (2009. 4. 15, 김지훈)

▌추가 질문

현대국어 질문입니다만 감탄사에는 조사가 붙지 않는다는 명제 아래, '천만에요'는 어떻게 보아야 할까요. 저는 '천만에+(보조사)요'를 생각했습니다만 선생님의 고견을 듣고 싶습니다

▸▸ 답변

질문의 초점이 몇 가지인지 분명하지 않지만 다음과 같이 정리할 수 있을 것 같습니다. 질문하실 때는 반드시 쪽수를 제시해야 합니다.

첫째 질문에 대하여

'나모와'가 되는 것은 '와'가 자음으로 된 [wa]입니다. 만약 '와'가 순

수한 모음 조사라면 '남ㄱ 와'가 되겠지만 자음조사이기 때문에 '나모와'가 됩니다.

둘째 질문에 대하여

'ㄱ' 계열의 조사와 'ㅇ' 계열의 조사는 형태음운론적으로 제약을 받는 교체입니다. 자세한 내용은 졸고 「형태소의 교체와 형태론의 범위」(『國語學』 46, 2004)(본인의 홈페이지에도 공개되어 있음)를 참조하시기 바랍니다.

[추가 질문에 대한 답변]: 『표준국어문법론』에는 감탄사에 조사가 붙지 못한다고 되어 있습니다. 이는 물론 격조사와 일반 보조사를 가리킵니다. 귀하가 드신 '천만에'를 비롯하여 '그럼' 등은 종결보조사를 취합니다. 이런 예를 보면 일부의 감탄사는 보조사를 취한다고 설명을 수정할 필요가 있습니다. 반증례를 제공하여 주셔서 고맙습니다.

(고영근의 홈페이지에서)

질의 104
"보수성을 띤 어미"에 대하여

『표준중세국어문법론』에서 자주 발견되는 "보수성을 띤다"라는 것이 있습니다. "진실로 우리 종이니이다"(264쪽)와 같은 표현이나, " '-돗-'과 같은 기능을 띠었으면서 다소 보수성을 띤 '-옷-'이 있다. 이 어미는 'ᄒᆞ샷다, ᄒᆞ놋다'에서 확인된다."(148쪽), 그리고 " '-(으)니라'는 '-다'보다 약간 보수성을 띠고 있다."(150쪽)에 나타나는 "보수성"에 대한 설명을 요청 드립니다. (2009. 4. 22. 김지훈)

▸▸ **답변**

"보수성"을 띠었다고 함은 구형(舊形)이라는 뜻입니다. 중세에는 기능은 차이가 없으면서 두 개의 문법 형태가 공존하는 것이 있었습니다. 평서형어미 '-다'와 '-(으)니라'가 그것입니다. 두 예는 서로 바꾸어 놓아도 전혀 그 기능상의 차이를 인정하지 못합니다. 물론 구형은 곧 없어지고 신형만 남아 현재까지 전해 옵니다. 이런 문법을 세우지 않을 수 없는 것은 많은 언어는 평서형 어미(서술성 어미)와 관형사형 어미가 형태가 같은데 우리말만 유독 다르다는 것에 착안한 것입니다. 그런데 우리의 서술성 어미가 원래 '-니라'로 되어 있다는 가정이 옳다면 '-니라'에서 끝의 '이라'만 탈락시키면 바로 'ㄴ'이 나와 두 어미가 일치합니다.

자세한 내용은 졸저 『단어 · 문장 · 텍스트』(한국문화사, 163-212, 432-433쪽)을 참고 바랍니다. 감동법어미 '-옷-'과 '-돗-'도 마찬가집니다. 전자는 구형으로서 곧 없어지고 후자만 남아 지금도 '하도다'에서처럼 쓰이고 있습니다. (고영근의 홈페이지에서)

질의 105
'ᄇᆞᆯ오니라'의 형성을 어떻게 설명합니까?

『표준중세국어문법론』 259쪽 연습문제 3번의 (가) 예문을 보면 崑崙과 虞泉괘 ᄆᆞᆯ바래 드러 ᄇᆞᆯ이니라' 라는 문장이 있습니다. 3번 문제는 제시된 피동문을 능동문으로 고치고 동작주의 변화를 살펴보는 것인데 집문당 홈페이지에 올라 있는 「연습문제 풀이 정답과 해설」에는 다음과 같이 답이 나와 있었습니다.

ᄆᆞᆯ바리 崑崙과 虞泉ᄅᆞᆯ 드러 ᄇᆞᆯ오니라

제가 궁금한 것은 'ᄇᆞᆯ이니라'가 'ᄇᆞᆯ오니라'가 되었는데 여기서 '-오-'는 선어말 어미 '-오-'를 말씀하시는 것입니까? 만약 그렇다면 'ᄇᆞᆲ다'의 어간의 종성 'ㅂ'이 탈락된 것입니까? "ㅂ 불규칙 활용"도 고려해 보았는데 잘 이해가 가지 않아서 질문 드립니다.

(2009. 5. 3, 주해영)

▶ 답변

좋은 질문 감사합니다. 해답을 달 때 설명을 붙였어야 하는데 잊었습니다. 'ᄇᆞᆯ오니라'는 'ᄇᆞᆯᄫ니라'에서 말음 'ㅂ'이 매개모음을 요구하는 어미 '니라' 앞에서 'ㅸ'으로 바뀌고 다시 그것이 탈락하니 'ᄇᆞᆯ오니라'

로 변한 것입니다. 변화 과정은 다음과 같이 정리할 수 있다.

블+ᄇᆞ+니라〉블+ᄫᆞ+니라〉블오니라

(고영근의 홈페이지에서

10 문법과 맞춤법

질의 106
'개구리'의 표기에 관한 질문입니다.(8권 1호)

한글 맞춤법 제23항은 '-이'가 붙어서 명사가 된 단어에 대한 조항입니다. 본 항에서는 '-하다'나 '-거리다'가 붙는 어근에 '-이'가 붙어서 명사가 된 것은 그 원형을 밝히어 적는다고 하고 붙임 조항에는 '하다'나 '-거리다'가 붙을 수 없는 어근에 '-이'나 다른 모음으로 시작되는 접미사가 붙어 명사가 된 것은 원형을 밝히어 적지 않는다고 하고 있습니다. 즉 '개구리', '뻐꾸기' 등으로 적도록 한 것입니다. 붙임 조항의 규정은 어근의 본 뜻에서 멀어진 말의 경우, 소리대로 적는다는 한글 맞춤법의 대원칙을 의식한 것으로 보입니다. 그러나 특히 의성어의 어근이나 의태어의 어근에 '-이'가 붙어서 형성된 어휘의 경우, 본 뜻에서 멀어진 것으로 보아야 하는지 의문이 생깁니다. 또한 " '-하다'나 '-거리다'가 붙을 수 없는 어근"이라는 규정도 애매모호하여 이것이 꼭 원형을 밝히어 적지 않는 어휘들을 판별할 수 있는 기준으로 적합한 것인지도 의문입니다. '개구리'라는 어휘의 경우 '개굴개굴'이라는 개구리의 울음 소리에서 나온 어휘라는 사실을 언중이 모두 인식하고 있어 '꿀꿀이'라는 어근의 원형을 밝혀 적는 어휘와 차이점이 있어 보이지 않습니다. '꿀꿀거리다'에 비해 '개굴거리다'가 특별히 어색하다고 보이지도 않으며 이것이 어근을 밝혀 적고 적지 않는 기준이 되기는 힘들다는 생각입니다. 따라서 어근을 밝혀 적는 경우와 적지 않는 경우를 구분할 새로운 기준을 마련하거나 명사 파생 접미사 '-이'가 결합하는 경우에 모두 어근을 밝혀 적도록 하는 등의 대안이 마련되어야 하지 않을까 하는 생각입니다.

(2006. 3. 서울대학교 국문과 석사과정, 문규원)

답변

먼저 좋은 질문 감사드립니다. 저도 질문자의 의견에 전적으로 동의합니다. '개구리'를 '개굴이'로 적지 못할 합리적인 이유를 찾을 수 없다고 봅니다. 본 뜻에서 멀어졌다거나 '-하다'나 '-거리다'가 붙을 수 없다는 것으로는 이 문제를 설득력 있게 설명할 수 없다고 봅니다. 예부터 '개구리'로 썼기 때문에 관용적으로 그냥 사용할 수밖에 없다는 주장도 가능하겠으나 '뻐꾸기'가 얼마 전까지 '뻐꾹이'였다는 점을 고려한다면 이것도 그리 설득력은 없어 보입니다. 특히 '-하다'나 '-거리다'의 어근은 의성·의태어로서 단독으로는 부사로 사용되는 것이 일반적인데 '개굴개굴, 뻐꾹뻐꾹' 등도 정도의 차이는 있지만 그와 마찬가지기 때문에 오히려 차이점보다는 공통점이 더 많습니다. 더 문제가 되는 것은 맞춤법 23항의 [붙임]란에 제시한 예외적인 경우들이 서로 성질이 다른 것들이라는 점입니다. 즉, 접미사의 소리와 의미가 서로 다른데도 '개구리, 뻐꾸기, 매미' 등과 '부스러기, 깽과리, 뀌뚜라미' 등이 함께 묶여 있어 바로 이러한 점이 '개구리'의 문제를 더욱 어렵게 만드는 것은 아닌가 생각해 봅니다. 차라리 23항을 20항과 통합하여 어근에 '-이'가 붙느냐 아니면 다른 모음으로 시작된 접미사가 붙느냐를 기준으로 삼으면 어떨까 합니다. 20항과 23항을 굳이 구분한 이유는 20항의 경우 그 어근이 명사라는 점 때문인데, 사실 이러한 구분도 명확한 것이 아닙니다. 예를 들어 '샅샅이'에서 '샅샅'은 단독으로 명사로 쓰이는 경우가 없기 때문입니다.

(편집위원 시정곤)

질의 107
사이시옷의 용법이 궁금합니다.(8권 2호)

『한글맞춤법』 제30항에 따르면 순 우리말로 된 합성어나 순수 우리말과 한자어로 된 합성어만 사이시옷을 적고 한자어끼리 이루어진 합성어는 사이시옷을 적지 않는다고 밝혀져 있습니다. 단, '곳간, 셋방, 숫자, 찻간, 툇간, 횟수'의 여섯 개만이 예외적으로 한자어끼리 된 합성어인데도 사이시옷을 적는 것으로 알고 있습니다. 그런데 왜 이들 한자어 합성어는 사이시옷을 적는지요? 또한 '찻잔(茶盞)'의 경우 한자어끼리 합성어이고 위에서 제시한 여섯 개에 속하지 않는데도 『표준국어대사전』 등에서 사이시옷을 적는 이유는 무엇입니까

(이화여자대학교 국어국문학과, 한경화

▸▸ 답변

사이시옷의 문제는 그 현상이 매우 다양하고 그 원인 또한 다양해서 현상 전체를 일관되게 설명한다는 것이 매우 어렵습니다. 지적하신 문제도 그런 점에서 명쾌한 답을 제시하기란 매우 어렵다는 점을 미리 말씀드립니다. 다만, 두 음절로 된 한자어에는 사이시옷을 쓰지 않는 것이 원칙인데 왜 이들 여섯 개의 단어(곳간(庫間), 셋방(貰房), 숫자(數字), 찻간(車間), 툇간(退間), 횟수(回數)만 예외로 하였는가 하는 점에 대해 간략히 설명해 드리고자 합니다. 두 음절 한자어의 경우 사이시옷을 허용하면 '이과(理科)→잇과' '치과(齒科)→칫과' 등이 되어야 하는데 이렇게 되면 '理, 齒'의 한자음이 '잇'이나 '칫'이 되어 버려 문제가 되기 때문에 된소리가 나더라도 사이시옷을 허용하지 않는 것이 아닌가 합니다. 그럼에도 불구하고 여섯 단어를 예외로 인정한 이유는 몇 가지로 생각해 볼 수 있습니다.

첫째, 발음상의 문제입니다. 위의 여섯 단어는 이미 사이시옷이 들어간 발음이 일반인에게 익숙하게 되어 사이시옷을 쓰지 않는다면 실제의 발음과 너무 차이가 커져 의미 파악에 혼동이 오기 때문입니다. 둘째는 의미상의 문제인데 '찻간'을 '차간'이라고 하면 '車間: 차 사이'의 의미와 혼동이 일어날 수 있다는 문제가 생깁니다. 그리고 셋째로는 조어상의 문제로 한자어임에도 불구하고 사이시옷이 포함된 이들 단어가 고유어와 결합하여 새로운 단어를 만들어내는 일을 활발히 하고 있다는 점입니다. 예를 들어 '셋방'의 '셋'은 '셋집, 셋돈 등에서, '찻간'의 '찻'은 '찻삯, 찻집' 등에서 조어력을 보이고 있습니다. 따라서 이러한 이유를 종합해 볼 때, 이들 여섯 단어는 예외로 사이시옷을 인정하는 편이 낫다고 판단한 듯합니다. 그러나 앞서 말씀드린 대로 이 기준이 그리 명확하지가 않고 예외도 있으므로 이 문제는 앞으로 논란이 계속될 것이라 생각합니다.

(한국과학기술원 KAIST 교수, 『형태론』 편집위원, 시정곤

질의 108
무성자음 아래의 'ㅎ' 표기에 대하여 질의합니다.(8권 2호)

『한글맞춤법』 제40항에 따르면 '간편하게, 연구하도록, 가하다'의 경우 '간편케, 연구토록, 가타'처럼 '하'의 'ㅏ'만 주는데 이에 반해 '거북하지, 생각하건대, 깨끗하지 않다'의 경우 '생각건대, 생각다 못해 깨끗지 않다'처럼 '하' 전체가 주는 이유는 무엇입니까?

(이화여자대학교 역사교육학과, 신선옥

▸▸ 답변

좋은 질문입니다. 현행 맞춤법에는 어간의 끝 음절 '하'의 'ㅏ'가 줄어질 때에는 '간편케'와 같이 다음 음절의 첫소리와 어울려 거센소리

가 되면 거센소리로 적는다고 규정하여 놓았습니다. 이전에는 사실 '간편ㅎ게'와 같이 'ㅎ'을 중간에 적기로 하였으나 실제의 사용에서는 현행 맞춤법과 같이 다음 음절과 어울려 적는 것이 관례화되어 그것을 수용한 것입니다. 그리고 [붙임2]에서는 '생각건대, 깨끗지'와 같이 안울림소리[무성음] 뒤에서는 관용을 따라 '하'가 줄어진 대로 적는다고 하였습니다. 사실 이 규정은 매우 모호합니다. 그런데 무성음받침 'ㄱ, ㅂ'을 가진 '입학하게, 가입하지'와 같은 경우는 어떻게 적어야 하는지에 관한 규정이 빠져 있습니다. '입학하다, 가입하다'는 관용화하지 않는 말로 보고 현재는 본 규정에 따라 '입학케, 가입치'로 적고 있습니다. 이곳의 관용화되지 않은 말이란 한자어 기원이 명백한 어휘를 가리키는 것으로 보입니다. [붙임2]에서 들고 있는 예가 모두 고유어이기 때문입니다. 나는 신 양과 같은 의심을 40년 전에 품고 「현대정서법의 몇 가지 검토」라는 글을 『국어국문학』(1966)(『통일시대의 어문문제』, 도서출판 길벗, 1994에 실림, 특히 345-350)에 기고한 일이 있습니다. 중세어에는 한자어이건 고유어이건 어근의 받침이 'ㄱ, ㄷ, ㅂ'으로 되어 있으면 다음과 같이 'ᄒᆞ' 전체를 탈락시키는 표기법을 취하였음을 알았습니다.

充足게(비교. 充足ᄒᆞ다), 深入게(비교. 深入ᄒᆞ게),
ᄀᆞ독다(비교. ᄀᆞ독ᄒᆞ다), 몯다가(비교. 몯ᄒᆞ다가)

이러한 중세어의 자료를 참고로 하고 고유어의 경우에 실제로 '하' 전체가 탈락한 표기가 당시의 교과서나 신문에 나오는 것을 보고 나는 고유어건 한자어건 가릴 것 없이 무성음 아래에서 '하' 전체를 탈락시키지는 규정을 보완하자고 제안한 일이 있다는 것을 말씀 드려 둡니다. 만약 내가 1966년에 제안한 통일된 표기법이 채택된다면 신 양과 같은 의심이 풀어지리라 믿습니다. (편집대표 고영근)

11 문법학사, 북한문법, 기타

11 문법학사, 북한문법, 기타

질의 109
주시경의 문법에 있어서 "짬듬갈"의 배치 문제

선생님의 저서 『역대한국문법의 통합적 연구』(2001: 62쪽)을 보면 주시경 선생님께서 "짬듬갈"을 "기난갈" 사이에 놓았다고 되어 있는데 이러한 서술법을 이전의 문법에서는 시도된 일이 없고 이후에도 찾기 힘들다고 하셨습니다. 제가 여쭤 보고 싶은 것은 이러한 주시경 선생님의 문법론의 좋은 점이 무엇인지, 그리고 왜 이 문법론은 계승 · 발전되지 못하였는지, 또한 일반적으로 품사론이 먼저 거론되는 이유는 무엇인지 알고 싶습니다. 저는 이번에는 박사과정 신입생인데다가 제 원래 전공이 국어교육이 아니기 때문에 강의 내용이 저에게 매우 어렵습니다. 그래서 강의 시간에 이런 바보 같은 질문을 하면 다른 선생님들께 방해될까 봐 질문을 하지 않고 여기서 혹시 제가 바보같은 질문을 해도 이해해 주셨으면 좋겠습니다.

(2004. 제2학기, 서울대학교 국어교육과 석사과정, 푸옹마이

▸▸ **답변**

좋은 질문을 하셨습니다. 외국인으로서 특히 언어 구조가 다른 월남어 모어 화자가 한국에서 공부한다는 것이 매우 어려운 줄 알고 있습니다. 주시경 선생이 짬듬갈을 기난갈 사이에 둔 것은 품사론에 대체적인 지식이 없으면 통사구조를 제대로 이해할 수 없고 통사론에

대한 지식 없이는 품사론의 세세한 부분을 이해할 수 없다고 보았기 때문입니다. 당시의 다른 문법가들은 품사론을 끝낸 다음에 통사론(문장론)으로 들어가는데 주 선생은 품사론 사이에 통사론을 둠으로써 문법 서술의 합리성을 추구한 것이라고 할 수 있지요. 자세한 설명은 나의 『국어문법의 연구』(1983), 300쪽, 345쪽을 보시기 바랍니다.

(고영근의 홈페이지에서)

질의 110
분석적 체계와 종합적 체계, 그리고 북한 문법 체계와의 관계

안녕하세요? 국어교육과 박사과정 남가영입니다. 선생님 수업을 들으면서 정말 문법체계를 올바르게 이해하는 것은 "문법연구의 사적 흐름"이라는 맥락을 고려하지 않고서는 불가능하다는 생각을 해봅니다. "문법"이 이토록 풍부하고도 복잡다기한 사회적, 역사적 행위(문법 연구라는)의 산물이라는 점을 떠올리면 현재 학교 현장에서 문법 과목이 그토록 척박하고 무미건조한 대상으로 가공·제시되는 것이 어이가 없을 정도입니다. 제가 오늘 질문드릴 사항은 다음과 같습니다.

품사분류 체계와 관련하여 주시경의 분석적 체계, 최현배의 절충적 체계, 정렬모의 종합적 체계로 크게 나뉜다 할 때, 현재 남한의 문법은 최현배의 절충적 체계를, 북한의 문법은 정렬모의 종합적 체계를 따르고 있습니다. 오늘 배운 내용에 의거하면 북한 문법과 남한 문법의 이질화 중 가장 결정적인 요인은 '토'를 둘러싼 체계의 차이에서 찾을 수 있습니다. 물론 각 체계 별로 그 나름의 설명력과 한계를 동시에 가지고 있을 것이지만 제 짧은 소견으로는, "문법 체계를 그 자체의 논리 안에서 얼마나 효과적으로 설명력 있게 기술하고 정립하는가"하는 측면에서 볼 경우, 그리고 "우리말의 특성을 얼마만큼 효과적으로 부각시킬 수 있느냐" 하는 측면에서 볼 경우, 각각의 체계가 달리 평가되는 것이 아닌가 합니다. 즉 전자의 입장에서 보자면 정렬모의 종합적 체계는 매우 높은 점수를 받을 수 있을 것 같습니다. 다시 말해 조사나 어미를 모두 자립적이고 실질적인 "단어"로 인정하지 않는 점에서, 우리 문장의 구조가 크게 "실질적 의미를 드러내는 실사 부분"과 "문법적인 의미(기능)를 드러내는 허사 부분"으로 구성된다고 기술한 점에서, 우리말의 체계가 매우 간명하게 정리되고(각각 어휘적 의미와 문법적 의미를 담당하는 실사-허사의 구조, "어절"이라는 언어 단위가 불필요해지는 점, 품사의 수가 줄어드는 점 등) 매우 논리적인 설명력을 보여 주고 있다고 생각하기 때문입니다. 그렇기 때문에 사실 저는 처음에는 정렬모 선생님의 체계에 매우 설복되어 있습니다. 그러나 후자의 입장에서 보면, 체언에 조사가 붙는 현상과 용언의 어간에 어미가 붙어 활용하는 현상이 각각 하나의 단어가 굴절하는 것으로 기술하기 때문에, 굴절어와 다른 교착어로서의 국어의 특성이 잘 부각되지 못하는 것이 아닌가 하는 생각이 듭니다. 특히나 외국인을 위한 한국어문법을 기술할 경우, 이는 매우 중요한 문제일 것도 같습니다. 그래서 최근에는 주시경 선생님의 체계를 다시 살펴보게 되었습니다. 어휘적 의미를 담당하는 실사와 문법적 의미를 담당하는 허사의 이중적 구조라는 점은 그대로 견지하면서 문법적 의미를 담당하는 허사에 단어의 자격을 주는 것이, 비록 의존적인 형식인 조사와 어미를 자립적인 단어로 인정해야 하는 문제가 걸려 있긴 하지만, 우리말의 교착어적 성격을 잘 보여 준다는 생각이 듭니다. 그러나 최현배 선생님의 체계는 우리 언어에서 공통적으로 문법적 기능을 담당하는 허사인 조사와 어미를 각기 단어와 단어 아닌 것으로 나눔으로써 체언과 조사의 결합은 교착어적인 양상을 나타내고 용언의 어간과 어미는 굴절어적인 양상을 나타내는 약간은 "이상한" 체계가 되어 버린 것 같습니다. 물론 조사와 어미가 둘 다 문법적 기능을 하는 허사이면서도 문장 구성에서 담당하는 역할이나 미치는 영향력의 범위가 각각 다르긴 합니다만 현재의 체계에서는 학생들에게 체언과 조사의 결합, 어간과 어미의 결합을 유사한 현상으로 바라보고 다룰 수 있는 안목을 요구하기란 무리일 것이라는 생각이 듭니다. 그런 점에서 보면 비록 교착어적인 성격이 잘 드러나지 않기는 하지만 "토"라는 개념을 통해 허사인 조사와 어미를 묶어 기술한 점에서 북한의 문법 체계가 더 나은 것 아닌가 하는 생각을 지우기 힘듭니다. 질문이라기보다는 제 생각을 두서없이 늘어놓은 꼴이 되고 말았습니다. 혹시 제가 잘못 생각하고 있다면 가차 없이 지적해 주시고요. 3가지 체계에 대한 선생님의 생각을 듣고 싶습니다.

(2004, 서울대 국어교육과 박사과정 남가영)

▸▸ 답변

좋은 의견을 개진하여 주어서 고맙습니다. 사실 남쪽의 학교문법 체계는 모순입니다. 조사도 어미도 모두 문장 형성의 기능을 띠고 있는데 이를 달리 처리하고 있다는 점에서 그렇습니다. 제3유형, 아니면 제1유형을 선택해야 옳습니다. 내일부터 이 문제를 깊이 있게 다룹니다. 현재의 학교문법은 『한글 맞춤법』과 연결이 되어 있어서 고치기가 매우 어렵습니다. (고영근의 홈페이지에서)

질의 111
북한 문법의 품사체계

안녕하세요? 이지선입니다. 선생님의 저서 『역대한국문법의 통합적 연구』를 읽다가 의문이 생겨 질문 드립니다. 북한문법의 품사체계에서 특이한 점은 관형사와 토, 상징사인 것 같습니다. 관형사는 수적인 열세로 인하여 포함되거나 빠지는 등의 변동을 보이는데 이는 기능적인 면에서 유사한 수사와의 통합이 이루어졌다면 쉽게 해결되지 않았을까 생각해 봅니다. 그렇다면 품사 개수는 단순해지고 수사와 관형사의 위치가 좀 더 확고해지지 않았을까 생각합니다. 의성어와 의태어에 해당하는 상징사는 부사나 감탄사와 다르기 때문에 독립된 품사로 설정한다고 하였는데 독립된 품사로 인정하기에는 그 타당성이 모호하다고 생각합니다. 의성어와 의태어가 독립된 품사로 인정할 만한 가치나 타당성이 존재하는지 궁금합니다.

(2004. 11. 3. 이지선)

▸▸ **답변**

관형사가 처음에 설정되지 않은 것은 수효가 적기 때문이 아닌가 하는데 아무리 수효가 적어도 그 자체로서 정체성이 확인되면 독립 품사의 자격을 인정해야 합니다. 상징사는 형성상의 특수성 때문에 독립시킨 것 같은데 이 양이 생각한 대로 부사에 넣어도 무방하다고 생각합니다. (고영근의 홈페이지에서)

질의 112
북한문법의 흐름에서 본 "토"의 처리 문제

1954년 출간된 김수경의 『조선어문법』에서는 "토"를 품사체계에 넣고 있습니다. 이때의 "토" 개념은 주시경 등의 제2 유형의 문법체계와 비슷한 면이 있으며 조사는 물론 격조사와 어미류까지 합쳐서 세운 범주라고 설명되어 있습니다. 하지만 이후의 북한 문법서에서 "토"는 조사의 개념이 단어의 자격을 상실하면서 품사의 체계에서 빠지게 되는데 그 중요성은 인지하면서 단어의 개념에서 제외시킨다는 것이 이해되지 않습니다. 품사라는 개념이 독립된 의미를 지니는 단어들을 그 성격에 따라서 분류한 것이라고 한다면 격을 부여하는 형식적 기능어로서 "토"의 개념은 품사 체계에 당연히 포함시킬 수 있지 않을까라는 생각을 해 보았습니다. "의미", "직능", "형식"에 따라서 품사를 구분하는 기준 역시 종합적인 '관계'로서 고려해야 함이 마땅해 보입니다. 물론 기본적인 "나눔"의 기준을 통해 그 "경계"의 관계를 적절히 구분해야 하는 것이 당연합니다. 따라서 북한문법에서 "토"를 품사의 하나로 설정했던 이유와 그것이 다시 배제된 이유를 잘 살펴본다면 얼마만큼의 논리적인 근거를 찾을 수 있지 않을까 하여 여기에 여쭤봅니다. 제 얕은 생각으로는 지금 우리의 품사 분류 체계에서 조사의 자리에 "토"의 개념을 가져온다면 조사와 어미류 모두를 처리할 수 있지 않을까 합니다.

(2004. 2학기 서울대학교 국어교육과 박사과정 조형일)

▸▸ 답변

어렵고 중요한 질문을 하였소. 조 군과 같이 토를 중시하게 되면

이는 마땅히 주시경처럼 독립된 품사로 다룰 수 있습니다. 그런데 북한에서는 김수경 문법에서만 '토'를 독립된 단어로 인정하고 그 이후부터는 단어로 인정하지 않았는데 이는 자립성이 없다는 것을 중요한 근거로 삼은 것 같습니다. 북한문법에 대한 깊은 연구는 우리들의 문법연구에도 큰 도움이 됩니다. 우리 학계는 조 군처럼 성실한 일군을 기다리고 있습니다. 자세한 이야기는 내일 배울 『우리말의 총체서술과 문법체계』에서 다루게 됩니다.

(고영근의 홈페이지에서)

질의 113
학문문법과 교육문법의 경계가 어디 있나요?(7권 1호)

고영근 선생님

어학전문 국제학술지 『형태론』을 편집하시느라 수고가 많으십니다. 선생님의 『최현배의 학문과 사상』(1995)에 나오는 「교육문법」 (1), (2), (3), (4), (5), (6)을 읽고 미심쩍은 곳이 있어 질문을 드립니다.

흔히 교육문법은 학문문법과 구분하여 논의하곤 합니다. 학문문법이 모어 화자의 언어능력, 혹은 우리 주변의 언어 현상을 관찰하고 기술 · 설명한 결과물이라고 한다면 교육문법은 비록 학문문법을 토대로 하지만 어떤 '교육적 고려'가 개입하면서 그 양상은 학문문법과 상당히 다른 것이 사실입니다. 곧 '교육 문법관'이 무엇이냐에 따라 동일한 학문문법을 토대로 삼고 있다고 하더라도 교육문법은 각양각색일 수 있다는 생각이 듭니다.

그런데 최현배 선생의 교육문법에 대한 견해를 살펴보다 보면 학문문법과 교육문법과의 차별성이 잘 드러나 있지 않다는 느낌이 듭니다. 무엇보다도 그의 '말본'류의 교과서에 나오는 「일러두기」를 보면 독자를 "중고등학생 혹은 조선말 연구자"로 설정하고 있어서 문법을 배우는 학생을 대상으로 하는 교육문법과 국어문법을 연구하는 연구자를 대상으로 하는 학문문법이 어느 정도 섞여 있다는 생각이 들었습니다. 연구자도 그 수준에 따라 천차만별이므로 연구자의 "수준"을 고려하여 학문문법을 기술하였다면 그것이 곧 교육문법일 수도 있겠지만 분명 그 어떤 선이나 기준이 있어야 하지 않을까 하는 생각을 해 봅니다.

사실 최현배 선생이 그 자신이 연구자이자 동시에 교육자였기 때문에 그의 저술에는 학문문법적인 저술이 있는가 하면 교육문법적인 저술도 있을 것이며 연구자라고 해도 그 수준이 천차만별이므로 연구자의 수준을 고려하여 학문문법을 기술한다는 것 자체가 이미 교육문법적인 것일 수 있기 때문에 이들 둘을 분명히 구분하기란 쉽지 않겠지만 그래도 분명 그 어떤 선이나 기준이 있어야 하지 않을까 하는 생각을 해 봅니다.

저는 그 어떤 분명한 교육문법관이 미리 제시되지 않을 경우 단순히 학문문법의 내용을 "쉽게", "적당한 분량"으로 제시하는 것은 엄격한 의미에서 교육문법이라고 할 수 없지 않을까 하는 생각이 듭니다. 선생님의 고견을 여쭙니다.

(2005. 3. 서울대학교 국어교육과 박사과정/춘천교육대학교 강사, 남가영)

▸▸ 답변

남선생,

보내 주신 질의 잘 받았습니다.

사실 우리나라의 교육문법은 지난 90년대 중반까지는 남 선생이 지적한 대로 교육문법은 학문문법의 축소판이었습니다. 이를테면 학교문법을 동시에 저술한 최현배의 『우리말본』(1937/1955/1971)과 중등문법류, 그리고 정렬모의 『신편고등국어문법』(1946)과 중등문법류를 보면 그런 사실을 잘 알 수 있습니다. 사실 1960년대까지는 국어학자라면 누구든지 학교문법을 가지고 있었고 그 내용은 천편일률적으로 국어문법 지식을 주입시키는 수준을 넘어서지 못하였습니다. 1970년대 후반의 2차 통일검인정시대는 전대의 지식 주입의 편찬 방식을 많이 벗어나기는 하였으나 이전과 크게 다른 점이 없었으며 1985년과 1991년 단일통일문법 시대에도 크게 개선된 점이 없었습니다. 그러나 1996년과 2002년 나온 문법서는 과거의 면목을 일신하여 문법을 흥미 위주로 편찬하였습니다. 그것은 지난 세기 90년대 초부터 국어교육학이 독립된 전공분야로 자리를 잡고 동시에 이른바 "탐구학습"

의 방법이 교과서 편찬에 도입된 것과 무관하지 않은 것 같습니다. 그러나 너무 흥미 위주로 교과서를 편찬하다 보면 체계 유지에 소홀할 수 있습니다. 2002년 문법 교과서는 책은 흥미있게 잘 만들었으나 문법체계에 구멍이 많아 많은 문제점을 드러내고 있습니다. 사실 탐구학습에 중점을 두면 체계가 소홀히 되기 쉽고 체계에 중점을 두면 문법을 무미건조한 학과로 치부하게 됩니다. 양자의 조화 위에 편찬되는 문법 교과서를 만들도록 하는 지혜의 창출이 필요합니다. 그러자면 문법교육을 독립된 전공 분야로 삼아 연구하는 사람들이 많이 나와야 합니다. 지난 세기 90년대로부터 국어교육 전공이 자리를 잡아가고 있고 더욱이 올해에는 《'국어문법교육학회》가 탄생되었다고 하니 우리나라의 문법교육의 장래도 낙관할 수 있다고 생각합니다. 초중등학교에 걸쳐 국어 문법교육이 정상 궤도에 올라야만 우리의 언어생활도 정상화되고 청소년들에게 국어학 전공의 동기도 불어넣어 줄 수 있다고 생각합니다. 남선생의 분투를 바랍니다.

(편집대표 고영근)

질의 114
실용적 문법관 및 용어 관련 질문들입니다.

안녕하세요, 선생님?

저는 선생님의 《언어 교육 연습》 수업을 현재 수강하고 있는 국어 교육과 석사 과정 조세진입니다. 우선 이 수업을 통해서 한국 문법 연구사에 대해서 자세하고도 명료하게 살펴볼 수 있어서 선생님께 마음 깊이 감사의 말씀을 전하고 싶습니다. 그런데 지난 수업과 그 전의 수업들을 들으면서 몇 가지 궁금한 것들이 있어서 이렇게 여쭤 봅니다.

첫째, 선생님의 『역대한국문법의 통합적 연구』(2001)라는 저서에서 "통합적" 이라는 표현이 실물 자료 제시와 문법 연구사 기술 등을 통털은 것을 지칭하시는 것인지, 아니면 선생님께서 다른 의미로 사용하신 어휘인지 궁금합니다.

둘째, 선생님의 『國語文法의 硏究』(1983)와 앞의 책 등에서 주시경 선생님은 상당히 실용, 규범적 문법관을 보여 주고 있다고 말씀하셨습니다. 또한, 김희상은 단어가 모여서 문장을 형성하는 절차를 "문법"이라 정의를 내리면서 "문학"과의 관계도 언급하였다. 문학작품의 성공 여부는 문법에 맞는 글을 얼마나 잘 쓰느냐에 달려 있다고 하였다는 선생님의 기술을 통해 문법과 문학, 문법과 작문의 관계까지도 언급되고 있습니다. 이러한 선배 문법 학자들의 관점은 문법을 굉장히 실용적 · 기능적 관점에서 바라보고 있다는 생각을 해 볼 수 있었습니다. 그렇다면 선생님께서는 문법에 대해서 어떠한 관점에서 연구할 필요가 있다고 생각하시는지, 그리고 문법 교육에서는 언어 사용 능력의 신장과 직접적으로 연계되지 않는다면 문법 교육에서 배제해야 한다고 보시는지 선생님의 고견을 듣고 싶습니다.

셋째, 선생님의 『역대한국문법의 통합적 연구』 111쪽에서 언급하신 근원 형태소에 대한 개념이 잡히지 않습니다. 형태소와의 변별점을 못 찾겠습니다. 이의 반의어를 어떻게 명명할 수 있는지 알 수 있다면 좀 더 개념 이해에 도움이 될 것 같습니다. 제가 지식이 짧아서 공유되기에 무익한 질문을 드린 것은 아닌지 모르겠습니다. 곧 민족의 대명절 추석인데 선생님의 가정에 사랑과 평안이 가득한, 복된 시간되시길 바라요. 언제나 수업에서 열과 성을 다해 강의하시는 선생님의 모습에 다시 한 번 감사드립니다.

(2004. 11. 21, 서울대학교 국어교육과 석사과정 조세진)

▸▸ 답변

첫째 답: "통합적"이라는 말은 지금까지 별로 관련 없이 연구되어 왔던 남북한, 재외교민, 외국인의 문법연구를 한 그릇에 담아 일목요연(一目瞭然)하게 볼 수 있도록 한 군데서 서술한다는 뜻입니다.

둘째 답: 역시 좋은 질문입니다. 사람에 따라서는 문법을 이론적으로 연구하기도 하고 실용적으로만 접근하기도 합니다. 전자는 남한에서 주로 취하는 태도이고 후자는 북한에서 취하는 태도입니다. 나는 남북에서 지향하고 있는 이론과 실용 중심의 문법관을 탈피하여 양자를 조화시키는 방면으로 문법 연구를 하고 있습니다. 그런 점에서 주

시경과 김희상의 실용주의적인 문법관은 그 수용 문제를 진지하게 생각해 볼 필요가 있습니다. 흔히 국어교육을 하는 사람들은 이론 쪽에 어두운데 이론을 모르면 응용의 방향을 알기가 어려우니 이론 쪽의 연구 동향에 항상 귀를 기울여야 합니다.

셋째 답: "근원형태소"란 "체계형태소"에 대립되는 말인데 미국의 언어학자 볼린저(D. Bolonger)의 용어입니다. 전자는 어근, 접사 등의 조어 형태소를 가리키고 후자는 어간, 어미, 조사 등의 의존 형태소와 영어의 'if, when, my' 등의 기능어를 가리킵니다. 그렇게 많이 상용하는 용어는 아닙니다. 자세한 내용은 나의 졸저(1999: 499쪽)를 참고하십시오. (고영근의 홈페이지에서)

질의 115
텍스트성에 대하여 자세히 알고 싶습니다.(5권 1호)

텍스트과학(흔히 텍스트언어학)이 우리 학계에 소개되면서 이 이론은 중세 자료를 비롯하여 많은 분야의 문자 텍스트에 유용하게 사용되고 있습니다. 텍스트과학에서는 어떤 대상 텍스트를 분석할 때, "그 대상 텍스트가 텍스트성이 강하다, 부족하다"라고 말하는 기준을 응결성, 응집성, 정보성, 상황성 등으로 들고 있습니다. 다른 텍스트에 비해 응결성이 두드러지게 나타나야 할 텍스트에서 응결성이 두드러지게 나타나지 않고 오히려 응결성을 해치는 요소들이 많이 나타난다면 그것은 텍스트성이 부족하다고 할 수 있을 것입니다. 예를 들어 문학작품 중 시에서 응결성이 부족할 경우, 그것은 별로 시답지 못하다는 느낌을 받을 수 있을 것이며 시로서의 완성도가 떨어진다고도 할 수 있을 것입니다. 그렇다면 대상 텍스트가 가진 특성에 따라 어떤 것은 응결성이 강조되는 텍스트, 정보성이나 상황성이 강조되는 텍스트, 그 외에 다른 특성이 강조되는 텍스트들로 분류가 가능할 것으로 보입니다. 그렇게 되면 각각의 분류된 텍스트 내에서도 텍스트에 따라 "텍스트성"의 강하고 약함을 정도성의 문제로 논의할 수 있지 않을까요? 텍스트과학이 적용된 초기 단계에서는 텍스트성의 강하고 약한 정도를 상대적으로 '강하다', '약하다'로 판단할 수 있겠지만 그것이 좀 더 깊게 적용되는 단계에서는 쉽게 단정 짓기 어려울 것으로 보입니다. 또한 대상 텍스트는 그 특성에 따라 텍스트성의 하위 갈래가 더 넓게 뻗어나갈 수 있을 것으로 보입니다. 저는 각각의 텍스트(텍스트의 종류)가 가지는 특성에 따라 두드러지는 텍스트성이 무엇인지 밝혀내고 그런 후 그것을 좀 더 정밀화하여서 텍스트성의 정도를 단계별로 따지는 것이 앞으로 매우 의미있는 일이라고 봅니다. 이러한 작업은 특히 개인의 감정이나 생각을 예술로 승화한 문학작품의 경우, 좀 더 객관적으로 그 가치를 설명하는 데에 많은 도움이 될 것이라고 생각합니다. 그렇게 된다면 오히려, 문학평론가들의 잣대로는 평가할 수 없었던 문학작품의 새로운 가치를 텍스트과학을 바탕으로 발견할 수 있으리라는 생각이 듭니다. 답변을 듣고 싶습니다.

(2003. 3. 고려대학교 석사과정 고은숙)

▸▸ 답변

안녕하세요? 질문 잘 읽어보았습니다. 문의하신 내용은 사실 제게 대한 질문이라기보다는 텍스트 언어학을 공부한 후 얻게 되는 당사자의 생각을 피력한 것이어서 제가 개인적으로 답변할 내용은 별로 없는 듯합니다. 다만 고은숙 님의 생각에 대해 많은 부분 저도 동의하고 있고 또 텍스트의 종류가 보이는 특성에 따라 논의하여야 할 텍스트성이 다르지 않을까 하는 것은 저도 생각해 본 내용이므로 저의 의견을 조금 적어 보기로 하겠습니다. 우선 문학 텍스트에만 국한된 것이 아니고 어떠한 종류의 텍스트든지 텍스트성이 높다는 이야기를 하기 위한 필수 조건은 제대로 된 응결장치를 지니는 것입니다. 그러니까 고영근 선생님도 말씀하셨고 제 글에서도 밝혔듯이 응결구조는 텍스트를 텍스트답게 하는 필수조건인 셈이지요. 다음으로 텍스트성의 다른 기준들, 요컨대 정보성이나 상황성, 간텍스트성은 오히려 텍스트의 성격에 따라 어느 하나가 유달리 강조될 수 있으리라는 의견에는 저도 동의를 합니다. 결국 이런 작업을 하기 위해서 선행되어야 할 작업은 어떤 텍스트성을 강하게 보이는 텍스트로는 어떤 것들이 있겠는가 하는 텍스트의 분류 작업을 시행하는 것인데 이것은 결코 단순한 작업이 아닐 것입니다. 텍스트의 유형 또는 종류란 눈에 보이는 형태론적인 특성으로 나누어질 수 있는 것이 아니기 때문입니다. 그러나 텍스트과학이 보다 확실히 뿌리내리기 위해서는 좀더 정밀한 기준을 가지고 텍스트를 분류하는 작업이 반드시 이루어져야 하므로 텍스트성의 조건이라 할 수 있는 객관적인 기준을 마련하는 노력을 해야 할 것입니다. 그 후에 어떤 종류의 텍스트 분석에 어떤 기준이 유효할 것인지를 이야기할 수 있겠지요. 더욱 분발하시기 바랍니다.

(편집위원 장소원)

참고논저

고영근(1966), 「현대정서법의 몇 가지 검토」, 『국어국문학』, 33)(『통일시대의 어문문제』, 도서출판 길벗, 1994, 340-55에 다시 실림)

고영근(1981), 『中世國語의 時相과 敍法』, 탑출판사.

고영근(1987), 『中世國語의 時相과 敍法』(補說版). 탑출판사.

고영근(1987), 『中世國語의 時相과 敍法』(보정판), 탑출판사.

고영근(1983), 『國語文法의 硏究』, 탑출판사

고영근(1999), 『國語形態論硏究』(증보판), 서울대학교 출판부

고영근(1993), 『우리말의 총체서술과 문법체계』, 일지사

고영근(1995), 『최현배의 학문과 사상』, 집문당, 1995.

고영근(2001), 『역대한국문법의 통합적 연구』, 서울대학교 출판부.

고영근(2004), 『단어 문장 텍스트』(보정판), 한국문화사.

고영근(2005), 『표준중세국어문법론』, 집문당,

고영근(2007), 『한국어의 시제, 서법, 동작상』(보정판), 태학사.

고영근 · 남기심 공편(1997), 『중세어 자료 강해』, 집문당.

고영근 · 구본관(2008), 『우리말 문법론』, 집문당.

구본관(1999), 「파생 접미사의 범위」, 『형태론』 1.1, 1-23.

구본관(1998), 『15세기 국어 파생법에 대한 연구』(국어학총서 30), 태학사.

김광해 밖에(1999). 『국어지식탐구』, 박이정.

참고논저

김윤경(1948), 『나라말본』(고급용), 동명사.

김민수(1960), 『國語文法論研究』, 통문관.

김민수 편(1997), 『우리말 어원사전』, 태학사.

남기심(1982), 「국어의 공시적 기술과 형태소 분석의 한계」, 『배달말』 7, 1-10.

남기심 · 고영근(1993), 『표준국어문법론』, 탑출판사.

노명희(2004), 『현대국어 한자어 연구』(국어학총서 49), 태학사,

문금현(2004). 「한국어 유의어의 의미 변별과 교육 방안」, 『한국어 교육』 15.3

박진호(1995), 「통사적 결합 관계와 논항구조」『국어연구』123, 4-6.

라이온스(J. Lyons)(1968), Introduction to theoretical Linguistics, Cambridge University Press.

로빈스(R. H. Robins)(1964), *General linguistics,* Longman.

로스슈타인(Susan Rothstein)(2001). *Predicates and their Subjects*, Kluwer Academic Publishers'

박승빈(1935), 『朝鮮語學』, 朝鮮語學研究會

블룸필드(L. Bloomfield)(1933). *Language*, Allen & Unwinn.

서울대 국어연구회(1990), 『국어연구 어디까지 왔나』, 동아출판사.

서정목(1987), 『국어 의문문 연구』, 탑출판사.

서정수(1985), 『동사 '하'의 문법』, 형설출판사.

서정수(1994), 『국어문법』, 뿌리깊은나무.

서정수(1996), 『국어문법』, 한양대학교 출판국.

서태룡 밖에(1990), 『문법 연구와 자료』, 태학사.

송기중(1992), 「현대국어 한자어의 구조」, 『한국어문』 1.

시정곤(1998), 『국어의 단어 형성 원리』, 한국문화사.

양명희(2006), 「학교문법과 보어」, 『한국어학』 32, 167-192.

양정호(2003), 『동명사 구성의 '-오-' 연구』, 태학사.

엄정호(2000), 「조사의 범주 특성」, 『형태론』 2.1, 43-58.

유필재(1994), 「發話의 音韻論的 分析에 대한 硏究」- 單位設定을 中心으로, 『國語硏究』 125.

유필재(1998). 「發話 分析의 音韻論的 單位」, 李秉根.宋喆儀 編(1998) 『音韻』 I (國語學講座 4)(太學社), 353-387.

이기동(1979), 「조동사 '놓다'의 의미 연구」, 『한글』 164, 49-80.

이기문 · 김진우 · 이상억(1984), 『국어음운론』, 학연사,

이상춘(1925), 『朝鮮語文法』, 개성: 송남서관.

이희승(1955), 『國語學槪說』, 민중서관(『一石李熙昇全集 1, 서울대학교 출판부, 2000)

이현희(1994), 『中世國語 構文 硏究』, 신구문화사.

이희승(1957), 『새고등문법』, 일조각(『一石李熙昇全集』 4 서울대학교 출판부, 2000)

임홍빈(1989), 「통사적 파생에 대하여」, 『語學硏究』 25.1, 167-96.

임홍빈(1998), 『국어문법의 심층』, 태학사.

송원용(2000), 「현대국어 임시어 형태론」, 『형태론』 2.1, 1-16.

전상범(1995), 『형태론』, 한신문화사.

주시경(1910), 『國語文法』, 박문서관.

최현배(1963), 「잡음씨에 대하여」, 『연세논총』 2, 1-66.

참고논저

최현배(1971), 『우리말본』, 정음문화사.

최호철(1995), 「국어의 보어에 대하여」, 『한국어학』 32, 477-490.

콤리(B. Comrie)(1796), *Aspect*, Cambridge University Press.

허웅(1975), 『우리옛말본』-15세기 국어 형태론, 샘문화사.

하치근(1993), 『국어 파생형태론』, 남명문화사.

해리스(Z. S. Harris)(1951), *Methods in Structural Linguistics*, University of Chicago Press.

홍기문(1947), 『朝鮮文法硏究』, 서울신문사[역대한국문법대계 1-39]

호켓(Ch. Hockett)(1958), *Course in Modern Linguistics*, The Macmillan Company.

[붙임]

질의 표준안 설계를 위한 한 고찰

남가영*

1. 문제 제기

1999년 『형태론』 창간 이후 2000년 제2권 2호부터 「질의응답란」[1]이 마련되어 운영되고 있다. 이후 「질의응답란」은 공통의 관심사를 지닌 연구자들이 『형태론』에 게재된 논문을 읽고 의문을 제기하거나 논평을 함으로써 서로 의견을 교환하는 소통의 장(場)으로서의 역할을 톡톡히 하고 있으며 동시에 중등 교사, 대학생 및 대학원생, 한국 혹은 해외에서 한국어 문법을 공부하는 외국인들에게는 국어 문법 일반에 대하여 궁금한 점을 묻고 대답을 구할 수 있는 통로로서도 활발히 활용되고 있다.

사실 특정한 사실이나 정보, 의견에 대해 묻고 답하는 형식을 취하는 '질의응답'은 우리 주변에서 흔히 찾아볼 수 있는 의사소통 방식이

* 한국교육과정평가원 부연구위원, 교육학박사

1) 『형태론』 상의 정식 명칭은 「질의응답난」이다. 그러나 본고에서는 한글맞춤법의 규정에 따라 '질의응답란'으로 표기하고자 한다.(이하 동일).

다. 최근 인터넷상에서 '지식 검색'이라는 이름으로 이루어지는 인터넷 이용자간의 의사소통 방식도 그 대표적인 사례에 해당한다.[2] 대화를 이루는 기본적인 구조인 인접쌍(adjacency pairs) 중 대표적인 것이 '질문(question)과 대답(answer)'이라는 점을 떠올리면, 묻고 대답하는 소통 구조가 우리 언어 생활에서 차지하는 비중이 얼마나 큰지 잘 알 수 있다. 질문-대답의 인접쌍은 질문의 유형에 따라 상대방으로부터 다양한 수준의 반응을 이끌어 낼 수 있다는 점에서, 대답보다는 질문 쪽에 기능적인 초점이 놓인다 할 수 있다. 이러한 질문-대답의 구조는 서면으로 이루어지는 「질의응답란」에서도 고스란히 확인할 수 있다. 이에 본고에서는 '질의응답'의 구조 중 '질의'에 초점을 두되 그 텍스트의 기능을 중심으로 구조적인 특질을 살펴보고,[3] 이를

2) 네이버(Naver), 엠파스(Empas), 야후(Yahoo) 등의 검색 포털 사이트에서는 '지식 검색'이라는 코너를 설치, 운영하고 있다. '지식 검색'은 인터넷 이용자들이 각기 궁금한 사항이나 알고 싶은 정보를 '질문' 형태로 게시판에 올려두면, 다른 인터넷 이용자들이 자발적으로 해당 질문에 답변을 제시하고, 추후 주어진 여러 답변 중 가장 충실한 답변에 질문자가 점수를 부여하는 방식으로 운영되는데, 점수를 많이 축적한 사람은 '지식인'에 선정되기도 한다. 질문자는 질문을 올리기에 앞서 기존에 올려진 질문과 대답을 검색하여 이미 해결된 질문이 있으면 질문을 올리지 않기 때문에, 일정 정도 이상 질문-대답이 축적된 이후에는 그 자체로 지식 검색의 기능도 갖추고 있다. 이러한 '지식 검색' 코너는 인터넷상에서 떠도는 수많은 정보 중 자신의 필요에 부합하는 최적의 정보를 찾아내는 데 어려움을 겪었던 인터넷 이용자들의 요구에 의해 자발적으로 창출된 것으로 보이지만, 답변으로 제시된 내용의 질적인 수준이 아직 천차만별이고 질문 역시 신변잡기적인 성격이 많아 오히려 수준 낮은 정보('지식'이라 부를 수 없는)를 양산하는 통로라는 비판을 받기도 한다.

토대로 질의 텍스트의 표준 형태를 마련해 보고자 한다.

질의 텍스트를 다룸에 있어 본고가 취하는 입장은 순수하게 텍스트 언어학적인 시각이라기보다는 교육적인 시각에 좀더 가깝다. 즉 활발히 생성되고 있는 장르를 텍스트 언어학적으로 정밀하게 분석하고 기술하는 것보다는, 질의 텍스트의 생산에 필요한 장르적 지식을 생성하는 것을 목적으로 하여 질의 텍스트의 기능과 구조를 탐색하는 관점을 취한다. 이는 호주의 체계 기능 언어학(Australian systemic functional linguistics)이나 북미의 신수사학(North American New Rhetoric studies)의 전통을 계승한 장르 이론(genre theory)에 터한 것이다. 장르 이론은 쓰기 교육을 위해서는 추상적이고 분절적인 절차를 연습시키는 방식보다는 해당 언어 공동체의 사회적 · 문화적 산물인 장르[4]에 대해 체계적인 지식을 가르치는 방식으로 접근하는 것

---

3) 발화로서, 혹은 사고 행위로서 '질문(質問)'에 대한 기존 연구가 주로 교수-학습 장면에서 학생과 교사가 행하는 질문의 역할, 또는 자발적이고 반성적인 학습 행위로서의 질문의 역할을 다루었던 데 비해(양미경 1992, 1999, 2002, 김성근 밖에 1999 등), 주로 단문(短文) 발화 중심인 질문과 달리 하나의 완성된 텍스트로서 '질의'가 어떠한 구조적 특질을 지니고 있는지에 대해서는 별다른 주목을 받지 못하고 있는 것이 사실이다.

4) '장르'에 대해서는 그것이 어떠한 학문적 기반 위에서 논의되는가에 따라 매우 다양한 방식의 개념화가 이루어지고 있다. 그럼에도 불구하고 장르가 '특정 상황에 대한 반복적인 수사적 반응(스웨일즈, 1990: 54)'으로서 사회적으로 인지되는 텍스트 유형이라는 점, 그리하여 장르가 그 자체로 하나의 '사회적 행위(밀러, 1984: 151)'로서 기능한다는 점에 대해서는 어느 정도 합의가 이루어지고 있다.

이 교육적으로 더 타당하다는 관점을 지지한다.[5] 이러한 장르 이론에 의하면, 장르에 대한 체계적인 지식이 기반이 될 때야만 해당 장르의 텍스트를 적절히 생산할 수 있고, 장르에 대한 체계적인 지식을 갖추었느냐 여부는 해당 장르의 텍스트 생산과 관련하여 타인보다 우월한 입지를 점하는 것과 관련 있다. 즉 장르의 특질에 대한 체계적인 지식만이 해당 장르의 전용(全用)으로 이어질 수 있다는 것이다.

본고에서는 이러한 입장에서 질의 텍스트를 분석하고 이를 질의 텍스트 생산을 위한 표준안 설계에 활용하고자 한다. 이는 '표현을 위한 이해', 혹은 '쓰기를 위한 읽기'라는 관점과도 상통한다. 물론 본고에서 제시하는 표준안은 어디까지나 질의 텍스트 생산을 위한 하나의 '제안'에 해당한다는 점을 분명히 밝혀 둔다.

---

5) 국내의 연구 문헌에서는 전자를 과정 중심 쓰기 교육이라 칭하고, 후자를 장르 중심 쓰기 교육이라고 칭하고 있다. 전자와 관련한 대표적인 연구 문헌으로는 이재승(1997/2002)을 들 수 있고, 후자로는 박태호(1999/2000)를 들 수 있다. 명문(名文)의 모방과 오류의 교정을 중시하던 기존의 결과 중심 쓰기 교육을 거부하고, 쓰기 과정에 개입되는 필자의 인지 과정을 중시하여 쓰기 과정을 문제 해결 과정으로 바라본 과정 중심 쓰기 교육은, 총체적인 쓰기 과정을 보편적이고 추상적인 몇 단계의 절차로 분절해 버렸다는 오명에도 불구하고, 현 7차 국어 · 작문 교과서에서 여전히 가장 큰 영향력을 미치고 있다.

2. 질의 텍스트의 기능 및 구조
–『형태론』의 '질의응답란'을 중심으로

브링커(1992)/이성만(역)(1994: 138-169)는 언어 행위 이론에 기초하여 텍스트가 의사소통 상황에서 가지는 지배적인 의사소통 기능(정보 전달, 설득, 책무, 친교, 선언)에 따라 실용텍스트를 5가지 텍스트 유형으로 나누고 있다. 먼저 정보적 텍스트는 정보적 기능을 담당하는데, 정보적 기능은 필자가 독자에게 어떤 정보를 전달하려 함을 이해시키는 기능으로, 박진용(1998: 262)에 의하면 흔히 생산자가 텍스트 내용과 관련하여 가지는 주제적 입장이나 평가적 입장과 결합하기도 한다. 정보적 텍스트는 주로 주장, 예측, 보고, 전달, 설명, 추측, 분류 등의 화행 기능을 수행한다. 한편 설득적 텍스트는 필자가 독자에게 어떤 일에 대한 특정한 입장을 취하게 하거나 그에 적합한 행동을 수행하도록 하는 설득적 기능을 담당한다. 설득적 텍스트는 주로 명령, 요청, 지시, 권고, 충고 등의 화행 기능을 수행한다.

이렇게 볼 때, '질의응답란'의 질의 텍스트는 기본적으로 상대방에게 답변을 요청하는 설득적 기능을 수행한다고 할 수 있다. 그러나 질문하는 내용이 특정 언어 현상에 대한 학술적 설명이고, 질의자 대부분이 해당 내용에 관련하여 어느 정도 지식을 지닌 사람(전공자, 학생, 교사 등)이기 때문에, 질의 텍스트의 상당 부분은 질의자가 당면 문제에 대해 자신의 생각을 논리적으로 전개하는 데 할애되고 있다. 이런 점에서 질의 텍스트는 정보적 성격도 매우 강하게 띠고 있다고 말할 수 있다. 사실 '질의응답란'이 질문이 제기되면 그에 대해 답변을 제공하게끔 의도되어 있는 공간이기 때문에 상대방으로부터 답변을 듣기 위해 별도의 수사적인 설득 전략이 요구되지 않는다는 점을 감안하면, 질의 텍스트의 본연적 기능인 설득적 기능은 오히려 상당히 약화되어 있다고도 볼 수 있다.

결국 '질의응답란'의 질의 텍스트는 특정 국어 현상에 대한 문법적 설명과 관련하여 자신의 생각을 논리적으로 개진하고 그에 대해 상대방의 동의를 구하거나, 문법 현상에 대해 추가 설명을 요구하거나, 혹은 자신의 논리 안에서 해결되지 않는 문제를 분명하게 제시하고 그 해결을 구하는 것을 주된 목적으로 하고 있는 텍스트라고 할 수 있다.

이처럼 질의 텍스트에 설득적 기능과 정보적 기능이 혼재되어 있다고 할 때, 본고에서 주목하는 것은 질의 텍스트의 정보적 기능이다. 그 이유는 크게 다음 두 가지로 대별될 수 있다.

첫째, 정보적 기능이 충분히 발현된 질의 텍스트만이 본연의 목적을 제대로 성취할 수 있기 때문이다. 다시 말해 자신이 원하는 것이 문법 개념에 대한 보충적 설명인지, 아니면 대안적 모델의 제시인지, 혹은 적절한 사례의 제시인지, 자신의 의견에 대한 합리적 판정인지를 분명하게 드러내지 않는 한, 질의자는 자신이 원하는 답변을 제대로 이끌어낼 수 없다. 그러므로 질의자는 주어진 문제에 대하여 현재 자신이 알고 있는 지적인 탐색의 수준을 분명하게 드러내고, 자신의 원하는 해석이나 판단의 지점을 선명히 노출해야 할 필요가 있다. 결국 정보적 기능이 선명하게 드러난 질의 텍스트여야만 상대방으로부터 질의자의 요구에 정확하게 부합하는 답변을 이끌어내는 설득적 기능도 성공적으로 수행될 수 있는 것이다. 이는 '질의응답란'이라는 공간 자체가 기본적으로 先 질의, 後 답변의 구조이고, 질문 제기 방법에 따라 답변 제시 양상이 달라지는 구조이기 때문이기도 하다. 다음 사례를 보자.

(1) 중3 국어 '문법 기능(2)'에 나오는 '주동과 사동'의 학습 시 학생들이 굉장히 어렵게 생각합니다. 그 개념을 쉽게 이해할 수는 없는지요? (3권 1호)
(2) '하십시오'의 형태소 분석은 어떻게 해야 하나요? (3권 1호)
(3) '때문'과 '까닭'의 의미 차이에 대하여: '때문'과 '까닭'의 의미 차이는 무엇입니까? 외국인을 위한 한국어교육에 이 두 형태 기능(의미)을 어떻게 설명하면 좋습니까? (5권 1호)

위 (1)-(3)은 『형태론』 '질의응답란'에 실린 질의 텍스트이다. 이 경우 주어진 문제('주동'과 '사동'의 개념, '하십시오'의 형태소 분석, '때문과 '까닭'의 의미 차이)와 관련하여 질의자가 어느 수준의 설명을 듣고자 함인지 답변자로서는 파악하기 어렵다. 특히 학문 문법은 논의의 층위와 심급이 다양하고 다층적이기 때문에, 질의자의 질문이 단고 있는 '논의의 층위'가 어디인지 알기 어려운 경우 답변자로서는 어떠한 층위에서 답변을 해 주어야 할지 상당히 곤란할 수밖에 없다.[6)] 그 결과 비효율적으로 답변의 길이가 길어지거나 간혹 질문자가 원하는 답을 얻지 못하게 되는 경우도 생길 수 있다.

면대면(面對面)으로 이루어지는 질문-대답의 경우에는 위와 같은 단문형(短文型)의 질문도 상황 맥락에 따라 그 심급을 추정하는 것이 가능할 수도 있고, 답변자 측에서 재질문을 요구하거나 질문자가 추가 질문을 시도하는 것이 가능하지만, 『형태론』의 '질의응답란'처럼 서면으로, 그리고 단발적으로 질의 응답이 이루어지는 상황에서는 질의자가 최대한 자신이 원하는 바를 분명히 드러낼 필요가 있다. 이와 관련하여 화이트 · 건스톤(1992: 134 / 김성근 · 여상인 · 우규환, 1999: 563에서 재인용)의 구분을 참조할 수 있다.

화이트와 건스톤은 학생 질문을 회상(recall), 재구성(reframe), 적용(application), 확장(extension)의 네 범주로 구분한 바 있다. 회상(recall)은 학습 내용에 대한 개념 습득이 이루어지지 않은 상태에서 학습한 내용에 대해 재설명을 요구하는 질문이며, 재구성(reframe)은 개념이 아직 불완전하게 습득된 상태로서 학습 내용의 단순한 적용,

---

6) 『형태론』의 '질의응답란'은 전공 교수로 꾸려진 학술지의 편집위원들이 나누어 답변을 하는 방식으로 운영되고 있다. 이처럼 해당 분야에 대해 식견이 풍부한 답변자는 대개 구체적인 부연 설명 없이도 질의자의 '질문 층위'를 간파할 수 있다. 그러나 질의 텍스트가 구체적인 수준에서 주어진다면, 훨씬 효율적이고 정확하게 답변이 이루어질 수 있을 것이다.

추가적인 설명 요구, 학습 내용에 대한 다른 사례 제시 요구, 용어에 대한 의문 등과 관련한 질문이다. 한편 적용(application)은 개념에 대한 구체적인 적용과 관련하여 일상생활과의 일치 여부 확인, 자신의 생각과의 불일치 여부 확인, 대안적 모델 제시 요구와 관련되는 질문이다. 마지막으로 확장(extension)에는 현재 개념 학습 과정에서 발생하는 추가적인 개념에 대한 의문, 상위 개념에 대한 의문 등이 포함된다.[7] 이러한 네 범주의 질문은 곧 질문이 요구하는 대답의 층위와 관련된다고 볼 수 있다. 그러므로 『형태론』의 '질의응답란'처럼 서면으로 이루어지는 질의-응답의 경우, 질의자가 자신의 질문이 회상, 재구성, 적용, 확장 중 어느 수준의 질문인지 분명히 드러내어야 자신이 원하는 수준의 답변을 얻을 수 있다고 말할 수 있다.

둘째, 정보적 기능이 충분히 발현되도록 질의 텍스트를 구성하는 과정 자체가 갖는 교육적 효과 때문이다. 질의 텍스트를 쓰게 되는 계기는 무엇인가 '문제(problem)'를 발견했기 때문이다. 나의 기존 지식과 충돌하거나 기존 지식으로는 이해 불가능한 현상은 나에게 일종의 '문제'로 다가온다.[8] 이러한 문제를 논리적으로 기술하고 왜 그것이 나에게 문제인지 선명하게 드러내는 과정은 그 자체로 문제

7) 이와 관련해서는 김성근 · 여상인 · 우규환(1999)을 참조할 수 있다.
8) 물론 관련 지식이 전혀 없는 상태에서 순수하게 상대방으로부터 정보적인 설명을 원하는 경우도 상정할 수 있으나, 관련 연구자와 전공 학생들이 주 독자인 전문적인 학술지 『형태론』의 '질의응답란'에서는 그러한 경우를 찾아보기 어렵다.

를 해결하기 위한 과정의 일부가 된다. 문제를 인식하고 기술하는 것 자체가 그와 관련된 기존 지식을 재점검하고 확장 가능성 및 적용 가능성 여부를 면밀히 검토해 보는 과정을 요구하기 때문이다. 우리는 흔히 '탐구 과정'을 문제의 발견, 가설의 설정, 가설의 검증, 결론 및 일반화의 단계로 나눈다(김광해, 1997: 38). 이렇게 보면 질의 텍스트를 구성하는 과정 자체가 바로 이러한 학문적 탐구 과정의 일부를 이룬다고 말할 수 있다.

그런데 정보적 기능이 충분히 발현된 질의 텍스트의 교육적 기능은 비단 질의자(필자)에게만 국한되지 않는다. '질의응답란'은 1차적으로는 질의자와 답변자 간의 소통 공간이다. 질의자는 질문을 던지고 답변자는 답변을 한다. 그러나 제3자에게 있어 '질의응답란'은 새로운 사실이나 정보를 수용하거나, 자신의 관점을 강화 혹은 약화시키는 논거를 얻을 수 있는 자료 공간이기도 하다. 바로 여기에서 '질의응답란'이 굳이 학술지의 한 편에 자리 잡고 있는 이유를 확인하게 된다. 즉 질의 및 답변 텍스트가 질문 당사자의 문제 해결만을 위한 것이 아니라 그 자체로 제3자에게도 학문적으로 교육적으로 가치 있는 읽을거리로 수용된다는 점을 고려하면, 탐구의 과정이 녹아있는 질의 텍스트를 구성해야 할 교육적 이유를 거듭 확인하게 된다.[9)]

---

9) 정교하게 구성된 질 좋은 질의 텍스트가 축적될 경우, 그 목록이 차후 FAQ (frequently asked questions)로 활용될 가능성이 높다는 점도 이러한 맥락에서 이해할 수 있다.

3. 질의 표준안의 설계

다시 화이트와 건스톤의 구분으로 돌아가 질의를 회상, 재구성, 적용, 확장의 네 범주로 구분한다고 할 때, 『형태론』에 실린 '질의응답란'의 질의 텍스트는 이 중 '재구성'과 '적용' 범주에 해당하는 유형이 주를 이루고 있음을 확인할 수 있다. 화이트와 건스톤의 구분에 의거하여 다양한 상황에서 학생들의 질문 유형을 관찰 · 분석한 김성근 · 여상인 · 우규환(1999)에서도 학생들의 질문이 주로 '재구성'과 '적용' 범주에 편중되어 있다고 밝히고 있다. 따라서 『형태론』 '질의응답란'의 질의 텍스트는 다음과 같은 두 유형으로 크게 나누어 살펴보고자 한다.

① 화이트와 건스톤의 '재구성' 범주와 관련: 이해되지 않는 문법적 개념이나 해결되지 않는 국어 현상에 대해 구체적인 설명이나 해석을 요구하는 유형

② 화이트와 건스톤의 '적용' 범주와 관련: 기존의 문법 설명과 충돌하는(충돌하는 것처럼 보이는) 국어 현상에 대해 타당한 설명이나 해석을 요구하는 유형

위 ①과 ②유형 모두 기본적으로 '문제(제기)-해결(요청)'의 구조를 취하고 있다. 문제를 제기할 때에는 ①, ②유형 공히 앞서 논의한 바대로 최대한 상세히 문제를 기술해야 할 필요가 있다. 무엇이 문제인

지, 그렇게 생각한 근거는 무엇인지 등을 사례(예문)를 동원하거나 인용 출처를 밝히면서 분명하게 기술하는 것이 좋다. 다만 ①유형이 문제의 해결을 위해 답변자에게 주로 개념이나 현상에 대한 객관적인 설명을 요구하는 데 비해, ②유형은 해당 문제의 해결을 위해 질문자가 나름의 가설을 설정하고 그에 대한 답변자의 해석이나 판단을 요구하는 부분이 덧붙는 경우가 많다(아래 ①, ②유형 사례 참조)는 점에서 차이가 있다.

이제 각각의 유형을 그 사례를 중심으로 살펴보도록 하자.

가. ①유형 질의 텍스트의 사례

문제 제기

①근거 (사례)

[(1) 가. 넌 그 물을 아직도 먹니? / 나. *넌 그 빵을 아직도 먹으니?] (1)을 보면 의문을 나타낼 때에는 받침이 있는 말이라고 '-으니'가 되지 않는다는 것을 알 수 있다. 그러나 의문을 나타내는 '-니'는 앞말이 받침이 있거나 없거나 관계 없이 어느 경우나 '-니'가 연결된다고 하기도 어렵다. '-으니'가 연결되는 경우가 있기 때문이다. [(2) 가. 넌 철수가 싫니? / 나. 넌 철수가 싫으니?] 분명히 (1)과 같은 '-니'인데 (2나)에서는 '-으니'가 연결된다.

②논지

(해결 요청)

그런데 그러한 차이가 동사와 형용사의 차이에서 나타난다는 것이 흥미롭다. 그렇다면 '밥을 먹으니 배가 부르다'에서 자연스럽던 '먹으니'가 '넌 아직도 밥을 먹으니?'에서는 어색한 이유는 무엇인지, 그리고 형용사에서는 왜 자연스러운지 의문이다. (3권 2호)

나. ②유형 질의 텍스트의 사례

문제 제기 ①배경 지식	'거라' 불규칙에는 명령형으로 만들었을 때, '-아라', '-어라' 대신 '-거라'가 붙는 용언들이 포함되지요. 그 예로 가다, 자다, 자라다, 일어나다 등이 있습니다.
②논지	그런데 '엎드리다'가 '엎드리거라'가 되고 '눕다'가 '눕거라'가 되는 등 현실에서는 '-거라'와 '-아라/어라'가 별로 구분 없이 쓰이고 있는 듯 합니다
③근거	'세우다-세우거라/세워라', '쓰다-쓰거라/써라' 등.
④가설 **(해결 요청)**	그렇다면 '거라' 불규칙은 더 이상 불규칙이 아니라 일반화된 현상 아닌가요? (4권 2호)

이들 텍스트는 '질의응답란'에 게재된다는 특성상, 문제의 해결을 요청하는 별도의 수행 발화('이 점에 대해 알려주시기 바랍니다', '자세한 설명 부탁드립니다' 등)가 덧붙지 않는 경우가 많다는 점에서 주목할 만하다. 즉 별도의 요청 발화 없이도 '문제 제기'만으로 이미 요청의 기능을 수행하고 있는 것이다. 그렇기 때문에 질의 텍스트의 핵심은 '어떠한 절차를 거쳐 문제를 제기할 것인가', 즉 '문제 제기'이다. 그리고 이때 [근거]와 [논지]를 제시하는 순서에 따라 문제 제기 방식은 귀납적인 구조를 취할 수도 있고 연역적인 구조를 취할 수도 있을 것이다. 결국 ①과 ②유형은 기본적으로 '문제 제기'라는 동일한 구조 안에서, 답변자에게 '요청'하는 것이 구체적인 보완 '설명'인가, 아니면

자신의 가설에 대한 논리적인 '판단 및 해석'인가에 따라 나뉜 것이라 할 수 있다. 특히 ②유형에서 볼 수 있는 '배경 지식', '논지', '근거'는 그 다음에 제시되는 '가설'을 위한 하나의 '근거'로 다시 작용한다는 점에서 그 구조가 ①유형보다 중층적이라 할 수 있다.

본 절에서는 ②유형의 사례를 중심으로 질의 텍스트의 표준안을 제시하고자 한다. ①유형이 아니라 ②유형을 선택한 이유는, ②유형이 앞서 논의한 '탐구의 과정'과 좀더 가깝기 때문이다. 즉 주어진 언어 현상에 대해 배경 지식을 동원하여 나름의 가설을 세우고 그러한 가설에 대한 판정이나 해석을 요구하는 질의가 부족한 지식에 대해 추가적인 설명을 요구하는 유형보다 교육적으로 더 의미 있는 질의 유형이라고 판단되기 때문이다.

질의 표준안을 제시하는 방식은 다음과 같다. 첫째, 질의 텍스트의 특징, 즉 '탐구의 과정이 잘 구현된 질의 텍스트가 효율적이고 교육적이다'는 것을 기본 전제로 삼을 것이다. 둘째, 질의 표준안 작성 지침을 항목별로 세세하게 명문화하기보다는 기존의 『형태론』 '질의응답란'의 질의 텍스트 중 하나를 골라 그 구조를 도식화하는 방향으로 표준안을 제시할 것이다. 셋째, 표준안에 덧붙여 표준안 작성과 관련한 간략한 지침 몇 가지와 그 의미를 언급할 것이다.

■ 질의 표준안의 구조 및 실례 ■

구조	거시 구조	미시 구조	세부 내용
제목		질의 요약	㉮ 문법 형태소와 어휘 형태소의 구별 문제
내용 (문제 제기)	근거	관련 배경 지식 제시	㉯ 남기심과 고영근 공저의 『표준국어문법론』에 보면 보조사와 파생 접사를 문법 형태소로 보았습니다.
		논지 제시	㉰ 그러나 문법 형태소라는 개념을 생각해 볼 때, 보조사에 의해 뜻을 더하는 기능이나 접사에 의해 파생되는 기능을 모두 문법적 의미로 보게 됩니다. 그렇게 되면 문법적 의미의 의미가 너무 확대되지 않나 하는 생각이 듭니다. 문법적 형태소와 어휘적 형태소가 섞여 있다는 느낌을 강하게 받습니다.
		근거 제시	㉱ '은/는, 만, 도, 만큼, 부터' 등은 어휘성이 더 두드러지지 않나 하는 생각입니다. '덧-, 풋-, -쟁이'와 같은 경우도 마찬가지입니다. (문법적 형태소와 어휘적 형태소라는 이분법은 아이들에게 교육현장에서 구렁이 담 넘어가듯 은근슬쩍 넘어가게 되는 개념으로 보입니다.)
	주장	가설 제시	㉲ 문법적 형태소에서 문법적 의미가 더 확대되든지, 어휘 형태소 쪽으로 분류하든지, 그렇지 않으면 이분법이 아닌 제3의 안을 만들든지 하는 노력이 있어야 하지 않을까요? (5권 1호)

■ 질의 텍스트 작성 기본 지침 ■

(1) 질의 내용을 간략하게 요약한 '제목'을 붙인다.

(2) '질의 내용'은 탐구의 과정이 드러나도록 기술한다. 즉 [관련 배경 지식], [논지], [근거]를 포함하여 문제를 제기할 수 있어야 한다. 이러한 과정을 통해 질의 텍스트는 필자에게나 제3의 독자에게 학술 텍스트로서 교육적 기능을 수행할 수 있게 된다.

(3) ②유형의 질의가 목적인 경우에는, 주어진 문제에 대한 자신의 의견을 [가설] 형식으로 제기하되 이를 뒷받침할 수 있는 근거를 [관련 배경 지식] 등을 동원하여 제시할 수 있어야 한다. 이러한 점에서 ②유형의 질의 텍스트는 ①유형의 질의 텍스트보다 설득적 기능을 좀더 강하게 나타내 보인다 할 수 있다.

(4) [관련 배경 지식]이나 [근거]를 기술하는 것과 관련하여, 인용을 하거나 전거를 제시할 때에는 구체적인 인용 출처(참고문헌 등)를 명기하여야 한다. 또한 [근거]를 기술할 때에는 가능한 한 구체적인 예문이나 사례를 덧붙이도록 한다. 이는 질의 텍스트가 기본적으로 학술적 맥락에서 소통되는바, 학술 텍스트가 지니는 장르적 속성, 즉 전거(典據)의 명시적으로 언표화해야 한다는 소통 관습을 공유해야 한다는 점을 의미한다.

4. 마무리

지금까지 『형태론』 '질의응답란'의 질의 텍스트와 관련하여, 그 기능 및 구조를 살펴보고 이를 토대로 질의 표준안을 간략히 구조화해 보았다. 질의 텍스트는 상대방으로부터 원하는 답변을 얻기 위한 '도구'가 되는 동시에, 질의 텍스트를 구성하는 행위는 그 자체로 해당 문제에 대한 학술적 탐구 과정의 하나이기도 하다. 그러므로 질의의 목적을 성취하고 그 교육적 효과를 충분히 활용하기 위해서는, 기존 지식을 동원하여 주어진 문제를 논리적으로 해결하고자 노력하되 그러한 탐구의 과정이 가급적 질의 텍스트 안에 고스란히 드러나도록 텍스트를 작성할 필요가 있다. 본고에서 시도한 질의 표준안 설계는 이러한 방편의 하나인 셈이다.

참고논저

*자료:『형태론』(박이정)의 '질의응답란'(2000년 제2권 2호~2004년 제6권 2호)

김광해(1997), 『국어지식교육론』, 서울대학교 출판부.

김성근 · 여상인 · 우규환(1999), 「과학 수업에서의 학생 질문에 대한 연구(Ⅱ)」, 『한국과학교육학회지』 19.4, 560-569.

밀러(C. Miller)(1984), "Genre as social action", *Quarterly Journal of Speech*

70, 151-167.

박진용(1998), 「국어과 교육의 텍스트 유형 분류」, 『청람어문학』 20, 261-282.

박태호(1999/2000), 『장르 중심 작문 교수 학습론』, 박이정.

브링커(K. Brinker 1992)/이성만 (역)(1994), 『텍스트 언어학의 이해』, 한국문화사.

스웨일즈(J.M. Swales)(1990), *Genre analysis: english in academic and research settings*, Cambridge University Press.

양미경(1992), 「질문에 대한 실증적 연구방식의 비판」, 『교육학 연구』 30.1, 183-201.

양미경(1999), 「교사의 질문 특성 및 역할에 대한 비판적 이해」, 『중원인문논총』 20(건국대학교 동화와번역 연구소), 61-80.

양미경(2002), 「학생의 질문 행동 및 내용의 특성과 그에 따른 시사점 분석」, 『교육학 연구』 40.1, 99-128.

유니크(S. Yunick)(1997), "Genre, register and sociolinguistics", *World english*, 16,3, 321-336.

이재승(1997/2002), 『글쓰기 교육의 원리와 방법: 과정 중심 접근』, 교육과학사.

케네디(M. L. Kennedy)(ed.)(1998), *Theorizing composition,* Greenwood Press.

팔트리지(B. Paltridge)(1996), "Genre, text type and the language learning classroom", *ELT Journal*, 50.3, 237-243.

현(S. Hyon,)(1996), "Genre in three traditions: Implications for ESL", *TESOL Quarterly*, 30,4, 693-722.

화이트(R. White) · 건스톤(R. Gunstone)(1992), *Probing understanding*, The Falmer Press.

문법 질의응답 내용의 표준안 설계 시안

-『형태론』의 「질의응답난」을 중심으로 -

이필영*

1. 들어가기

『형태론』 2권 2호부터는 「게시판」 난 안에 '질의응답난'을 따로 두어 대학원생, 학부생, 중등교사, 해외의 한국어 강사 및 연구자 등의 4군으로부터 다양한 내용의 질의를 받아 답변을 해 주고 있다. 이것들에 관하여 7권1호에서는 남가영 선생이 「질의표준안 설계를 위한 한 고찰」이라는 글을 통해서 질의 방식의 표준안 설계를 시도한 바 있다. 이에 이어 이번에는 편집위원회에서 필자에게 4군으로의 분리 운영 여부와 질의응답의 방식에 관한 의견을 제시하고 지금까지의 내용에 대한 평가를 해 줄 것을 요청해 왔다. 따라서 이 글에서는 이러한 요청에 따라 2권2호에서부터 7권1호까지의 '질의응답란'에 실린 질의와 답변을 분석하고 이에 관한 필자의 소견을 제시해 보고자 한다.

* 한양대학교 인문학부 교수, 문학박사

2. '질의'에 대한 소견

지금까지의 질의는 모두 75개인데[1)], 이들 가운데 제목이 붙어 있는 것은 64개이다. 이 제목들은 대체로 내용을 압축하였거나 내용의 범주를 포괄적으로 나타내고 있다. 그러나 더러는 그렇지 못한 것도 있다. 가령 "어떤 경우에 보조용언을 사용하는지요?"〈5권2호〉는 질문 내용이 '-어 두다/놓다/가지다'의 의미나 용법이 서로 어떻게 다른가를 묻는 것인데 제목만 보아서는 그 내용을 전혀 짐작하기 어렵다. 모든 글이 그렇듯이 질의문에서도 제목은 답변자나 독자에게 그 내용의 대강을 미리 짐작하고 읽을 수 있게 해 줄 뿐 아니라 질의하고자 하는 내용의 핵심 내지는 초점을 분명하게 드러낼 수 있으므로 제목을 적절히 붙이는 것은 독자나 답변자뿐만 아니라 질의자 자신에게도 매우 유용할 것이다.

질의 제목의 형식에 관한 문제는 이 글의 중심에서 다소 벗어난 것이겠지만 실제로 질의자들이 질의 제목을 붙일 때마다 얼마간 고심하는 사항일 것이므로 잠깐 언급하고 넘어가기로 한다. 지금까지의 질의 제목은 매우 다양한 형식으로 이루어져 있는데 크게 보면 비문장형과 문장형으로 나누어진다. 비문장형 제목은 '~ 한/하는 {이유, 구별법, 사용법, 분석 기준}', '~ 한 {문제(점), 질문, 의문}', '~ 에 대하

1) 3권 1호에 실린 "아래 문제에 대한 답이 궁금합니다"라는 질의와 이에 대한 답변은 4권 2호에 "형태소 분석 및 단어형성법 문제"이라는 제목으로 다시 실렸다.

여/관하여' 등의 형식으로 이루어져 있으며 문장형은 '~이 궁금합니다, ~이 알고 싶습니다' 등의 평서문이나 '-나/은가(요), -을까요, -습니까' 등의 의문문 형식으로 이루어져 있다. 이렇게 다양한 표현 형식은 질의자가 스스로 선택하게 하는 것이 좋을 수도 있으나 어찌 보면 일정한 형식을 제시하는 것이 오히려 질의자에게 더 편리할 수도 있을 것 같다. 따라서 제목의 형식을 통일한다면 지금까지 가장 많이 쓰인 '~에 대하여/관하여'나 '-은가(요)' 정도가 어떨까 한다.

한편 질의의 내용은 주로 형태론과 통사론 영역에 걸친 문법적 개념, 구성 요소의 분석, 문법 범주의 특성 및 범주 구분 기준, 문법적 지위(성격), 의미나 용법 등에 관한 것들이다. 이를 질의자별로 살펴보면 다 그런 것은 아니지만 대체로 대학원생들은 문법 체계 내지는 이론에 관한 질의를, 학부생과 중등교사들은 구체적인 언어 자료의 분석, 문법적 개념, 문법 범주의 구분 등에 관한 질의를, 해외 연구자들은 어휘나 문법 형태의 의미와 용법에 관한 질의를 하였다. 그런데 이와 같이 질의자에 따라 질의 내용이 어느 정도 구분되기는 하지만 질의란을 구분하는 것은 큰 의의가 없을 듯하며 오히려 번잡한 느낌을 줄 수도 있다. 따라서 6권1호에서부터 시행해 오던 방식대로 질의란을 통합하여 운영하는 것이 나을 듯하다.

질의 내용의 수준을 보면 기초적인 이해를 구하는 것에서부터 문법에 대한 깊은 이해를 담고 있는 것에 이르기까지 다양한데 언어를 정밀히 관찰한 결과를 바탕으로 하여 문제를 제기함으로써 쉽게 대답하기 어려운 것들도 많다. 특히 "접속사의 품사 인정 여부에 관하여"〈5권 2호〉는 간단하게 답변하기 어려워 보이며, "단어 형성에 관하여"〈5권 1호〉나 "텍스트성에 대하여"〈5권 1호〉는 엄밀히 말해서 질의라기보다는 질의자 자신의 의견에 대한 논평을 요청한 것들로서 이에 대해서는 답변자가 특별히 대답할 거리를 찾기가 어렵다. 따라서 이러한 것들은 질의란과 구별되는 토론란을 따로 설치하여 심도 있게 의견을 교환할 수 있도록 하는 것이 좋지 않을까 한다.

3. '답변'에 대한 소견

답변 내용에 대한 평가를 하기에 앞서 먼저 답변이 일반적으로 갖추어야 할 조건은 어떤 것일지에 대하여 간단히 생각해 보기로 한다.

첫째, 사실적 정보를 요청하는 경우에 그 답변은 무엇보다도 사실적 · 논리적 타당성을 지녀야 할 것이다. 그러나 본질에 가까이 접근하다 보면 무엇이 옳은 것인지 쉽게 판단하기 어려울 수가 있다. 따라서 단일하게 설명하기 어려운 문제에 관하여는 가능하면 다양한 관점이나 견해를 제시하면서 여기에 답변자 자신의 주장이나 생각을 첨가하는 것이 좋지 않은가 한다.

둘째, 답변 내용은 질의자가 요구하는 바를 충족할 만한 정도의 정보를 담고 있어야 한다. 물론 제한된 지면 때문에 답변은 최대한 간략하게 하는 것이 좋겠지만 질의자가 이해할 수 있을 정도의 충분성은 갖추고 있어야 할 것이다.

셋째, 질문자의 요구 수준에 알맞은 답변을 하는 것도 필요하다. 가령 중등교사의 질문들 가운데는 학교문법에 관한 내용을 묻는 것들이 더러 있는데 이럴 경우에는 질문자가 학생이 아닌 교사라는 점을 감안하여 학교문법 차원만이 아니라 학문문법 차원의 설명도 하는 것이 좋으리라 본다.

이 밖에도 좋은 답변이 갖추어야 할 사항들이 더 있겠지만[2] 여기서는 이 정도만 언급하기로 한다. 이렇게 볼 때 지금까지의 답변들은 대체로 훌륭하다고 생각된다. 다만 위의 조건에 비추어 다소 보완되었으면 하는 점들에 대하여는 질의의 순서대로 필자의 소견을 덧붙여 보고자 한다.

(ⅰ) "자립 또는 의존 형태소의 범위는 어디까지인가요?"〈2권2호〉는 5가지 내용으로 구성되어 있는데, 이에 대한 답변은 대체로 충실하게 이루어졌지만 세 번째 질의 내용인 한자어 가운데 접두사와 접미사의 예와 그것을 판단하는 기준이 무엇인가에 대해서는 설명이 다소 부족하다는 생각이 든다. 이에 대한 답변에서는 '가처분'을 예로 들고 있는데 이때의 '가-'가 생산적으로 쓰이는 동시에 비자립적이므

2) 답변의 형식적인 면도 고려하는 것이 마땅하겠으나 여기서는 내용을 위주로 논의하기로 한다.

로 접사라고 설명하는 것에 그쳤다. 그렇다면 혹시 비자립적이면서 생산적인 어휘 구성요소이면 접사인가 하고 생각할 수 있겠는데 접사만이 그러한 성격을 갖지는 않을 것이므로 접사를 판단하는 기준에 대해서는 좀 더 설명했어야 하지 않은가 한다.

(ii) "직접 성분은 어떻게 분석할 수 있나요? 그 기준은 무엇인가요?"〈2권2호〉는 두 가지 내용을 질문하였는데, 그 중에서 두 번째 내용인 '흰눈썹긴발톱할미새'의 형태소 분석과 계층 구조가 어떻게 되어 있는가 하는 것은 제목으로 미루어 볼 때 직접성분 분석과 그 기준에 초점을 둔 것으로 보인다. 그런데 이에 대한 답변에서는 이 단어의 형태소 분석을 어떻게 할 것인가에 대하여만 설명하고 직접성분을 보여 주는 계층 구조에 대한 설명은 하지 않고 있다.

(iii) "'아니다'를 '안+이다'로 분석할 수 없는 이유가 무엇인가"라는 질의〈2권2호〉에 대한 답변에서는 원형을 밝혀 적도록 한 "한글맞춤법" 조항들에 비추어 볼 때 '아니다'로 적는 것이 자연스럽게 느껴지는 것은 우리말 화자들이 그것을 '안(부정 부사)+이다(서술격 조사)'로 인식하지 않기 때문이라고 설명하였다. 그러나 언중들의 철자법에 대한 인식을 기준으로 하여 형태소 분석 여부를 판단하는 것은 곤란하다고 보인다. 왜냐하면 언중들이 형태소에 대한 인식이 없는 경우에도 형태소를 분석해야 할 경우는 얼마든지 있기 때문이다.

(iv) "형태소 '-느-'에 대하여"〈5권 1호〉는 '가느냐고 했다'와 '예뻤느냐고 물었다'에 나타나는 형태소 '-느-'가 동일한 성격을 갖는가를

물은 것인데, 이는 단순히 이들의 동일성 여부를 알고자 한 것이 아니라 이들이 어떻게 다른가를 알고자 한 것이다. 그런데 이에 대한 답변에서는 이때의 '-느-'가 '-냐고 하다'라는 환경에서뿐 아니라 '-느냐, -는지, -는가'와 같은 환경에서도 쓰일 수 있음을 설명하고 정작 '가느냐고'의 '-느-'와 '예뻤느냐고'의 '-느-'의 차이 여부에 대하여는 설명하지 않고 있다. 이에 대하여는 '-느-'가 분포에 따라서 기능과 형태가 다양하게 나타난다는 사실을 설명해 주는 것이 좋지 않았을까 한다.[3)]

(ⅴ) "'-는데'와 '-(으)니까', '-어서'와 '-으니까', '-어'와 '-어다(가)'의 쓰임의 차이가 무엇인가"〈4권 2호〉에 대한 답변에서는 복잡한 의미와 용법을 간명하게 설명하였다. 그런데 '-어서'와 '-으니까'에 대한 설명 가운데는 다소 의문스러운 점이 있다. 즉 '-어서'는 객관적이고 확정적인 이유나 원인을 나타내고 '-으니까'는 비과거의 사실에 대한 판단을 나타낸다고 본 것이 그것이다. 가령 다음의 (1나)와 달리 (1

3) '-느-'가 분포에 따라 기능, 형태가 어떻게 달라지는지에 대하여 간단히 보이면 다음과 같다.
  (1) 종결어미 '-다'나 '-구나, -군' 등의 앞에서: 동사 어간에만 결합하며, 시상의 기능을 지니고, 형태는 '-ㄴ/는-'이나 '-는-'으로 나타남. 예: 간다/*예쁜다, 가는구나/*예쁘는구나
  (2) 관형사형에서: 동사 어간에만 결합하며('있는, 없는'은 예외), 시상의 기능을 지니고, 형태는 '-느-'로 나타남. 예: 가는/*예쁘는
  (3) '-은데, -은지, -으냐' 등등의 어미 앞에서: 어간에 직접 결합할 때는 동사에만 쓰이지만(예: 가는지/*예쁘는지), '-았-, -겠-' 등의 선어말어미 뒤에 결합할 때는 동사나 형용사 그 어느 것에도 쓰일 수 있다(예: 갔는지/예뻤는지). 시상의 기능을 지니지 않으며, 형태는 '-느-'로 나타남.

ㅏ)가 어색한 것은 후행절이 과거형으로 되어 있기 때문이라는 것인
ㅔ 답변자는 이를 근거로 하여 '-아서'가 시간의 계기성을 의미자질로
ㅣ닌 데 반해 '-으니까'는 동시성이라는 의미자질을 지녔다고 보았다.

(1) 가. 돈이 없으니까 책을 못 샀어요.
나. 돈이 없으니까 책을 못 산다.

그런데 대체로 전자가 원인 · 이유에 대한 객관적인 해석(판단)을 나
타내는 경향이 있는 데 비해 후자는 주관적인 해석(판단)을 나타내는
경향이 있지만 이들이 시간성과 관련되는가에 대해서는 의문이다. 그
것은 가령 (1다)에서처럼 후행절이 과거형일 경우에도 '-으니까'가 자
연스럽게 쓰일 수 있기 때문이다.

(1) 다. 돈이 없으니까 책을 못 샀지.

1다)가 자연스러운 것은 '-지'가 주관적 태도를 강하게 나타내는 것
이기 때문일 것이다. (1가)와 (1나)의 차이도 주관적/객관적 태도의
차이로써 설명이 가능하다고 보인다. 그렇다면 '-아서'와 '-으니까'는
각각 원인 · 이유에 대한 주관적 해석과 객관적 해석을 나타낸다는
정도로 설명하는 것이 바람직하지 않은가 한다.

(vi) "본용언과 보조용언의 문제"〈5권1호〉는 '밝아 오다'와 같은 보조용언 구성을 합성동사로 볼 수 없는가를 물은 것이다. 이에 대한 답변에서는 보조용언 구성인가의 여부를 판단하는 기준으로 보조용언에 선행하는 본용언은 대용이 가능하다는 사실을 다음과 같은 예로써 설명하고 있다.

(2) 가. "내가 도와 줄까?" "그래 주면 고맙고 … "
나. "누가 신문을 버렸니? 아직 안 읽었는데, … "
"제가 그래 버렸어요."

그러나 위의 예에는 합성동사가 포함되지 않아서 보조용언 구성과 합성동사의 특성 차이를 보여 주기에 적합하지 않아 보인다.[4] 이 문제에 대해서는 보조용언 구성과 합성동사의 통사적 특성 비교에 초점을 두고 예와 설명을 제시하는 것이 바람직하지 않은가 한다.

또한 '-어 오다'의 경우 (3)에서처럼 선행어가 동사가 아닌 형용사일 때는 '그러-'로 대용되지 않으므로 [형용사+'-어 오다'] 구성을 보조용언 구성으로 간주하는 데 문제가 있다고 하였다.

(3) 가. "그 문제는 제가 혼자서 처리해 왔습니다."
"지금까지는 그래 왔어도, … "

4) 또한 (2나)는 보조용언에 선행하는 본용언을 대용한 예로서 적절하지 않다

나. ???“점점 날이 밝아 온다.”
“날은 그래 와도 희망이 없으니, … ”

그렇지만 ‘밝아 오다’의 ‘밝-’은 “날이 밝는다.”에서처럼 형용사보다는 동사라고 보는 것이 좋을 듯하다. 그리고 이것이 ‘그래 오다’의 ‘그러-’로 대치되기 어려운 것은 형용사이기 때문이라기보다는 이때의 ‘그러-’가 동작성 내지는 능동성의 의미 자질을 지닌 데 반하여 ‘밝-’은 그렇지 못하기 때문으로 보인다.

(vii) “시제를 가르치는 문제”〈6권 1호〉에서는 다음 (4)의 시제가 무엇인를 묻고 있는데, 이에 대한 답변에서는 종결형 시제를 과거(‘-었-’), 현재(‘-ㄴ/는-’), 미래(‘-겠-’)로 나누는 학교문법에 따라 (4)의 시제를 현재라고 설명하였다.

(4) 나는 내일 기차로 서울에 간다.

그런데 질의자가 문법 교육을 담당하는 교사인 만큼 학교문법 이상의 것도 설명할 필요가 있지 않았을까 한다. 즉, ‘-ㄴ/는-’이 현재와 미래 시제를 모두 나타내므로 (4)를 비과거(현재와 미래) 시제 표현이라고 보는 견해도 성립할 수 있음을 언급하는 것이 바람직하지 않은가 한다.

(viii) “명사형과 파생명사를 어떻게 구별하는가”라는 질의〈7권1호〉

에 대한 답변에서는 'X+음/기' 구성이 1) 목적어를 취할 수 있는가 2) 부사의 수식을 받을 수 있는가 3) 서술어 뒤에 다른 선어말어미가 올 수 있는가 등의 방법을 제시하였다. 그런데 (5)와 같이 'X+음/기' 구성에 대한 수식어가 없는 경우에는 (6)과 같이 관형 구성으로 변환을 해서 그것이 가능하면 파생명사로 간주할 수 있다고 하였다. 즉 부사어의 수식을 받을 수 있으면 명사형으로, 관형어(관형사절)의 수식을 받을 수 있으면 파생명사로 볼 수 있다는 것이다.

(5) 그는 놀기보다 공부하기를 더 좋아한다.
(6) 가. 그가 좋아하는 놀기
나. 그가 좋아하는 공부하기

그러나 다음의 (7)에서 보듯이 명사형인 '인터넷으로 대화하기'도 관형절의 수식을 받을 수 있다.

(7) 그는 오늘도 자기가 좋아하는 인터넷으로 대화하기를 할 시간이 없다.

따라서 파생명사와 명사형이 관형어의 수식을 받을 수 있는가의 여부를 통해서 분명하게 구별되는 것이 아니라는 사실도 설명하는 것이 좋지 않을까 한다.

4. 마무리

지금까지 『형태론』 '질의응답란'의 내용에 대한 의견을 제시해 보았다. 이를 간단히 정리하면 이렇다. 먼저 질의란을 질의자의 신분에 따라 4군으로 분리 운영할 것인가에 대하여는 질의자 집단에 따라 질의 내용이 다소 차이가 있기는 하지만 분리 운영은 번거로움을 가져올 수 있으므로 종전대로 통합 운영하는 것이 낫다고 보았다. 그리고 답변 내용에 대하여는 답변이 사실적 · 논리적 타당성을 지닐 것, 질의자가 요구하는 정보를 충분히 담아야 할 것, 질의자의 수준에 알맞게 조절할 것 등의 조건들을 갖추는 것이 바람직하다고 보았다. 이러한 필자의 소견이 질의응답 내용의 표준화에 다소나마 기여할 수 있기를 바란다.

[찾아보기]

찾아보기

▸▸ 사항

찾아보기

[ㅈ]

찾아보기

찾아보기

▸▸ 문법형태

찾아보기